Ethik der mediatisierten Welt

Matthias Rath

Ethik der mediatisierten Welt

Grundlagen und Perspektiven

 Springer VS

Matthias Rath
Institut für Philosophie und Theologie
Forschungsgruppe Medienethik
Pädagogische Hochschule Ludwigsburg
Ludwigsburg
Deutschland

ISBN 978-3-658-05758-9   ISBN 978-3-658-05759-6 (eBook)
DOI 10.1007/978-3-658-05759-6

Die Deutsche Nationalbibliothek verzeichnet diese Publikation in der Deutschen Natio-
nalbibliografie; detaillierte bibliografische Daten sind im Internet über http://dnb.d-nb.de
abrufbar.

Springer VS
© Springer Fachmedien Wiesbaden 2014

Gedruckt auf säurefreiem und chlorfrei gebleichtem Papier

Springer VS ist eine Marke von Springer DE. Springer DE ist Teil der Fachverlagsgruppe
Springer Science+Business Media
www.springer-vs.de

Vorwort

Wir stehen im fünften Jahrzehnt der expliziten und gesellschaftsweiten Auseinandersetzung mit dem moralischen Stellenwert medialer Angebote in Deutschland. Seit den 1970er Jahren wird dieser Diskurs geführt, aus der Praxis geboren, von Journalist_innen und Politiker_innen ebenso wie von Wissenschaftler_innen verschiedenster Provenienz. War die Medienethik zunächst sehr auf den Journalismus konzentriert, so sind spätestens seit den 1990er Jahren „die Medien" in einem sehr breiten Sinne in den Blick normativer Reflexionen geraten.

Aus der Domäne der normativen Wissenschaften sind es die Theologien und die philosophische Ethik, die sich dieses Themas angenommen haben – und das auf häufig ganz unterschiedlichem Niveau.[1] Zugleich sind es bis heute Wissenschaftler_innen aus Disziplinen, die mediale Realität (Institutionen, Medienformen, Medientechnik und mediale Praxis) im weitesten Sinne reflektieren, die sich aus ihrer disziplinären Sicht normativen Fragen zugewandt haben. Viele taten und tun dies aus dem klaren Bewusstsein normativer Problemlagen, ohne jedoch in ihren Fächern die argumentative Legitimation für ihre moralische Intuition zu finden. Die wissenschaftstheoretische Perspektive kommunikations- und medienwissenschaftlicher Disziplinen schließt häufig die normativen Aspekte mit dem Argument „Werturteilsfreiheit" aus dem fachwissenschaftlichen Diskurs aus. Einem Teil der interdisziplinären Diskussionen zu medienethisch relevanten Themen fehlt daher häufig die gemeinsame ethische und einzelwissenschaftliche Basis oder er widmet sich fast ausschließlich mehr oder weniger systematisch diesen Fragen der Bezie-

---

[1] Im Folgenden wird *Medienethik* bzw. die *Ethik der mediatisierten Welt* ausschließlich als *philosophische* Ethik verstanden. Neben meiner eigenen Fachlichkeit ist dies auch der Tatsache geschuldet, dass eine theologische Ethik (ob sie nun als „theologische Ethik", „Moraltheologie" oder katholische „Christliche Sozialethik" bezeichnet wird) aus einer Position heraus argumentiert, die Kautelen voraussetzt, die gerade angesichts einer globalisierten Medienpraxis nur eingeschränkt zustimmungsfähig sind.

hung zwischen im weitesten Sinne empirischen Disziplinen des kommunikations-
und medienwissenschaftlichen Forschungsfeldes und der normativer Ethik.

In der Summe zeigt sich, dass Medienethik im hier vertretenden Sinne zwar
immer als *philosophische* Ethik auftritt, dass sie aber zugleich in engster Weise
mit jenen Einzelwissenschaften verbunden ist, die Medialität zu ihrem einzelwissenschaftlichen Thema machen. In dieser Spannung bewegte und bewegt
sich Medienethik. Deutlich wurde dabei: Medienethik muss nicht nur ihre eigenen philosophischen Wurzeln bedenken sowie die medienethischen Themen
interdisziplinär in den Blick nehmen, sondern sie muss sich des wissenschaftlich legitimierbaren Zusammenhangs von deskriptiven und normativen Aussagen
grundsätzlich versichern. Dies erscheint mir besonders wichtig für eine Medienethik, die zumindest im deutschsprachigen Raum noch nicht hinreichend verankert ist – weder im engeren Sinne institutionell, noch durch fachliche Diskurse,
die als eine eigenständige disziplinäre „Formation" (Foucault) bezeichnet werden
könnten. Medienethik ist noch ein Diskurs auf dem Weg zur eigenen Domäne, und
zugleich ist sie wie kaum eine andere angewandte Ethik hoch aktuell und jenseits
ihrer internen Formatierung gefordert. Auf der Basis meiner eigenen Erfahrungen
in diesem Diskurs seit mehr als 20 Jahren ist dieses Buch entstanden.

Dieses Charakteristikum der Medienethik, inhaltlich noch offen sein zu können und zugleich interdisziplinär anschlussfähig sein zu müssen, macht es für
mich sinnvoll, Medienethik konzeptionell als eine *Ethik der mediatisierten Welt* zu
fassen und vorzustellen. Obwohl ich diese grundlegende Verschränkung medienethischer Reflexion mit dem epochalem Weltverständnis der Gegenwart, für das
der Terminus *Mediatisierung* steht, vertrete und im Folgenden immer wieder darauf abhebe, werde ich aus Gründen der Gewohnheit weiterhin meist vom „Medienethik" sprechen. Es geht mir nicht um terminologisches Sektierertum, sondern um
einen Anspruch in Bezug auf die Reichweite philosophisch-ethischer Reflexion und
philosophisch-ethischer Praxisrelevanz, sprich: politischer Beratungskompetenz.
Sofern ich in diesem Band von *Medienethik* spreche, tue ich dies im Sinne eines
solchen epochalen Weltverständnis einer *Ethik der mediatisierten Welt* und ich
möchte der genannten inhaltlichen Kompetenzanforderung an normative Orientierung im universellen Handlungsfeld Medien nachgehen. Dies muss sich freilich
terminologisch und konzeptionell ausweisen können.

Ich habe daher Themenfelder systematisiert, die diesen Ausweis leisten und
daraus einige m. E. maßgebende Kategorien, Begriffe und Funktionen der Ethik
der mediatisierten Welt ableiten. Zunächst werde ich Medienethik als Ethik der
mediatisierten Welt konzeptionell beschreiben. Daran anschließend fasse ich Medienethik detaillierter – dazu gehören z. B. die wissenschaftssystematische Stellung
der Medienethik als angewandte Ethik in Bezug zu philosophischer Ethik und

Kommunikations- und Medienwissenschaften im weitesten Sinne, ihr Empiriebedarf, das Verhältnis der Medienethik zur Öffentlichkeit sowie eine transtemporäre
anthropologische sowie eine eher epochale Perspektive. Daran anschließend be-
schreibe ich die m. E. grundlegenden medienethischen Begriffe, die zugleich
maßgebliche Themen einer zeitgenössischen Ethik der mediatisierten Welt ausmachen. Abschließend fasse ich den interdisziplinären Grundzug der Medienethik
im Hinblick eines Verständnisses der Medienethik als integrative Disziplin nochmals zusammen, formuliere ein Tableau medienethischer Methoden sowie ihre
Objektbezüge mit der Kommunikations- und Medienwissenschaft und wage einen
Ausblick auf die integrative Breite einer Ethik der mediatisierten Welt sowie auf das
immer noch nicht eingelöstes Konzept medienethischer Praxisabwägung „media
assessment".

Jeder dieser Aspekte ist in der einen oder anderen Weise in verschiedenen Beiträgen der letzten Jahre angeklungen, z. T. knapper ausgeführt oder aber auch explizit
entfaltet worden. Daher sollen für die einzelnen Kapitel dieses Bandes diese Vorarbeiten genannt werden, ohne einer kontinuierlichen Selbstzitation zu verfallen.
Ein Hinweis zu Beginn eines jeden Kapitels verweist auf diejenigen meiner eigenen
Fachbeiträge, die ich den jeweiligen Kapiteln zugrunde gelegt und auf die ich mich
im Sinne von Vorarbeiten bezogen habe.

Ich danke meiner Frau und Kollegin Prof'in Dr. Gudrun Marci-Boehncke. Dieses Buch wäre ohne unsere gemeinsame Arbeit und den intensiven und für mich
häufig initialen Austausch mit ihr nicht entstanden.

Witten, im März 2014   Matthias Rath

Inhaltsverzeichnis

Grundlagen einer Ethik der „mediatisierten Welt"

1

Gott, der Herr, formte aus dem Ackerboden alle Tiere des Feldes und alle Vögel des Himmels und führte sie dem Menschen zu, um zu sehen, wie er sie benennen würde. Und wie der Mensch jedes lebendige Wesen benannte, so sollte es heißen.

Genesis, Kap. 2

Doch wenn die Ochsen und Rosse und Löwen Hände hätten oder malen könnten mit ihren Händen und Werke bilden wie die Menschen, so würden die Rosse roßähnliche, die Ochsen ochsenähnliche Göttergestalten malen und solche Körper bilden, wie jede Art gerade selbst das Aussehen hätte.

Xenophanes, *Sillen*, Fr. 15

Wissenschaft aber und Kunst gehen für die Menschen aus der Erfahrung hervor [...] Die Kunst entsteht dann, wenn sich aus vielen durch die Erfahrung gegebenen Gedanken eine allgemeine Auffassung über das Ähnliche bildet.

Aristoteles, *Metaphysik*, 1. Buch

So werde ich es vermeiden, über das folgende Problem zu sprechen [...]: sind die Genera und Spezies wirklich da oder befinden sie sich nur in den bloßen Gedanken [...]

Porphyrios, *Isagoge*

Medien und ihre Kritik sind eine alte und zugleich aktuelle Thematik. Mit Ebbinghaus (1910, S. 9) gesprochen, hat Medienkritik eine nur „kurze Geschichte", aber eine „lange Vergangenheit". Sie reicht schon aus der klassischen griechischen Antike zu uns herüber, es ist die Klage Platons in seinem Dialog *Phaidros*, wo er in der sogenannten *Sage von Theut* vor den Folgen des linearen Mediums schlechthin, der Schrift, warnt:

Denn diese Erfindung wird den Seelen der Lernenden vielmehr Vergessenheit einflößen aus Vernachlässigung der Erinnerung, weil sie im Vertrauen auf die Schrift sich nur von außen vermittels fremder Zeichen, nicht aber innerlich sich selbst und unmittelbar erinnern werden. [...] Denn indem sie nun vieles gehört haben ohne

M. Rath, *Ethik der mediatisierten Welt*,
DOI 10.1007/978-3-658-05759-6_1, © Springer Fachmedien Wiesbaden 2014

Unterricht, werden sie sich auch vielwissend zu sein dünken, obwohl sie größtenteils unwissend sind, und schwer zu behandeln, nachdem sie dünkelweise geworden statt weise. (Platon, *Phaidros*, 275a–b)[1]

Und seither bricht die Kritik an „den" Medien nicht ab – immer scheint zumindest die nachwachsende Generation durch „Medien" gefährdet. Dietrich Kerlen hat in einer kulturhistorischen Studie die ideologischen Vorbehalte gegenüber dem Medialen als symptomatische „Medienmoralisierung" (vgl. Kerlen 2005, S. 42, 2006, S. 178) des ausgehenden 19. und des 20. Jahrhunderts erwiesen. Eine aus dem *sola scriptura* des Protestantismus erwachsene „auratische Buchkultur" (Kerlen 1999b) machte zumindest in Deutschland die Offenheit gegenüber den anderen, v. a. bildorientierten, Medien Kinofilm (vgl. Hausmanninger 1992) und Fernsehen (vgl. Schicha 2003) schwierig.

Allerdings ist auch medial das Neue immer der Feind des Alten. Denn gehen wir dieser langen Vergangenheit nach, dann war das Ende der zivilisierten Welt, wie wir sie kennen, immer nur eine Ende unter Vorbehalt. Die Zeitungsdebatte im 16. und 17. Jahrhundert, die Kritik an der Romanlektüre vor allem von Leserinnen im 18. Jahrhundert, die Schmutz- und Schund-Debatte des 19. und beginnenden 20. Jahrhunderts, die Kritik am Kino, am „Nullmedium" (Hans Magnus Enzensberger) Fernsehen, am Computer, an Computerspielen und vor allem digitalen Bildschirmmedien überhaupt, und jetzt den Social Media – stets rückte das ehedem kritisierte Medium unter dem Eindruck des je neuen Medienangebots zum Bildungsgut auf. Wertende Medienreflexion, vor allem abwertende Medienreflexion, ist also „ein alter Hut".

Die eigentliche Geschichte medienethischer, also wissenschaftlich reflektierter, Medienbewertung hingegen ist kurz, zumindest im deutschsprachigen Raum (vgl. Funiok 2014; Krainer 2014): In den 1970er Jahren setzt eine erste Diskurswelle mit dem Schwerpunkt „Journalismus" ein, ab den 1990er Jahren erweitert sich die Thematik hin auf Medien überhaupt (in eins mit den auch historisch bekannten, häufig eher bewahrpädagogischen Diskursen, vgl. Rath und Marci-Boehncke 2004) und die Frage, inwieweit Medienethik auch kommunikations- und/oder medienwissenschaftliche Anteile zu berücksichtigen hätte.[2] Zugleich gewinnt in den 2000er

---

[1] Platon wird hier nach der klassischen sog. Stephanus-Paginierung zitiert (Werk Seite Abschnitt Zeile), die in allen kritischen Ausgaben der Werke Platons angegeben wird.

[2] Im Folgenden werde ich der Einfachheit halber und weil ich die Position stark machen möchte, die Medienethik in gewisser Weise auch als eine Teildisziplin einer quantitativ- und qualitativ-empirischen Sozialwissenschaft wie der „Kommunikations- und Medienwissenschaft" und einer sich qualitativ-empirischen und hermeneutischen Sozial- und Kulturwissenschaft „Medienwissenschaft" zu verstehen, von den „Kommunikations- und Medienwissenschaften" (also im Plural) sprechen. Dabei werden jeweils unterschiedliche

Jahren das Internet und das Web 2.0 zunehmend an Bedeutung sowie die Frage, welche Relevanz Medienethik überhaupt für eine Praxis haben kann. Aber auch in den USA beginnt die Medienethik-Diskussion spät, wenn auch knapp 80 Jahre früher als in Deutschland (vgl. Christians 2000; Ferré 2009). Wie in Deutschland war hier ebenfalls der Journalismus der thematische Ausgangspunkt.

1.1 Medienkritik als Kulturphänomen

Neben diesen historischen Entwicklungen stehen, quasi synchronisch, unterschiedliche kulturelle Auffassungen darüber, welche normative Handlungsorientierung für das Medienhandeln zu fordern ist. Dazu ist es nicht einmal nötig, interkontinentale Unterschiede auszumachen. Selbst in einem überschaubaren geographischen Raum wie Europa können die Unterschiede gravierend sein. Nehmen wir als Beispiel das Verhältnis Staat und Medien. Obwohl der ehemalige Bundespräsident Horst Köhler die mediale Kritik an seinem so genannten Afghanistan-Interview (Köhler 2010) im Deutschlandradio, in dem er für die Wahrung der wirtschaftlichen Interessen Deutschlands auch den Einsatz militärischer Mittel als möglich ansah, als „ungeheuerlich und durch nichts gerechtfertigt" (Köhler 2011) qualifizierte und zurücktrat, zweifelte kein bundesdeutscher Mediennutzer die Berechtigung der medialen Verhandlung und Kritik von Köhlers Radiointerview an. Denn in Deutschland nimmt die in Art. 5 GG verfassungsrechtlich geschützte Meinungs- und Pressefreiheit auch den Bundespräsidenten nicht aus. Doch das ist nicht selbstverständlich. So stellte 2010 das neue Mediengesetz im EU-Land Ungarn die Infragestellung nationaler Symbole und Institutionen unter Strafe (vgl. CMCS 2010). Schon länger bedrohen z. B. die Bestimmungen zum öffentlichen Rundfunk in der Türkei (seit 1994) bzw. der Art. 301 des Türkischen Strafgesetzbuchs (von 2005) mediale Verstöße gegen den „Schutz des Türkentums" mit empfindlichen Strafen und die aktuelle Entwicklung, die technische Sperrung der Mikroblogging-Dienstes *Twitter* auf Weisung des türkischen Ministerpräsidenten Erdogan am

---

Aspekte dieser beiden Wissenschaftsdomänen zur Sprache kommen, es sind aber jeweils alle medienaffinen, nicht-normativen (also nicht-philosophischen) Wissenschaften vom Medialen gemeint. Vgl. dazu auch die Empfehlungen des Wissenschaftsrats (2007), der ebenfalls einen Plural ansetzt. Wenn ich die sich institutionell über die DGPuK definierende Sozialwissenschaft „Kommunikations- und Medienwissenschaft" meine, dann verwende ich eben diesen Singular. Meine ich den ganzen Bereich möglicher Forschung, dann spreche ich, wie der Wissenschaftsrat (2007), vom „kommunikations- und medienwissenschaftlichen Forschungsfeld".

21. März 2014 (vgl. Kazim 2014), zeigt das grundlegend unterschiedliche Verständnis von Meinungsfreiheit in Europa.

Nun kann man diesen Sachverhalt natürlich mit der Kulturabhängigkeit normativer Wertvorstellungen begründen. John Ferré (2009) weist in seiner Geschichte der Medienethik in den USA darauf hin, dass die normativen Fragestellungen im Rahmen einer nicht nur quantitativ anschwellenden, sondern sich auch qualitativ dynamisch wandelnden Medienwelt sehr viel komplexer geworden sind. Das wäre zumindest unter pragmatischen Gesichtspunkten unproblematisch[3], wenn nicht unter den Bedingungen der Globalisierung kulturspezifische oder auch nur nationale Wertvorstellungen zunehmend aneinander geraten (vgl. Rath und Erdemir 2007).

Dass diese Konflikte auch sehr viel tiefgreifender sein, ja Menschenleben kosten können, zeigt das Beispiel der so genannten „Mohammed-Karikaturen" (vgl. Rath 2007b). Und auch der deutsche Wissenschaftsrat (2007, S. 73) konstatiert in seinen Empfehlungen zur Weiterentwicklung der Kommunikations- und Medienwissenschaften in Deutschland von 2007 „tiefgreifende [...] und rasante [...] Veränderungen der modernen Medienkultur" und nennt dabei vor allem die Phänomene *Digitalisierung, Vernetzung, Beschleunigung* und *Globalisierung*. Alle diese Punkte sind auch ethisch relevant:

- Die *Digitalisierung* verändert die ontische Struktur medialer Produkte und ermöglicht damit die transmediale Nutzung digitalisierter Inhalte (vgl. Rath 2003a).
- Die *Vernetzung* medialer Angebote führt auch auf Nutzerseite zu einer Medienkonvergenz (vgl. Jenkins 2006a), die zusammen mit der Digitalisierung die klassische Dichotomie von passiv-rezeptiv und aktiv-produktiv aufhebt – die Mediennutzer werden mehr und mehr zu *produsers* (vgl. Bruns 2006).

---

[3] Zumindest unter den Bedingungen des Machterhalts für die politischen Eliten könnte man diese Position vertreten. Ministerpräsident Erdogan zumindest scheint ein normativer Disput unwichtig: „Die internationale Gemeinschaft kann dazu sagen, was sie will. Mich interessiert das überhaupt nicht", verkündet er noch am Vorabend der Sperrung (vgl. Kazim 2014). Doch die Realität der „mediatisierten Welt" ist nicht ganz so einfach. Das lokale/regionale Politik- und Demokratieverständnis wird zugleich konfrontiert mit anderen, z. T. kontradiktorischen Positionen, die trotz Anstrengungen der Mächtigen nicht zu verbieten sind. Denn in all diesen Fällen gab und gibt es nicht nur Kritik aus dem europäischen Ausland, sondern auch aus dem jeweils eigenen Land. Mediatisierung ist nicht nur ein Prozess, der die kommunikative Praxis verändert, sondern auch ein Prozess, der ein Bewusstsein von der medialen Struktur medialer Kommunikation verändert. Das, so werde ich im Folgenden argumentieren, zeichnet unsere Gegenwart als Epoche medialer Bewusstheit aus.

- Die *Beschleunigung* medialer Angebote treibt ein *handling gap* zwischen den Generationen der Nutzerinnen und Nutzer hervor.
- Die *Globalisierung* schließlich führt die vorgenannten Phänomene zusammen, ja realisiert sich in der aktuellen Situation durch Digitalisierung, Vernetzung und Beschleunigung: Globalisiertes Medienhandeln bedarf daher in mehrfacher Hinsicht hoher *Produser*-Kompetenzen: Technisch, ästhetisch, kognitiv und schließlich auch normativ, weil Mediennutzung nicht nur die Frage nach dem Machbaren aufwirft, sondern auch die Frage nach dem Wünschbaren.

Digitalisierung, Vernetzung, Beschleunigung und *Globalisierung* bezeichnen damit zugleich die thematischen Rahmenbedingungen einer zentralen sozialen Herausforderung: Die gängigen Handlungsorientierungen des Menschen werden nicht nur als Folge einer (intrasozial) zunehmend pluralisierten Gesellschaft und (intersozial) einer zugleich zunehmend globalisierten Welt brüchig, die unterschiedliche Normvorstellungen erlebbar macht, sondern die beschriebenen und aus der medialen Verfassung der Gegenwart resultierenden Dynamiken stellen zugleich hohe fachliche Ansprüche an die *gesellschaftliche Steuerung*, also an die Politik ebenso wie die Wirtschaft und die politische Öffentlichkeit als Ganze. Die Akteure dieser drei Bereiche, Politiker_innen, Wirtschaftsführer_innen und mediale Akteure, vor allem Journalistinnen und Journalisten, sind damit ebenso überfordert wie Otto Normalmediennutzer. Eine angewandte Ethik wie die Medienethik kann diesen Akteuren der gesellschaftlichen Steuerung die Steuerungsfunktion[4] nicht abnehmen, aber sie durch Beteiligung am öffentlichen Diskurs zu den normativen Grundlagen medialen Handelns orientieren. Wir können dies hier als *ethische Beratung* bezeichnen.

Insofern wäre es ausreichend gewesen, dieses Buch als „Medienethik" zu bezeichnen, unter Umständen mit dem Hinweis auf die ethische Beratung sozialer Steuerung angesichts gegenwärtiger, medialer Herausforderungen im Untertitel. Doch die Konstatierung dieser Veränderungen der „Medienlandschaft" und des „medialen Handelns" des Menschen durch *Digitalisierung, Vernetzung, Beschleunigung* und *Globalisierung* bleibt – bei aller Dramatik – auf halbem Wege stehen. Denn sie suggeriert, dass dieser medialen „Landschaft" eine nonmediale, vermeintlich „richtige", „reale" soziale Landschaft gegenübersteht.[5]

---

[4] Insofern würde ich auch die Formulierung von Debatin (2002, S. 262), Medienethik hätte eine Steuerungsfunktion insoweit relativieren, als sie zwar gesellschaftliche Steuerung orientieren kann, selbst aber keine Steuerung ausübt.

[5] Besonders deutlich wird dies bei dem polaren Begriffspaar „Realität" und „Virtualität" (vgl. Rath 2003d). Im gängigen Sprachgebrauch bezeichnen beide Begriffe Gegensätzliches.

Es ist ein Ziel dieses Bandes, in den folgenden Kapiteln diese Unterscheidung zumindest ethisch obsolet zu machen. Denn diese Unterscheidung setzt voraus, dass der Umgang mit Medien für den Menschen historisch kontingent sei – es ging und ginge auch ohne Medien. Ja stärker noch, das Selbstverständnis des Mensch wäre unabhängig von Medialität zu denken, er sei als Mensch in seinem Wesen und seinem konkreten Sosein der Medialität und den Medien gegenüber indifferent. Dem gegenüber werde ich im Folgenden die These vertreten, dass der Mensch nur als medial agierendes und sich selbst medial verstehendes Wesen zu begreifen ist, unabhängig von den jeweils historischen Ausprägungen dieser Medialität. Damit aber wird zugleich vorausgesetzt, dass die menschliche Lebenswelt nur als eine mediale gedacht werden kann.

1.2   Begriff des „Mediums"

Um dies zu verdeutlichen, möchte ich zunächst kurz und eher definitorisch als diskursiv umreißen, was hier und im Folgenden unter Medium bezeichnet werden soll. Grundgedanke ist dabei die Bedeutung von *medium* als ein Mittleres, das zwischen zwei Positionen tritt. Im Kommunikationsprozess werden diese Positionen meist von Menschen eingenommen, die über dieses Mittlere ihre (meist intendierten) intrapsychischen Vorstellungen an den oder die jeweiligen Kommunikationsziele vermitteln bzw. über solch ein Mittleres vermittelte „Affektionen" ihrer Sinne als (meist intendierte) intrapsychische Vorstellungen eines im weitesten Sinne Gegenübers auffassen. Grundmoment dieser Vermittlung als *Übertragung* ist die Unterstellung, dass solche Vorstellungen in einem Zeichensystem transportiert werden, die Bedeutung „tragen". „Tragen" ist dabei als eine konventionalisierte Unterstellung zu denken. Wir lernen (um wieder in der kantischen Terminologie der „Affektion" zu bleiben) ein sinnlich Wahrnehmbares als „Zeichen", das als Bedeutungträger konstruiert ist. Die Bedeutung des Zeichens ist dabei ein Verweis auf ein Bedeutetes, das im Zuge der Konventionalisierung (Sozialisation) mit dem

---

Philosophisch meint Virtualität als „Möglichkeit" im Sinne von virtus eine „Tauglichkeit", die als „Vermögen" einem Seienden innewohnt. Verwendet wird „virtuell" umgangssprachlich aber im Sinne vor „scheinhaft". Realität meint dann ein Seiendes, Virtualität meint, dass etwas als real vorgestellt werden kann, ohne real zu sein. In diesem Sinne sind Realität und Virtualität spätestens seit der Rede von der „virtuellen Realität" paradoxal miteinander verschränkt, weil sie eine „reale Realität" voraussetzt (vgl. Müller 1999). Demnach wäre Realität etwas, was zunächst vom Realsein im Sinne von „wirklich existent" unterschieden wäre. Was meint dann noch Realität?

Zeichen verbunden ist. Ich blende jetzt die Frage aus, ob und in welcher Weise die genannten intrapsychischen Vorstellungen selbst in solchen Verweiszusammenhängen stehen, also wie Denken/Vorstellen selbst einer symbolische „Notation" im weitesten Sinne bedürftig ist.

Zugleich muss diese Vermittlung auch als *Konstruktion* (also nicht nur als Übertragung) gedacht werden, da die Vermittlung ihrerseits nur bestimmte Zeichensysteme vermitteln kann. Daher hat das Medium immer auch eine Konstruktionswirkung auf die zu vermittelnde „Botschaft" des Übermittlungsprozesses (vgl. dazu ausführlich Capurro und Holgate 2011, speziell Capurro 2011a) – „Botschaft" deshalb, weil die über Signale (technische Ebene) vermittelten Zeichen oder Symbole nicht für sich stehen, sondern für sie eben immer auch einen „Sinn" (intendierte Vorstellungen) eines Kommunikators als Sinngeber unterstellt wird (vgl. Capurro 2011b).

▶ In diesem Sinne ist ein Medium nicht allein als ein Kanal zu verstehen, sondern als ein komplexer Prozess. In diesem Prozess fungiert ein im weitesten Sinne technischer „Vorstellungsüberträger", dessen konstruktive Übertragungsleistung via Signale (z. B. Schallwellen) im Kommunikationspartner eine Interpretation dieser Signale als Symbole auslöst, die ihrerseits als Sinnträger gedeutet werden, die auf ein Bedeutetes verweisen – das als „Botschaft" gelesen und verstanden werden muss (was nicht das Gleiche ist).

Dieser komplexe Prozess des Mediums oder des Medialen umfasst also weit mehr als eine lediglich technische oder nur symbolische oder ausschließlich institutionelle/soziale Funktion. Wir werden weiter unten sehen, dass diese Funktionen zwar analytisch unterschieden, aber nicht jeweils als hinreichendes Definiens missverstanden werden dürfen.

Natürlich können solche Bedeutungsunterstellungen grundsätzlich (es ist kein Signal) oder in Bezug auf den intendierten Sinn (es wird falsch oder gar nicht verstanden) irren. Darüber hinaus ist auch denkbar, und darauf weißt Krotz (2007, S. 90) ausdrücklich hin, dass heute eine dieser Positionen im Kommunikationsprozess von komplexen Computersystemen eingenommen werden kann und wird, die im Stande sind, auf solche mediale Angebote (Zeichenfolgen) in geeigneter und vom jeweiligen menschlichen Gegenüber als „Verständnis" gedeuteter Weise zu reagieren („erwidern").

Ob ein medialer Zeichenaustausch zwischen Computersystemen ebenfalls als Kommunikation bezeichnet werden sollte, kann ich hier nicht detailliert diskutieren, nur soviel: Ausgangspunkt einer solchen Diskussion kann nicht die Intention des „Sendens" von sinn-, bedeutungs- und werttragenden Artefakten als Medien sein, da diese Intention immer auch fingiert werden kann, z. B. durch ein Computersystem, man denke nur an das klassische Beispiel des Kommunikation fingierenden Computerprogramms *Eliza* bei Josef Weizenbaum (1978). Ausgangspunkt der Reflexion auf einen Kommunikationsakt kann m. E. aus grundlegenden, *subjektphilosophischen* Gründen nur das „*Verstehen*" sein. Denn selbst für ein im Extrem fehlerhaften oder falschen Verstehen ist zumindest ein *Hermeneut* möglicher Sinndechiffrierung notwendig und unverzichtbar. Wenn man so will, kann man diesen Sachverhalt das *kommunikationswissenschaftliche Cogito* nennen. Bei jedem Verstehen, und sei es noch so missverstehend, kann der Akt des Verstehens durch ein Ich nicht mitverstanden werden. Pointiert gesagt: Ich verstehe, also bin ich.

„Verstehen" als Akt des Erfassens von Sinn-, Bedeutungs- und Wertungsangeboten durch Medien ist daher im strengen Sinne nicht von „außen", also durch einen Beobachter, der selbst nicht diesen beobachteten Verstehensprozess als seinen eigenen Verstehensprozess auf dem Wege der Introspektion, sondern als Verstehensprozess eines anderen beobachten will, zu beobachten. Der Beobachter kann von ihm beobachtete Aktionen des Beobachteten im strengen Sinne nur analog zu seinen eigenen, im Falle von Verstehen gezeigten, Aktionen als Hinweise, Anzeichen von Verstehen deuten. In der Introspektion jedoch ist das Verstehen (im weitesten Sinne, auch bezogen auf Prozesse, in denen ich etwas als Zeichen, aber als nicht deutbares Zeichen verstehe, oder sogar in Fällen, in denen ich etwas verstehe, dass gar kein Sinnträger ist, es also nichts zu verstehen gibt) unmittelbar zugänglich und es ist daher entscheidbar, ob etwas als sinn-, bedeutungs- und wertragendes Artefakt verstanden wurde.

Einem solchen, sehr weiten, Medienbegriff entspricht zugleich ein sehr weiter Kommunikationsbegriff, angefangen von der face-to-face-Kommunikation zweier Menschen bis hin zu zeit- und raumübergreifende one-to-many-Kommunikationen im allgemeinsten Sinne massenmedialer Mitteilungen. Damit wird der Medienbegriff zu einem Begriff der grundsätzlichen Sinnhaftigkeit, sofern dieser Sinn *am* Medium verstanden wird.[6]

Auch das kann ich hier nur knapp skizzieren. Die Bindung des Medienbegriffs an die zumindest prinzipielle Sinnhaftigkeit des Mediums als Medium bedeutet, auf

---

[6] Dies hat Folgen für die hier aufgegriffene Theorie der Mediatisierung bei Friedrich Krotz, was sich im folgenden Unterkapitel zeigen wird: Mediatisierung werden wir hier nicht als einen Prozess verstehen, der von der Face-to-Face-Kommunikation seinen Ausgang nimmt, ohne diese Kommunikationsform schon zu betreffen, sondern Mediatisierung wird hier im Sinne einer anthropologischen Dynamik verstanden werden.

dem Hintergrund des eben zum Verstehen Gesagten, dass ein sinnintendiertes Artefakt solange kein Medium ist, solange es nicht als Medium verstanden wird (selbst wenn der im Medium vermittelte intendierte Sinn selbst nicht verstanden wird). Wenn die Reflexion über den Kommunikationsakt als Kommunikationsakt (also z. B. nicht als Austausch reflexhaft-instinktiv festgelegter oder technisch programmierter Signale) vom Verstehen her beginnen muss, dann ist ein Medium, das nicht als Medium verstanden wird, kein Medium, weil es keine Position gibt, von der her es als Medium verstanden würde. Nochmals und genauer: es geht jetzt hier um das Erkennen eines Mediums *als* Medium – noch völlig unabhängig davon, ob das, was das Medium an Symbolisierung anbietet, auch dechiffriert werden kann. Ein Beispiel dafür sind altägyptische Hieroglyphen, die, vor der Entdeckung des *Steins von Rossetta*, zwar als mediale Angebote verstanden wurden, als sinntragende Artefakte, deren Sinn jedoch nicht dechiffrierbar war. Dies ist der kommunikations- und medientheoretische Anschlusspunkt an die Aussage Ludwig Wittgensteins in seinen *Philosophischen Untersuchungen, Teil I*, es könne „nicht ein einziges Mal nur ein Mensch einer Regel gefolgt sein" (Wittgenstein *PU I*, 199)[7], „darum kann man nicht der Regel ‚privatim' folgen" (Wittgenstein *PU I*, 202). Das Medium ist als Sinnträger konstituiert, realisiert sich aber erst im Akt des Verstandenwerdens als Medium. Was nicht im allgemeinsten Sinne „gelesen" wird, ist keine „Schrift" (vgl. dazu ausführlicher Rath 2004).

> Medien sind demnach in allgemeinster Bedeutung Träger von Sinn, Bedeutung und Bewertungen, die sie vermitteln, ohne diese Sinn-, Bedeutung- oder Wertangebote selbst zu sein. Der von ihnen vermittelte Sinn kommt ihnen nicht selbst zu. Sie werden als sinnhaft, bedeutungstragend und wertend aufgenommen – und im besten Falle auch als sinnhaft, bedeutungstragend und wertend intendiert und in dieser Intention gestaltet. Was nichts anderes heißt, als dass medial verstandene Affektionen nicht notwendig medial intendiert sein müssen, um als solche rezipiert zu werden.

Dieser weite Medienbegriff lässt sich gut systematisieren, wenn man, wie dies Harry Pross 1972 getan hat, die technische Realisierung eines Mediums nicht als Konstituens, sondern als Differenzierungsmerkmal versteht, auch im Falle, dass das Medium nicht technisch realisiert (und technisch präsentiert) werden muss. Pross (1972, S. 127 f.) unterscheidet „Medien" als interpretierungsbedürftige Symbolsysteme nach der Notwendigkeit von Enkodierungs- bzw. Dekodierungstechniken. So bezeichnet er als *primäre Medien* jene Kommunikationsmittel, die sowohl für die Prozesse der Enkodierung als auch der Dekodierung keine technischen Hilfsmit-

---

[7] Ludwig Wittgenstein wird im Folgenden nach der Abschnittzählung seiner posthum herausgegebenen Philosophischen Untersuchungen, Teil I (PU I, Abschnitt) zitiert. Textgrundlage ist der Band I der Werkausgabe von Ludwig Wittgenstein (1984).

tel benötigen. Primäre Medien sind danach alle Vermittlungsformen der direkten Kommunikation wie menschliche Sprache, Gestik und Mimik. Als *sekundäre Medien* gelten Vermittlungsformen, die auf einen technischen Träger angewiesen sind. Dies sind z. B. das Buch, Gemälde, Fresken, Fotografien. Allerdings ist auf Seiten des Senders zur Produktion des Kommunikationsinhalts („Botschaft") ein technisches Gerät notwendig (Feder, Stift, Papier, Druckerpresse, Pinsel, Farbe etc.). Auf Seiten des Empfängers ist zur Rezeption („Lesen") der Botschaft jedoch kein ‚entschlüsselndes' Hilfsmittel notwendig. Diese sekundären Medien können, einmal auf dem technischen Träger fixiert, selbst wieder ohne Technik rezipiert werden (wenn man einmal von Prothesen wie einer Brille absieht). *Tertiäre Medien* schließlich werden über ein technisches Aufnahmesystem, einen technischen Träger, ein technisches Sendersystem und ein technisches Darstellungssystem rezipierbar. Hierzu zählen z. B. Fernsehen, CD, Radio, DVD sowie die so genannten Multimedia-Anwendungen.

Inzwischen wurde auch versucht, diese Dreiteilung angesichts der technischen Weiterentwicklung durch eine vierte Medienart zu ergänzen, *quartäre* (vgl. Faulstich 2004, S. 23) oder „Simulationsmedien" (Faulstich 2004, S. 31). Diese vierte Klasse hebe, so Faulstich, auf die Digitalisierung ab, die es erlaube, jedes Medium digital zu ersetzen oder, bei geeigneter Peripherie (z. B. Lautsprecher), zumindest zu simulieren. Diese Einteilung greift m. E. jedoch zu kurz. So naheliegend eine technische Kategorie (Digitalisierung) durch die Orientierung an der Enkodierungs- bzw. Dekodierungstechniken bei Harry Pross auch erscheinen mag, das eigentliche Proprium einer vierten Kategorie ist damit nicht getroffen. Die Digitalisierung ist mit Pross' dritter Kategorie einer umgreifenden technischen Kodierung abgedeckt. Ein vierter Typus muss daher auf die *Praxis* des Umgangs mit dem Medium abheben, und da ist mit der Digitalisierung nur mittelbar eine neue Qualität erreicht (vgl. Rath 2003a). Das Neue der quartären Medien ist, dass sie dem einzelnen Nutzer erlauben, selbst mit pragmatisch überschaubarem Aufwand und befriedigenden Ergebnissen zum Produzenten zu werden. Die Trennung von Produzent und Rezipient löst sich auf – das quartäre Medium ist reziprok, es macht den Rezipienten zum Produzenten und umgekehrt (vgl. Bruns 2006).

Allerdings wird der Ausdruck „Medium" auch in weiterem Sinne verwendet. Heinz Bonfadelli (2002, S. 11 f.) schlägt vor, die Bedeutungen von *Medien* nach dieser Verwendung zu unterscheiden. Ein *technischer Medienbegriff* umfasst alle menschlichen Artefakte oder technischen Geräte, die geeignet sind, menschliche Zeichensysteme zu speichern und zu transportieren. In diesem Sinne wäre die Systematik von Pross hier anzusiedeln. Ein *zeichentheoretischer Medienbegriff* bezeichnet Entäußerungen oder Manifestationen von Geistigem, materialisiert und artikuliert mittels eines oder mehrerer Zeichensysteme. Ein *sozial-institutioneller*

Medienbegriff schließlich fasst Medien im Sinne sozialer Organisationen, die bestimmt sind durch spezifische Fertigkeiten, Arbeitsformen und ökonomische Reproduktionsbedingungen, die für die Gesellschaft spezifische Kommunikationsleistungen erbringen und gesellschaftlich institutionalisiert und geregelt sind (z. B. „Medienunternehmen"). Für uns in diesem Buch sind vor allem die zweite Bedeutung des zeichentheoretischen oder semiotischen Medienbegriffs maßgebend sowie, in einer Systematik, die eine Verkürzung auf Medientechnik unterläuft, eine erweiterte Medientypologie im Sinne von Pross.

Medien sind Ausdruck einer grundsätzlichen *Medialität* des Menschen (vgl. ausführlich Kap. 3.1), die sich auch in der Weise der individuellen Ausgestaltung von Lebenswelt bemerkbar macht. Zugleich vertrete ich aber auch die Auffassung, dass dieses anthropologische Medialität keine vormediale Lebenswelt denkbar macht, vielmehr hat der Mensch, noch allgemeiner gesprochen als im Sinne von Lebensweltanalysen konkreter soziohistorischer Bedingungen medialer Praxis, eine Welt, die anthropologisch nur medial gedacht werden kann, aber historisch sich je unterschiedlich „mediatisiert".

Diese Wortwahl greift explizit die medienwissenschaftliche Charakterisierung des kommunikativen Handelns in der je eigenen Lebenswelt des Menschen als „Mediatisierung" von Friedrich Krotz auf (vgl. Krotz 2001). Er fasst dabei „Mediatisierung" terminologisch als Bezeichnung für das Phänomen,

> dass durch das Aufkommen und durch die Etablierung von neuen Medien für bestimmte Zwecke und die gleichzeitige Veränderung der Verwendungszwecke alter Medien sich die gesellschaftliche Kommunikation und deshalb auch die kommunikativ konstruierten Wirklichkeiten, also Kultur und Gesellschaft, Identität und Alltag der Menschen verändern. (Krotz 2005, S. 18)

Zugleich beschränkt Krotz aber diesen Prozess nicht auf eine vermeintlich historisch eindeutig definierbare „Mediengesellschaft". Vielmehr bezeichnet „Mediatisierung"

> eine Vielfalt von übergreifenden, zum Teil bereits Jahrhunderte dauernden Entwicklungen, die schon vor der Erfindung der Schrift begonnen haben und mit der Erfindung der heute vorhandenen Medien noch lange nicht beendet sind. (Krotz 2007, S. 12)

Philosophisch relevant ist solch eine Rekonstruktion des Prozesses der menschlichen Medienentwicklung, da sie die Medialität unabhängig von historischen Formen medialer Technik zum Ausgangspunkt medialer Praxis macht. Krotz konstruiert die Mediatisierung als „Metaprozess" (Krotz 2007, S. 11 u. ö.), mit dem er nicht nur die Aneignung von Medien durch den Menschen beschreibt, sondern diesen Aneignungsprozess als Gestaltungsprozess menschlicher Kommunikation versteht. Denn „Metaprozess" bedeutet für Krotz (Krotz 2007, S. 12),

> dass Mediatisierung weder räumlich noch zeitlich noch in seinen sozialen und kulturellen Folgen begrenzt ist und auch dass auch die Konsequenzen dieser Entwicklung nicht als getrennt zu untersuchende Folge verstanden werden können, sondern einen konstitutiven Teil von Mediatisierung ausmachen.

– vergleichbar mit anderen Metaprozessen; Krotz nennt, z. B. Globalisierung und Individualisierung. Diese also keineswegs nur aktuelle oder „moderne" Entwicklung ist jedoch nicht nur „alt", langandauernd, sondern – so meine These – anthropologisch grundgelegt. Mediatisierung wird somit als sozialwissenschaftliche Kategorie zum Bestimmungsstück eines anthropologischen Verständnisses des Menschen, das die klassisch-aristotelische Definition des Menschen als zoon logon echon, als sprach- und vernunftbegabtes Lebewesen (Aristoteles, Politik 1253a, S. 9–10)[8], aufgreift. Logos, Sprache (im Gegensatz zur Stimme, phoné), ist bei Aristoteles die allein menschliche Kompetenz, nicht nur Lust, Unlust und Angst zu äußern, sondern zu werten:

> Der Mensch ist aber das einzige Lebewesen, das Sprache besitzt. Die Stimme zeigt Schmerz und Lust an und ist darum auch den anderen Lebewesen eigen [...]; die Sprache dagegen dient dazu, das Nützliche und Schädliche mitzuteilen und so auch das Gerechte und Ungerechte. Dies ist nämlich im Gegensatz zu den andern Lebewesen den Menschen eigentümlich, daß er allein die Wahrnehmung des Guten und Schlechtem, der Gerechten und Ungerechten und so weiter besitzt. (Aristoteles, *Politik* 1253a, S. 10–15, zit. in der Übersetzung von Gigon 1971, S. 66)

Aus dieser Besonderheit der Sprache als Mitteilung für Aristoteles, der diese Mitteilung notwendig als politisches, also auf den anderen gerichtetes und damit normativ aufgeladenes Handeln versteht, versteht sich, auch in der Weiterführung der klassischen Sprachtheorie, Sprechen als Kommunizieren und Kommunizieren als kommunikatives Handeln. Die anthropologische Sonderstellung der Sprache bei Aristoteles (vgl. ausführlich Rese 2003, v. a. S. 267 ff.) ist paradigmatisch für das philosophische Verständnis der Sprachhandlungen des Menschen und lässt sich auch in die Neuzeit und auch nach dem *linguistic turn* unter dem Blickpunkt der grundlegenden Medialität des Menschen nachverfolgen (vgl. als Überblick Krämer 2002).

---

[8] Aristoteles wird im Folgenden nach der klassischen sog. Bekker-Zählung zitiert (Werk, Seite Spalte, Zeile), die in allen kritischen Ausgaben als Standard-Paginierung angegeben ist.

Allerdings ist diese Sprachlichkeit als Medialität nicht notwendig gewusst und präsent. Die Sprache unterscheidet den Menschen vom Tier, ist aber noch nicht Basis menschlicher Selbstdefinition und Verstehenskategorie von menschlicher Welterfassung überhaupt. Was die aktuelle Gegenwart, unsere Epoche auszeichnet, ist nicht die Mediatisierung als Phänomen, sondern das *Bewusstsein* von dieser medialen Bestimmtheit unseres Lebens – noch unabhängig von der Frage nach der technischen Realisierung dieser Medialität. Die Weise der Medialität des Menschen kann gesellschaftlich, kulturell und individuell variieren, sie ist als solche aber unhintergehbar.

Dann aber ist die philosophisch-ethische Reflexion auf den Menschen und die normative Handlungsorientierung einer philosophischen Ethik notwendigerweise immer die Reflexion auf eine mediatisierte Lebenswelt. Ethik der Gegenwart ist – und auch das wird eine in diesem Buch zu vertretene These sein – notwendigerweise Ethik des medial agierenden Menschen oder „*Ethik der mediatisierten Welt*". Diese Gegenüberstellung beider Aspekte, die anthropologische Grundlegung der Mediatisierung als Prozess der Wesensverwirklichung des Menschen und die Konstruktion eines Begriffs von *einer* „mediatisierter Welt" als *Bewusstseinsbegriff* (im Gegensatz zum Plural der „mediatisierten Welten" als *Handlungs-* oder *Praxisbegriff*) soll nun knapp aufgegriffen und als Fundierung der folgenden Kapitel philosophisch entfaltet werden.

1.3 Philosophische Rekonstruktion des Konzepts der Mediatisierung

Anthropologisch geht Friedrich Krotz (2007, S. 52) von einem Menschenbild aus, das den Menschen als „Bewohner einer kommunikativ konstruierten symbolischen Welt" fasst. Allerdings differenziert Krotz zwischen einer Face-to-Face-Kommunikation und einer „Medienkommunikation", für die Menschen „auf ihre Face-to-Face-Kommunikationserfahrungen zurückgreifen müssen" (Krotz 2007, S. 86). Hier ergeben sich also für Krotz strukturelle Ähnlichkeiten. Dennoch sind beide Formen, Face-to-Face-Kommunikation und der Medienkommunikation, für ihn unterschiedlich. Das reißt eine wichtige Perspektive in die Einschätzung von Sprache auf. Sie ist für Krotz nicht selbst ein Medium, sondern ein „fundamentales, den Menschen in seiner Art konstituierendes und kollektiv hergestelltes Ausdrucks- und Reflexionsmittel" (Krotz 2007, S. 52). Medien stehen daher offensichtlich für Krotz in einem additiven Verhältnis zur Sprache. Sie kommen zur sprachlich organisierten Bedeutungskonstruktion des Menschen hinzu. Als solch ein Hinzugetretenes lassen sich Medien weiter differenzieren (Krotz schlägt vor, sie als „Inszenierungsapparat", als „Erlebnisraum" und als „Institutionsgeflecht" zu unterscheiden, vgl. Krotz 2007, S. 89 f.), fußen aber auf einer vormedialen Kommunikationsbedingung. Die Sprache, so Krotz (2007, S. 86), „,vermittelt' nichts, sie ist vielmehr ein unabdingbares Instrument kreativen, reflexiven und sinnbezogenen Handelns". Insofern ist es für ihn auch sinnvoll von einem „*mediatisierte[n] Kommunikationsraum*" (Krotz 2007, S. 97, Herv. i. Orig.) zu sprechen, der den ‚natürlichen' Kommunikationsraum der allein sprachlichen Kommunikation im technischen Sinne medial modifiziert.

Hier sehe ich die wesentliche Differenz zu dem hier von mir vorgestellten philosophischen Medienbegriff. Zwar stimme ich Friedrich Krotz zu, dass die Sprache einen instrumentellen Charakter hat, dieser ist m. E. aber nicht unabhängig von einer Vermittlungsfunktion zu verstehen. Die Problematik, ob die intrapsychischen Vorstellungen selbst auch schon sprachlich gefasst werden müssten, ist dafür nicht entscheidend. Vielmehr ist Sprache das maßgebende und anthropologische Fundament von Sinnvermittlung überhaupt – phylogenetisch und kulturell ebenso wie ontogenetisch entwicklungspsychologisch. Ein immer noch bemerkenswertes Beispiel dafür ist der Fall von *Helen Keller,* die als taubblindes Mädchen nicht nur den Zugang zur Kommunikation, sondern überhaupt die reflexive Distanz zum eigenen Erleben und Verhalten erst fand, als es gelang, ihr ein erstes taktiles Sprach-„Zeichen" (in ihrem Fall für Wasser) zu vermitteln. Damit erst war der symbolische Horizont von Bedeutung und damit Vermittlung von *Sinn* aufgerissen. Erst Sprache erlaubt, sich selbst als Ich in den Blick zu nehmen und damit überhaupt die Bedingung von Kommunikation, nämlich Verstehen, zu leisten.

Insofern ist Friedrich Krotz (2012, S. 44, Herv. i. Orig.) zuzustimmen, wenn er in der Face-to-Face-Kommunikation eine allen Kommunikationsformen „*gemeinsame Basis*" ausmacht „*als primäre Urform für verbale Kommunikation sowie Gesten, Mimik und Haltungen als Urform für ein mögliches Verstehen von Bildern*". Und ebenfalls zuzustimmen ist seiner daraus abgeleitete Feststellung: „*Das einzige, was mediatisiert sein kann, weil es das ist, was sich durch die Verwendung von Medien verändert, ist offensichtlich Kommunikation und kommunikatives Handeln*" (Krotz 2012, S. 45, Herv. i. Orig.).

Aber es ist m. E. zum einen eine Verkürzung der Bedeutung von *Sprache* auf ein *Symbolsystem ohne instrumentelle Vermittlungsfunktion,* zum anderen eine *Fokussierung des Medienbegriffs auf die technische Komponente,* wenn er diese Mediatisierung von Kommunikation beschreibt als „*spezifische Techniken* [, die Menschen] *für ihr kommunikatives Handeln benutzen und sie auf je spezifische Weise erst zu Medien machen*" (Krotz 2012, Herv. i. Orig.). D. h. im Folgenden wird *Mediatisierung* als mediensoziologisch rekonstruierbarer Metaprozess der Modifikation kommunikativen Handelns von Menschen durch die Verwendung von Medien im Kommunikationsprozess als fruchtbares Konstrukt zum anthropologischen Verständnis der menschlichen Medialität als Prozess verstanden. Aber anders als bei Krotz wird dieser Prozess bereits für die, wie er im Anschluss an den symbolischen Interaktionismus feststellt, „Menschwerdung durch Kommunikation" (Krotz 2012, S. 52) selbst in Anschlag gebracht. Sprache als „symbolische Form" schlechthin (vgl. Cassirer 1953) ist selbst medial.

Es ist also richtig, *„Mediatisierung beginnt da, wo die Menschen Zeichen benutzen, die über situative Wahrnehmbarkeit hinausgehen"* (Krotz 2012, S. 37). Aber anders als Krotz verstehe ich die symbolische Erfassung des situativ Wahrgenommenen (in Sprache) selbst als Medium, die Vermittlung des Wahrgenommenen als ein Reflektierbares an sich, den Sprechenden selbst. Erworben wird genau diese Funktion der Sprache nämlich auf dem Wege der Nutzung der Sprache als Medium – auch im Sinne von Krotz, wenn er das Um-willen der Mediatisierung definiert: *„um anderen etwas mitzuteilen"* (Krotz 2012, S. 37). Sprache ist – auch im Selbstgespräch und im unausgesprochenen „inneren Gespräch" mit sich selbst in der Reflexion – ein Mittleres zwischen Menschen. Sprechen ist die Grundtechnik der Kommunikation. Sprache ist das Medium, in dem durch soziales, nämlich kommunikatives, Handeln dieses Medium und die Kompetenz es zu nutzen, erworben wird. Wir teilen anderen mit, weil andere uns mitteilen, wie das, was wir situativ wahrnehmen, als Bedeutetes, Gemeintes, Bezeichnetes medial vermittelt werden kann – an uns selbst und an andere. Erst die Symbolisierung der Sprache erlaubt dann eine „Übersetzung" in andere Medien, Bilder, Gesten, Zeichen, Riten, Kult. *Mediatisierung* als *theoretisches Konstrukt* erhält hiermit, über die kommunikations- und medienwissenschaftliche Theoriebildung hinaus, eine philosophische Bedeutung[9].

Dieses Konstrukt ist *philosophisch* verstehbar als Dynamisierung bzw. historische Rekonstruktion des menschlichen Wesenszugs der Medialität. Wie in Kap. 3 noch ausführlicher gezeigt werden wird, ist nicht nur die *technische* Handhabung von Medien, sondern *Medialität* als grundsätzliche symbolische Vermitteltheit des menschlichen Selbst- und Fremdverständnisses zu verstehen. Medialität ist die Beschreibungskategorie eines Menschenbildes, das den Menschen als *homo medialis* (vgl. Pirner und Rath 2003) bzw. in den Worten Ernst Cassirers als *animal symbolicum* bestimmt. Cassirers Position, d. h. seine anthropologische Wendung der Medialität, kann man, basierend auf seiner Symboltheorie, die er in seinem Haupt-

---

[9] Vgl. dazu genauer im Hinblick auf die anthropologischen Grundlagen und die geschichtsphilosophisch-epochalen Folgerungen für ein Selbstverständnis gegenwärtiger Medienethik Kap. 3.

werk *Philosophie der symbolischen Formen* zwischen 1923 und 1929 entwickelt hat, so umreißen:

Cassirer erkennt, ausgehend von Immanuel Kant, dass wir Menschen die von uns wahrgenommene Welt je schon vorformen: Die Begriffe, Kategorien und Theorien des Menschen über sich und die Welt sind „selbstgeschaffene intellektuelle Symbole" (Cassirer 1953, S. 5). Diese symbolische Hervorbringung von Welt ist jedoch nicht beliebig, sondern wird für die jeweilige Kulturstufe einer Gesellschaft durch eine „Grundform des Geistes" (Cassirer 1953, S. 13) geprägt, die, bei aller erkenntnistheoretischen Relativität, mit einem absoluten Anspruch auftritt. Diese Grundformen nennt Cassirer *symbolische Formen* und er benennt explizit und alle voran die symbolische Form „Sprache", der er 1923 den ersten Band seiner *Philosophie der symbolischen Formen* widmet (vgl. Cassirer 1953), dann „Mythos", „Religion", aber auch „Sitte", „Wissenschaft", „Technik" und, zumindest einmal von Cassirer genannt (1964, S. IX), „Wirtschaft".

In seinem 1944 in den USA erschienenen Werk *An Essay on Man* konkretisiert Cassirer (1996) seine Symbolphilosophie ins Anthropologische. Er definiert den Menschen als *animal symbolicum,* dem – gefangen in ein „Gespinst menschlicher Erfahrung" (Cassirer 1996, S. 50), sein „Symbolnetz" – sich seine Welt nur symbolisch erschließt, dem die Welt nur in Symbolen zugänglich wird. Nehmen wir diesen Gedanken Cassirers ernst, dann ist jede Form der Repräsentation von Welt symbolhaft und damit in gewisser Weise rational.[10] Diese Symbolhaftigkeit aller Repräsentationsformen von Welt führt uns zur prinzipiellen gegenseitigen Übersetzbarkeit unterschiedlicher Symbolsysteme – weil wir als Menschen sonst nämlich diese Vielfalt der symbolischen Formen gar nicht wahrnehmen, geschweige denn wissenschaftlich bearbeiten könnten. Medialität ist also nicht eine mögliche – und insofern zufällige – Form menschlicher Welterschließung im Sinne einer *Re*konstruktion, sondern sie ist die einzige, fundamental allen Menschen zukommende Form von Welterschließung als *Konstruktion.* Medialität ist die Weise des menschlichen In-der-Welt-Seins schlechthin. Vor diesem

---

[10] Es ist müßig, die klassischen, eine generische Wesensnatur des Menschen (vgl. im Folgenden Kap. 3.1) voraussetzenden, fixen Definitionen des Menschen als zoon logon echon, animal rationale etc. gegen eine vermeintlich historisch zu modifizierende, allein hermeneutische Wesensbestimmung (vgl. Frank 1988) des Menschen als Hermeneut seiner selbst, also sozusagen als „Selbstausleger", auszuspielen und zu polarisieren. Unabhängig von einer m. E. zu naturalistischen Deutung Cassirers durch Ursula Renz (2012, S. 390) ist ihr doch zuzustimmen, dass das animal symbolicum Cassirers dem animal rationale der Tradition (und anderen generischen Wesensbestimmungen des Menschen) nicht entgegengestellt werden darf, sondern fundierend gedacht werden muss. Nur insofern Menschen animalia symbolica sind, realisieren sie sich als animalia rationalia.

Hintergrund ist philosophisch nach der Beziehung zwischen Medialität als dem anthropologischen In-der-Welt-Sein und Mediatisierung als dem grundsätzlichen Mit-der-Welt-Kommunizieren zu fragen.

Das Verhältnis lässt sich m. E. als ein Verhältnis von stabiler Wesensdefinition und dynamischer Wesensverwirklichung denken. Um dieses Verhältnis begrifflich zu fassen, nutze ich im Folgenden eine klassische, ebenfalls wieder aristotelische Begrifflichkeit, wohl wissend, dass diese hier nur begriffslogisch, nicht metaphysisch verstanden werden darf. Ich behaupte also keine von der begrifflichen Rekonstruktion unabhängige Seinsweise des Menschen zwischen Medialität und Mediatisierung. Mir geht es in der Anwendung der Begrifflichkeit der aristotelischen Seins- und Wesensmetaphysik um eine quasi begriffliche Eichung im Rahmen eines Vorschlags, das Verhältnis von kommunikations- und medienwissenschaftlichem Mediatisierungsbegriff und philosophisch-anthropologischem Medialitätsverständnis zu rekonstruieren.

Aristoteles definiert im VII. Buch der *Metaphysik* die Substanz (also dasjenige Wirkliche, das aus sich heraus Bestand hat, das Seiende, dem Sein zukommt) als zusammengesetzt aus Form (*morphē*) und Materie (*hylē*). Die Form beschreibt das Wesen des Seienden (bei Platon die *Idee*), die wir im Begriff eines Dinges definieren, die Materie meint keinen spezifischen Stoff, sondern die Materialität schlechthin. In der aristotelischen Metaphysik ist es das Zugrundeliegende (*hypokeimenon*) oder das Vereinzelungsprinzip. Die Form also bestimmt das Einzelne als das, was es ist, die Form selbst jedoch ist kein Einzelnes, hat kein Sein. Das Einzelne in seinem Sein wird erst in der Verbindung der Form, die das *Was* eines Seienden ausdrückt, und der Materie, die die Realisierung im Einzelnen erst ermöglicht, aber selbst ohne Form auch kein Sein hat. Das Einzelne, ein konkreter Mensch, ist also die einzige Weise des Seienden „Mensch", es realisiert die Form in Einheit mit der Materie. Aristoteles unterscheidet in seiner Schrift *Kategorien* die möglichen Substanzen, von denen wir bei Einzelnem sprechen können, nach „erste Substanz" (*prote ousia*) und zweiter Substanz (*deutera ousia*). Nur der ersten, dem Konkreten, kommt Sein zu, die zweite – auch als Art oder Gattung zu bezeichnen, z. B. „Mensch" – ist selbst eine Abstraktion, die wir aus der Fülle der realen Einzelnen als geistige Leistung gewinnen. Wenden wir dieses Differenzierungsinstrumentarium auf unsere bisherigen Versuche an, den Menschen als mediales Wesen zu erfassen:

Danach beschreibt *Medialität*, wie sie von Ernst Cassirer in der Wesendefinition *animal symbolicum* gefasst hat, die Wesensnatur des Menschen, seine Form, die wir aus der Fülle des medialen Handelns von konkreten Menschen ableiten. Die *Mediatisierung* hingegen beschreibt den Prozess der Realisierung dieser Wesensnatur in eine bestimmte individuelle, soziale und historische Realität hinein. Nur der konkrete Mensch hat als vereinzelte Realisierung der Wesensnatur *animal symbolicum* Sein und verwirklicht in seinem konkreten Sosein dieses Wesen – aber nicht schlechthin, sondern in einem dynamischen und historisch rekonstruierbaren Prozess, durch *Mediatisierung*. Erkenntnistheoretisch gesprochen haben wir es hier mit zwei gegenläufigen, sich ergänzenden Denkbewegungen zu tun.

1. *Medialität* bezeichnet dann eine *Abstraktion* aus der konkreten, sozialen und historischen Vielfalt des Menschen, die aber nur ihrerseits erfasst werden kann in den mannigfaltigen Realisierungen (oder „Füllen", wie dies Edmund Husserl 1936 genannt hat, vgl. Husserl 1992, S. 33) von Menschsein.
2. *Mediatisierung* ist im Gegenzug eine Rekonstruktion der Dynamik, d. h. der historisch gewordenen und von bestimmten Rahmenbedingungen abhängigen Realisierung dieser abstrakten Kategorie in das Einzelne hinein. Dies entspräche der *Apagoge* (*apagō gē*), einem Schlussverfahren, dass Aristoteles (vgl. *Erste Analytik*, II, 25) einführt, um zu erklären, wie bei einer gegebenen Prämisse und einer Konklusion ein Mittelbegriff konstruiert werden kann, der den Zusammenhang von Prämisse und Konklusion plausibel macht (wenn er diesen Zusammenhang auch nicht logisch stringent beweist bzw. als logisch eineindeutig schlüssig aufweist). In der Neuzeit wird dieses Verfahren durch Charles Sanders Peirce wieder aufgegriffen und als *Abduktion* beschrieben (vgl. Reichartz 1999, 2013; Hoffmann 2005, S. 72 ff.). Und in eben diesem Sinne, als Mittleres, das eine anthropologische Basisannahme im Hinblick auf einen empirisch wahrnehmbaren Sachverhalt hin vermittelt, erlangt die Mediatisierungsthese m. E. ihre große theoretische Bedeutung.

▶   Die Mediatisierungsthese stellt demnach philosophisch verstanden ein Konstrukt dar, das es erlaubt, den historisch gewordenen und von konkreten Rahmenbedingungen abhängigen Prozess der Realisierung grundsätzlicher menschlicher Medialität zu rekonstruieren.

Krotz (2007, S. 41 ff.) hebt auf die theoretische Fruchtbarkeit seiner Mediatisierungsthese als Vermittlungskonstrukt ab, indem er deutlich macht, wie sie erlaubt, den Medienwandel als „*Wandel der individuellen, der institutionellen, gruppenbezogenen und der gesellschaftlichen Kommunikation zu untersuchen*" (Krotz 2007, S. 47, Herv. i. Orig.). Somit stellt Mediatisierung als abduktive Konstruktion den dynamischen Aspekt der Realisierung einer anthropologischen Bestimmung des Menschen als mediales Wesen dar, so wie Medialität die abstrakte Kategorisierung dieser Dynamik darstellt.

Medienethisch relevant ist Mediatisierung, weil sie die Realisierungsbedingungen, den sozioökonomischen und historischen Rahmen konkreter medialen und kommunikativen Handelns beschreibt. Eine Medienethik, die keine abstrakte Prinzipienlehre sein will, sondern nach den normativ plausibilisierbaren Prinzipien medialer Handlungsorientierung fragt, muss Mediatisierung als Kategorie und Prozess berücksichtigen.

Allerdings muss nochmals darauf hingewiesen werden, dass dieser Metaprozess der Mediatisierung als abduktive Rekonstruktion soziohistorischer Realisierungen von Medialität keinen empirischen Gesetzes-Charakter im strengen Sinne hat. Wir können uns das vergegenwärtigen über einen, wie sich jetzt aus dem Gesamtzusammenhang ergibt, Teilprozess, der in der Medienwissenschaft als *Rieplsches Gesetz* bekannt ist. In seiner Studie von 1913 formuliert Wolfgang Riepl seine Grundthese, die kommunikations- und medienwissenschaftlich auch meist im Zusammenhang mit der Bezeichnung *Rieplsches Gesetz* zitiert wird:

> Andererseits ergibt sich gewissermaßen als ein *Grundgesetz der Entwicklung* des Nachrichtenwesens, daß die einfachsten Mittel, Formen und Methoden, wenn sie nur einmal eingebürgert und brauchbar befunden worden sind, auch von den vollkommensten und höchst entwickelten niemals wieder gänzlich und dauernd verdrängt und außer Gebrauch gesetzt werden können, sondern sich neben diesen erhalten, nur daß sie genötigt werden, andere Aufgaben und Verwertungsgebiete aufzusuchen. (Riepl 1913, S. 5)

Es ist also die These von Wolfgang Riepl, dass ein neues Medium keine anderen, älteren Medien verdrängt oder ersetzt, sondern die Vielfalt der Medien trotz medialer Innovation bestehen bleibt. Riepl beschreibt in dem zitierten Abschnitt einen historisch nachvollziehbaren und von ihm an vielen Beispielen verdeutlichten Prozess, ohne jedoch angeben zu können, warum dieser Prozess sich vollzieht. Wie ließe sich das durch eine Dynamisierung (wie sie die Mediatisierungsthese darstellt) rekonstruieren? Medientheoretisch wäre ein Medium insofern als Medium zu beschreiben, als es medial, also in einer sinnvermittelnden und/oder kommunikativen Funktion, genutzt wird. Die Verwendung eines Tablets, um eine Fliege zu erschlagen, wird zwar dem grundsätzlichen Werkzeugcharakter des Tablets gerecht, nutzt aber noch nicht die mediale Funktionalität des Geräts. Ich will diese mediale Funktionalität hier kurz „Medienförmigkeit" nennen: die *potentielle* Nutzbarkeit eines Gegenstandes als Medium. Mit anderen Worten: *Ein Medium wird zum Medium durch den Gebrauch.* Daraus folgt, dass Medien *als* Medien nur Bestand haben, sofern sie medial gebraucht werden.

Angewandt auf das *Rieplsche Gesetz* bedeutet dies, dass die Realisierung der Medienförmigkeit eines Gegenstandes als Medium abhängig ist von der Nutzung durch Menschen als Medium. Das *Rieplsche Gesetz* beschreibt somit genau genommen nicht einen gesetzesmäßigen Sachverhalt, der die Prozesse der Medienentwicklung unter den strengen Bedingungen der Kausalität abbildet, sondern er formuliert die historische Beobachtung, dass Menschen auch beim Auftreten einer medialen Innovation ältere Medien weiterhin als Medien nutzen. Und dies vermutet auch schon Wolfgang Riepl. Denn lesen wir die oben zitierte Passage weiter, dann heißt es da:

> Denn nicht nur die Nachrichtenmittel, ihre Leistungen und Verwendungsmöglich-
> keiten vermehren und steigern sich unausgesetzt, auch das Gebiet ihrer Verwendung
> und Ausnützung ist in fortwährender *Erweiterung* und *Vertiefung* begriffen. (Riepl
> 1913, S. 5)

Belegbar wäre somit das *Rieplsche Gesetz* nur insofern, als plausibilisiert werden können müsste, dass Menschen Mediennutzung nicht primär am Innovationsgrad des Mediums festmachen, sondern an seiner, die menschliche Intention unterstützenden beziehungsweise verwirklichenden, *Funktion*. Riepl formuliert also nicht einen kausal notwendigen Sachverhalt, sondern beschreibt lediglich eine *Präferenzregel menschlicher Mediennutzung* – wie er selbst schreibt, wenn wir „Verwendung und Ausnützung" (Riepl 1913, S. 5) als Abstraktionen von Handlungsformen, als Formen kommunikativen Handelns verstehen.

Menschen realisieren Ihre eigene Medialität also gemäß ihrer jeweiligen *Bedeutungszuweisung* zu medialen Handlungen über unterschiedliche Medien. Das erlaubt zu verstehen, warum Menschen z. B. in bestimmten Kontexten Zeitungen als Papierprodukte rezipieren, obwohl sie dies auch digital über eine App auf einem Tablet erledigen könnten, ja sogar wenn sie über diese App konkret verfügen. *Dynamisiert* im Sinne der Mediatisierungsthese macht das *Rieplsche Gesetz* nachvollziehbar, warum die Einführung digitaler Schriftkommunikation nicht zum Verlust analoger, z. B. handgeschriebener Briefe oder anderer Hardcopy-Schriftlichkeit geführt hat – ganz abgesehen davon, und das macht Riepl auch heute noch lesenswert, dass Riepl in seiner historischen Studie auch unser heutiges, vermeintlich selbstverständliches Medienverständnis erschüttert, denn er vertritt schon einen sehr weiten Medienbegriff (vgl. Riepl 1913, S. 12–13).

Die prinzipielle Ersetzbarkeit einer medialen Funktion, hier zum Beispiel die Schriftkommunikation, ist nicht ausreichend, um die jeweilige Mediennutzung zu verstehen. Sie hängt ab von der symbolischen *Bedeutung*, die Menschen ihrer jeweiligen Mediennutzung zuweisen. So ist zum Beispiel die schnelle Kommunikation über einen Todesfall per E-Mail oder SMS möglich, das Kondolenzschreiben hingegen wird dennoch in der „3-P-Kultur" (Kerlen 1999a, S. 245) erledigt – auf Papier, Pappe und per Post.

Das Beispiel des Medienwandels, der als „Rieplsches Gesetz" bekannt ist, hat gezeigt, dass und warum die Mediatisierung nicht als streng kausales Gesetz missdeutet werden darf. Der Prozess der Mediatisierung unterliegt spezifischen historischen sozioökonomischen und technischen Rahmenbedingungen. Die konkrete Ausgestaltung dieser Mediatisierung im Handeln von Menschen hat jedoch einen *Präferenzüberschuss*, der das Handeln nicht nur unvorhersehbar macht, sondern zugleich die grundsätzliche Freiheit von Menschen, ihr Handeln zu steuern, plausibilisiert. Mit diesem inhärenten Freiheitserweis wird auch nachvollziehbar, warum Mediatisierung ebenso wie Medialität keine quasi vorethischen Rahmenbedingungen menschlichen Handelns, sondern freiheitsgestütztes Handeln von Menschen als *mediales* Handeln unter je konkreten Realisierungsbedingungen beschreiben. Sie sind daher zentrale Kategorien einer Medienethik.

1.4 „Mediatisierte Welten" in einer mediatisierten Welt

Das mediensoziologische Konzept der Mediatisierung als Beschreibung von „mediatisierten Welten", wie es im Rahmen der kommunikations- und medienwissenschaftlichen Weiterentwicklung der Mediatisierungsthese von Friedrich Krotz entstanden ist, fußt auf einem Verständnis sozialer Welt als Lebenswelt, die nur im Plural gedacht werden kann. Menschen realisieren ihre Medialität in konkreten lebensweltlichen Kontexten. Phänomenologisch sind Lebenswelten als je eigene Welt zu denken. Dies ergibt automatisch den Plural, denn Lebenswelten sind nur in der Mannigfaltigkeit der individuellen „Füllen" im Sinne Husserls zu denken.

Diese Lebensweltbezogenheit ist zumindest unter dem Aspekt der medialen Praxis, also einem Handeln in, mit und an Medien, im Einklang mit einer sozialphänomenologischen Wende zur intersubjektiven Alltagswelt, auf die sich Hepp und Krotz (2012, S. 12) explizit beziehen. Allerdings konstituiert sich die Intersubjektivität dieser Alltagswelt in der darin konkret werdenden „Sozial- bzw. Kulturwelt" (Hepp und Krotz 2012, S. 13 im Nachgang zu Alfred Schütz und Thomas Luckmann) konkreter Handlungspraxen. Hepp und Krotz (2012, S. 13) definieren ihr Konzept der „mediatisierten Welten" daher als

> die alltäglichen Konkretisierungen von Mediengesellschaften und Medienkulturen. Sie sind die Ebene, auf der Mediatisierung konkret wird und empirisch beschrieben werden kann.

Philosophisch schließt ein Konzept der alltäglichen Welt als Lebens- und Praxisraum an eine Kritik der Verabsolutierung des wissenschaftlich-abstrakten und allein quantitativen Erfassens von Welt an. Wir können die Lebenswelt-Theorie der

Philosophie des 20. Jahrhundert als Ergebnis einer grundlegenden, neuzeitlichen wissenschaftlichen *Befangenheit* verstehen.

Edmund Husserl hat diese Befangenheit 1936 in seiner Arbeit *Die Krisis der europäischen Wissenschaften und die transzendentale Phänomenologie* (Husserl 1992) explizit benannt. Husserl konstatiert in den neuzeitlichen Naturwissenschaften und der sie tragenden Rationalität eine *Lebenswelt-Vergessenheit*, wie wir diesen Zustand nennen können. Der Ausdruck „Lebenswelt" meint bei Husserl, wie er in seinem 1939 posthum edierten Werk *Erfahrung und Urteil* prägnant formuliert, „die Welt, in der wir immer schon leben, und die den Boden für alle Erkenntnisleistung abgibt und für alle wissenschaftliche Bestimmung" (Husserl 1948, S. 38).

Husserl stellt die *Mathematisierung der lebensweltlichen Phänomene* in den Mittelpunkt seiner Überlegungen. Mathematik als wissenschaftliche Lehre von den quantitativen Größen und ihrer Beziehungen ist für ihn – nach dem bekannten Ausspruch Galileis, das Buch der Welt sei in mathematischen Lettern geschrieben, – die Leitdisziplin neuzeitlich-wissenschaftlichen, und das heißt naturwissenschaftlichen, Erkennens. Doch Husserl sieht die Kosten, die dieser galileische Zug der Wissenschaften verursacht hat. Die galileische Naturwissenschaft lehnt in der Anwendung der idealen Mathematik auf die Erkenntnis der Natur die Welt des Alltäglichen als „subjektiv-relativ" (Husserl 1948, S. 20) ab. Die quantifizierende Betrachtung lässt das außen vor liegen, was Husserl die Mannigfaltigkeiten oder die „Füllen" (Husserl 1948, S. 33), die sinnlichen Qualitäten der Welt nennt. Diese Füllen und Qualitäten werden ebenfalls unter das ideale Seinspostulat der mathematisierten Natur gezwungen und objektiviert oder „*mitmathematisiert*" (Husserl 1948, S. 37, Herv. i. Orig.), was, wie Husserl (Husserl 1948, S. 37, Herv. im Orig.) schreibt, einer „*Mitidealisierung*" gleichkommt. Die Lebenswelt, die durch Qualitäten, Mannigfaltigkeiten und Füllen ausgezeichnet ist, wird somit ebenfalls als berechenbar, als formelhaft voraussehbar gedacht. Diese Quantifizierung der Lebenswelt ist um so tragischer, als die neuzeitliche Naturwissenschaft zugleich Technik geworden ist, d. h. dass sie in der Reduktion der Lebenswelt auf ideale Formeln den Anspruch erhebt, reale Lebensweltprobleme technisch lösen zu können. Dieser Wandel vom sinnhaftganzen Wirklichkeitsbegriff zum formal-wissenschaftlichen Wirklichkeitsbegriff beinhaltet für Husserl zugleich einen Wandel des Weltbegriffs – er wird *symbolisch*. Aber nicht im Sinne des Symbols bei Cassirer, sondern eher im Sinne des denkerischen Fehlers, „das Abstrakte mit dem Konkreten zu verwechseln", wie dies Alfred North Whitehead 1925 in *Wissenschaft und moderne Welt* (1988, S. 66) ausgeführt hat. Dieser „Trugschluß der unzutreffenden Konkretheit" (Whitehead 1988, S. 66) nimmt die Abstraktion – eine, wie es auch Cassirer immer wieder betont hat, zweifellos wichtige geistige Leistung zur wissenschaftlich-technischen Bewältigung und Gestaltung unserer Wirklichkeit – für die Konkretheit unseres

Alltags, für die Welt, in der wir leben. Damit ist ein Prozess zum Ende gekommen, den Husserl eindrücklich beschreibt als

> Unterschiebung der mathematisch substruierten Welt der Idealitäten für die einzig wirkliche, die wirklich wahrnehmungsmäßig gegebene, die je erfahrene und erfahrbare Welt – unsere alltägliche Lebenswelt. (Husserl 1992, S. 49)

Es wird deutlich, dass der *abstrakte* Weltbegriff, von dem Husserl hier spricht, eine Grundleistung der Lebenswelt nicht erbringen kann, die in der Qualität des Erlebten wurzelt, nämlich Maß für den Sinn oder die Gesolltheit einer bestimmten Lebensweltgestaltung zu sein. Vielmehr wird durch die vermeintlich wertfreie Erfassung der Weltphänomene zugleich ein wertendes, ja ein abwertendes Stellungnehmen zur Lebenswelt vollzogen.

Dies kann nicht ohne Folgen für die soziale Realität des Menschen bleiben. Diese sozialen Folgen thematisieren fast zeitgleich zu Cassirers *Versuch über den Menschen* Max Horkheimer und Theodor W. Adorno in ihrer 1944 erschienenen *Dialektik der Aufklärung* (Horkheimer und Adorno 1984). Horkheimer und Adorno versuchen eine Rekonstruktion moderner Gesellschaft durch eine Analyse der neuzeitlichen, wissenschaftlichen Rationalität, die sie in das Schlagwort von der „Aufklärung" kleiden. Wir können in unserem Zusammenhang an Husserls These von der Objektivierung oder Mitidealisierung der Lebenswelt anknüpfen und mit Horkheimer/Adorno sagen, dass die Aufklärung, also die Wendung des menschlichen Geistes gegen metaphysische Bevormundung, in sich bereits den Keim der Verdinglichung, der „Selbstzerstörung" (Horkheimer und Adorno 1984, S. 3), der Reduktion der Wirklichkeit auf das Machbare und, auf dem Gebiet der Gesellschaft, den Anspruch des Totalitarismus in sich trägt. „Die Herrschaft tritt dem Einzelnen als das Allgemeine gegenüber, als die Vernunft in der Wirklichkeit." (Horkheimer und Adorno 1984, S. 23) Macht und Erkenntnis sind synonym und zwar in einem technischen wie in einem sozialen Sinne. Ebenso, wie im technischen Bereich die Quantifizierung zur Beherrschung der Natur führt, so führt im sozialen Bereich die ökonomische Quantifizierung zur Nivellierung aller seinsmäßigen Unterschiede. Die mathematische, formale Abstraktion als Erkenntnisideal der Aufklärung, die die Mannigfaltigkeit des Realen, bei Husserl die „Füllen", auf die quantifizierende Einheit eines Gesetzes zurückführte, machte auch vor dem Menschen, der sich selbst zum Objekt nimmt, nicht halt. Die vorwissenschaftliche „Lebenswelt", eigentlicher Urgrund wissenschaftlichen Forschens, wird vergessen. Nicht sie, sondern die wissenschaftlich konstruierte Welt gilt als die eigentliche Wirklichkeit.

Seine Fortführung findet diese Kritik an einer strukturellen Unentdeckbarkeit des Alltags unter Kategorien einer quantifizierenden Wissenschaftlichkeit in

der Kritik an der *Moderne* (vgl. Habermas 1981, Bd. 2, S. 420 ff.), vor allem
der „zweiten", fordianisch und global geprägten Moderne (vgl. dazu Beck 1986,
1996). Die Moderne mit ihrer hohen Differenzierung der gesellschaftlichen Systeme hat die Praxisbereiche des Menschen voneinander „abgekoppelt" – radikaler,
als es die gängige Rede von der „arbeitsteiligen Gesellschaft" auszudrücken vermag.
Nicht nur die Arbeitswelt differenzierte sich und bildet voneinander abgegrenzte
Handlungsbereiche, sondern das Gesamt des gesellschaftlichen Systems ist mit der
individuellen Lebenswelt der Menschen nicht mehr vermittelbar. Habermas spricht
in diesem Zusammenhang von einer „Entkopplung von System und Lebenswelt"
(Habermas 1981, Bd. 2, S. 229), die letztlich zu einer „*Kolonialisierung der Lebenswelt*" (Habermas 1981, Bd. 2, S. 522, Herv. i. Orig.) durch das technisierte,
in feldspezifische Zwecksetzungen zersplitterte, Gesamtsystem führe. Steuerungs-
medien dieser Subsysteme sind denn auch keine allgemein verbindlichen Sinn-
und Normvorgaben mehr, sondern durch die formalen, entsprachlichten Medi-
en Macht und Geld „schaffen sich die systemischen Mechanismen ihre eigenen,
normfreien, über die Lebenswelt hinausragenden Sozialstrukturen" (Habermas
1981, Bd. 2, S. 275). Im Gegenzug, als Möglichkeit sozialer Wiedergewinnung
von Lebenswelt, hat Habermas in seiner *Theorie des kommunikativen Handelns*
den Kommunikationstechnologien eine zentrale Vermittlungsrolle zur Bildung von
Öffentlichkeit und damit zur Konstitution von Sinn in der modernen Gesellschaft
zugewiesen. Insofern ist der sozialphänomenologische Schritt von einem abstrakt-
quantifizierenden Weltbegriff zu einem individualisierten, lebensweltlichen Plural
der „Medienwelten" nachvollziehbar und sinnvoll. Die Praxis des Medienwandels
in der Mediatisierung vollzieht sich in der individuellen Alltagswelt der Individuen.
Mediatisierung ist nicht nur allein beobachtbar auf der Ebene der Lebenswelt, sondern sie vollzieht sich auch nur dort. Ja mehr noch, „mediatisierte Welten" werden
über das „Netzwerk mediatisierter Kommunikation" (Hepp und Krotz 2012, S. 14)
überhaupt erst konstruiert. Das heißt, die mediale Praxis des Menschen, in und
durch die er Kommunikation betreibt, ist als Kommunikation sinnstiftend und
damit konkret Lebenswelt schaffend. Lebenswelten sind daher, in einem viel radi-
kaleren Sinne als dies Baacke et al. (1990) meinten, „Medienwelten" insofern, als
sie konstitutionell, und das heißt anthropologisch fundiert und damit unbedingt,
mediatisiert sind. Der Plural mediatisierter Welten ist nicht nur sozialphänomeno-
logisch, sondern soziologisch und kommunikationstheoretisch konstitutiv für eine
empirische Bewährung des Konzepts der Mediatisierung.

Anders das hier vertretene Konzept einer im Singular zu verstehenden „Welt des
Menschen" – dieses ist philosophischer Natur. Es hebt auf den anthropologischen
Gedanken ab, dass der Mensch (im Sinne der von Cassirer aufgegriffenen Wahr-
nehmungsökologie von Uexkülls) *nicht* für eine bestimmte Umwelt konstruiert

ist (was heißt, sich im Zuge der Evolution als überlebensfähig erwiesen hat), sondern der Mensch wird als „offenes Wesen" rekonstruiert, das in unterschiedlichen Umwelten leben kann. Der Mensch kann dies, nicht weil er sich anpasst, sondern weil er diese Umwelt an sich anpasst. Diese Anpassungsleistung kann sehr gering sein, zum Beispiel durch Schutzmaßnahmen wie warme Kleidung, sie kann auch sehr grundlegend sein, wie zum Beispiel in Form der Kultivierung ganzer Landschaften, des Abholzens von Urwäldern, des Erschließens von Ackerland und der aktiven technischen Gestaltung der eigenen Lebensbedingungen. In diesem Sinne ist der je einzelne Mensch nicht in eine Umwelt genötigt, sondern eine „Welt". Diese ist zwar für ihn jeweils individuell gestaltet und ändert sich generationell in der Geschichte, sozial im gesellschaftlichen Kontext und kulturell nach dem Maß der weltgestaltenden Kompetenzen, aber der Mensch ist nicht generell auf eine Umwelt, also ihn notwendig umgebende Welt, angewiesen. Diese Fähigkeiten des Menschen, eine „Welt" zu haben statt Teil einer Umwelt zu sein, ist selbst medial. Es ist die Fähigkeit des Menschen, im Prozess der Symbolisierung sich seine umgebenden Realitätsbedingungen vor Augen zu führen, begrifflich zu fassen und Veränderungen prospektiv zu planen. Ernst Cassirer beschreibt daher zu Recht das *animal symbolicum* Mensch als ein Wesen, bei dem, anders als in der Uexküllschen Umwelttheorie, zwischen das Merk- und das Wirknetz ein Symbolnetz tritt, das zu einer gewissen Verzögerung, dadurch aber auch zu einer gewissen Reflexionsfähigkeit über die Gestaltungsbedingungen der *Welt* führt. In einem solch grundlegenden anthropologischen Sinne ist die *Welt* des Menschen immer mediatisiert – dies durchaus in einem trivialen Sinne, nämlich insofern der Mensch das Wesen ist, das durch den historischen Prozess der Mediatisierung seine Wesensform der Medialität konkretisiert und realisiert. In diesem Sinne sind auch, wie eben gezeigt, soziologische Lebenswelten trivialerweise mediatisiert. Wie ist dies nun mit dem Lebensweltkonzept und in Abgrenzung von einem quantifizierten (letztlich inhaltlich leeren) Weltbegriff zu vereinbaren? Müssen wir mit einem vorreflexiven (und damit vorwissenschaftlichen) „Goldenen Zeitalter" der unmittelbaren Lebensweltoffenheit rechnen? Wäre philosophisch eine quasi symbolimmanente Eigentlichkeit zu postulieren, die die je individuellen konkreten „mediatisierten Welten" auf eine „eigentliche", allen *animalia symbolica* gemeinsamen, vorsoziale Gesamtwelt zurückführt? Die Assoziation eines totalitären Gesamtsystems läge nahe.

Bevor wir diesen Schritt in den totalitären Antiszientismus ins Auge fassen, sollten wir uns noch etwas Klarheit über das philosophische Lebenswelt-Konzept verschaffen. In seinem oben schon zitierten, posthum 1939 erschienene Buch *Erfahrung und Urteil* formuliert Husserl einen erwägenswerten Gedanken. Er stellt nämlich fest, dass wir die ursprüngliche, lebensweltliche (und damit individuelle und zugleich plurale) Erfahrung gar nicht so einfach rekonstruieren und empirisch auffinden werden. Die Lebenswelt ist keine phänomenale Insel der Seligen, sondern bezeichnet nicht mehr und nicht weniger als den Erfahrungshorizont unserer Welt, in der wir immer schon leben. Edmund Husserl weist darauf hin, dass zu dieser „Welt, wie sie uns, erwachsenen Menschen unserer Zeit, vorgegeben ist, alles mitgehört, was die Naturwissenschaft der Neuzeit an Bestimmungen des Seienden geleistet hat" (Husserl 1948, S. 39). Ja selbst da, wo wir die Geltung objektiver naturwissenschaftlicher Methoden und Ideale nicht anerkennen, so Husserl, orientiert sich diese Ablehnung an dem Ideal objektiver, für jedermann nachvollziehbaren Bestimmungen. Er zieht daraus den Schluss, dass die Suche nach der „reinen Erfahrung" sich nicht einfach mit der gegebenen Lebenswelt zufrieden geben kann, sondern „die in ihr bereits niedergeschlagene Geschichtlichkeit auf ihren Ursprung zurück" (Husserl 1948, S. 44) verfolgen müsse.

Mit anderen Worten, nicht eine (in einen idealistischen Dualismus platonischer Weltverdopplung führende) fundamentale, „eigentliche" Welt ist mit der mediatisierten Welt gemeint, sondern ein Weltbegriff, der auf einen historisch gewordenen *Selbstverständnis-Horizont* abhebt. In diesem wird die in diesem Band vertretenen Formulierung und Position einer „Ethik der mediatisierten Welt" in einem doppelten Sinne deutbar.

1. Eine *Ethik der mediatisierten Welt* ist eine ethische Reflexion darauf, dass die Welt des Menschen immer schon eine *Rekonstruktionsleistung* des mediatisierten Menschen ist. Der Mensch als Wesen, das sich durch Medialität auszeichnet, erfasst seine Welt selbst wieder nur in einem medialen Kontext. Diese sehr allgemeine Formulierung ließe sich auf Ethik schlechthin anwenden, sofern man Medialität als *anthropologische* Bestimmung des Menschen akzeptiert.
2. In einem anderen Sinne, auf den es mir jetzt in besonderer Weise ankommt, kann von einer *Ethik der mediatisierten Welt* gesprochen werden, wenn das Augenmerk auf die *mediale Repräsentation der Mediatisierung* als Prozess der Verwirklichung der menschlichen Wesensnatur „Medialität" verstanden wird. Im Kap. 3.2 wird dieses Verständnis einer „gewussten Mediatisierung" als Begründung für einen *epochalen* Begriff der Medienethik genauer entfaltet.

Dieses Verständnis ist allerdings maßgebend für den gesamten vorliegenden Band:

▶   Die Ethik der mediatisierten Welt ist ein epochaler Ethikbegriff. Er erhält
       seine Bedeutung daraus, dass – obwohl der Prozess der Mediatisie-
       rung als anthropologischer Prozess zu verstehen ist – uns in unsere
       gegenwärtige Epoche der Prozess der Verwirklichung der menschlichen
       Wesensnatur als Medialität erstmals bewusst geworden ist.

Dieser epochale Abschnitt hebt nicht erst mit der These der Mediatisierung durch Friedrich Krotz an, seine soziologische Theorie des Metaprozesses der Mediatisierung stellt jedoch die einzelwissenschaftlich klarste Analyse dieses anthropologischen Prozesses dar. Wir können die Epoche der mediatisierten Welt auch als Epoche der *Medienbewusstheit* des Menschen ansehen.

Literatur

Baacke, Dieter, Uwe Sander, und Ralf Vollbrecht. 1990. *Lebenswelten sind Medienwelten.* (Lebenswelten Jugendlicher Bd. 1). Opladen: Leske + Budrich.

Beck, Ulrich. 1986. *Risikogesellschaft. Auf dem Weg in eine andere Moderne.* Frankfurt a. M.: Suhrkamp.

Beck, Ulrich. 1996. Das Zeitalter der Nebenfolgen und die Politisierung der Moderne. In *Reflexive Modernisierung. Eine Kontroverse,* Hrsg. von Ulrich Beck, Anthony Giddens, und Scott Lash, 19–112. Frankfurt a. M.: Suhrkamp.

Bonfadelli, Heinz. 2002. *Medieninhaltsforschung. Grundlagen, Methoden, Anwendungen.* Konstanz: UVK.

Bruns, Axel. 2006. Towards produsage: Futures for user-led content production. In *Proceedings: Cultural attitudes towards communication and technology 2006,* Hrsg. von Fay Sudweeks, Herbert Hrachovec, und Charles Ess, 275–284. Perth: Murdoch University. http://produsage.org/files/12132812018_towards_produsage_0.pdf. Zugegriffen: 25. Feb. 2014.

Capurro, Rafael. 2011a. Angeletics – a message theory. In *Messages and messengers – Von Boten und Botschaften. Angeletics as an approach to the phenomenology of communication – Die Angeletik als Weg zur Phänomenologie der Kommunikation,* Hrsg. von Rafael Capurro und John Holgate, 33–42. München: Fink.

Capurro, Rafael. 2011b. Theorie der Botschaft. In *Messages and Messengers – Von Boten und Botschaften. Angeletics as an Approach to the Phenomenology of Communication – Die Angeletik als Weg zur Phänomenologie der Kommunikation,* Hrsg. von Rafael Capurro und John Holgate, 43–66. München: Fink.

Capurro, Rafael, und John Holgate. 2011. *Messages and Messengers – Von Boten und Botschaften. Angeletics as an Approach to the Phenomenology of Communication – Die Angeletik als Weg zur Phänomenologie der Kommunikation.* München: Fink.

Cassirer, Ernst. 1953. *Philosophie der symbolischen Formen. Teil 1. Die Sprache.* Darmstadt: Wissenschaftliche Buchgesellschaft.

Cassirer, Ernst. 1964. *Philosophie der symbolischen Formen. Teil 2. Das mythische Denken.* 2. Aufl. Darmstadt: Wissenschaftliche Buchgesellschaft.

Cassirer, Ernst. 1996. *Versuch über den Menschen. Einführung in eine Philosophie der Kultur.* Hamburg: Meiner.

Christians, Clifford G. 2000. An intellectual history of media ethics. In *Media ethics: Opening social dialogue,* Hrsg. von Bart Pattyn, 1–46. Leuven: Peeters.

CMCS. 2010. Center for media and communication studies Budapest, resources: New media laws in Hungary. http://cmcs.ceu.hu/resources-new-media-laws-in-hungary-0. Zugegriffen: 27. Feb. 2014.

Debatin, Bernhard. 2002. Zwischen theoretischer Begründung und praktischer Anwendung: Medienethik auf dem Weg zur kommunikationswissenschaftlichen Teildisziplin. *Publizistik* 47 (3): 259–264.

Ebbinghaus, Herrmann. 1910. *Abriß der Psychologie.* 3. Aufl. Leipzig: Veit.

Faulstich, Werner. 2004. Medium. In *Grundwissen Medien.* 5. Aufl, Hrsg. von Werner Faulstich, 13–102. München: Fink UTB.

Ferré, John P. 2009. A short history of media ethics in the United States. In *The handbook of mass media ethics,* Hrsg. von Lee Wilkins, und Clifford D. Christians, 15–27. New York: Routledge.

Frank, Manfred. 1988. Subjekt, person, individuum. In *Die Frage nach dem Subjekt,* Hrsg. von Manfred Frank, 7–28. Frankfurt a. M.: Suhrkamp.

Funiok, Rüdiger. 2014. Hauptthemen und Autoren in der Entwicklung der deutschsprachigen Kommunikations- und Medienethik. In *Neuvermessung der Medienethik – Bilanz, Themen und Herausforderungen seit 2000,* Hrsg. von Marlis Prinzing, Matthias Rath, Christian Schicha, und Ingrid Stapf. München: Beltz Juventa [im Druck].

Gigon, Olof. 1971. *Aristoteles. Politik.* 2. Aufl. Zürich: Artemis.

Habermas, Jürgen. 1981. *Theorie des kommunikativen Handelns.* 2. Bd. Frankfurt a. M.: Suhrkamp.

Hausmanninger, Thomas. 1992. *Kritik der medienethischen Vernunft: Die ethische Diskussion über den Film in Deutschland im 20. Jahrhundert.* München: Fink.

Hepp, Andreas, und Friedrich Krotz. 2012. Mediatisierte Welten: Forschungsfelder und Beschreibungsansätze – zur Einleitung. In *Mediatisierte Welten. Forschungsfelder und Beschreibungsansätze,* Hrsg. von Friedrich Krotz und Andreas Hepp, 7–23. Wiesbaden: VS Verlag für Sozialwissenschaften.

Hoffmann, Michael H. G. 2005. *Erkenntnisentwicklung.* Frankfurt a. M.: Klostermann.

Horkheimer, Max, und Theodor W. Adorno. 1984. *Dialektik der Aufklärung. Philosophische Fragmente.* Frankfurt a. M.: Fischer.

Husserl, Edmund. 1948. *Erfahrung und Urteil. Untersuchungen zur Genealogie der Logik.* Hamburg: Claasen & Goverts.

Husserl, Edmund. 1992. Die Krisis der europäischen Wissenschaften und die transzendentale Phänomenologie. In: *Cartesianische Meditationen, Krisis* (Gesammelte Schriften Bd. 8), Hrsg. Edmund Husserl. Hamburg: Meiner.

Jenkins, Henry. 2006a. *Convergence culture: Where old and new media collide.* New York-London: New York University Press.

Kazim, Hasnain. 2014. Twitter-Verbot in der Türkei: Erdogan dreht ab. Spiegel Online, 21.3.2014. http://www.spiegel.de/netzwelt/netzpolitik/erdogan-laesst-in-der-tuerkei-twitter-abschalten-mundtot-a-959969.html. Zugegriffen: 23. Marz 2014.

Kerlen, Dietrich. 1999a. Druckmedien. In *Handbuch Lesen,* Hrsg. von Bodo Franzmann, Klaus Hasemann, Dietrich Löffler, und Erich Schön, 240–280. München: Saur.

Kerlen, Dietrich. 1999b. Protestantismus und Buchverehrung in Deutschland. In *Jahrbuch für Kommunikationsgeschichte.* Bd. 1, Hrsg. von Holger Böning, Arnulf Kutsch, und Rudolf Stöber, 1–22. Stuttgart: Steiner.

Kerlen, Dietrich. 2005. *Jugend und Medien in Deutschland. Eine kulturhistorische Studie*, Hrsg. von Matthias Rath und Gudrun Marci-Boehncke. Weinheim: Beltz.

Kerlen, Dietrich. 2006. „Jugend und Medien in Deutschland" – Thesen zu einer Kulturgeschichte des jugendlichen Mediengebrauchs. In *Jugend – Werte – Medien. Der Diskurs*, Hrsg. von Gudrun Marci-Boehncke, und Matthias Rath, 175–182. Weinheim: Beltz.

Köhler, Horst. 2010. Sie leisten wirklich Großartiges unter schwierigsten Bedingungen. Interview. Deutschlandradio Kultur, gesendet 22.5. 2010, 07:51 Uhr. http://www. deutschlandradio.de/sie-leisten-wirklich-grossartiges-unter-schwierigsten.331.de.html? dram:article_id=203276. Zugegriffen: 27. Feb. 2014.

Köhler, Horst. 2011. Ich dachte, ich könnte helfen. Interview. *Die Zeit* 65 (24). http://www.zeit.de/2011/24/Interview-Koehler/seite-3. Zugegriffen: 27. Feb. 2014.

Krainer, Larissa. 2014. Medienethik als Aufgabe inter- und transdisziplinärer Reflexionsleistung. Ein Beitrag zur deutschsprachigen Fachgeschichte und Fachzukunft. In *Neuvermessung der Medienethik. Bilanz, Themen und Herausforderungen seit 2000*, Hrsg. von Marlis Prinzing, Matthias Rath, Christian Schicha, und Ingrid Stapf. München: Beltz Juventa [im Druck].

Krämer, Sybille. 2002. Sprache – Stimme – Schrift: Sieben Gedanken über Performativität als Medialität. In *Zwischen Sprachphilosophie und Kulturwissenschaften*, Hrsg. von Uwe Wirth, 323–346. Frankfurt a. M.: Suhrkamp.

Krotz, Friedrich. 2001. *Die Mediatisierung kommunikativen Handelns. Der Wandel von Alltag und sozialen Beziehungen, Kultur und Gesellschaft durch die Medien*. Opladen: Westdeutscher Verlag.

Krotz, Friedrich. 2005. *Neue Theorien entwickeln. Eine Einführung in die Grounded Theory, die heuristische Sozialforschung und die Ethnographie anhand von Beispielen aus der Kommunikationsforschung*. Köln: von Halem.

Krotz, Friedrich. 2007. *Mediatisierung. Fallstudien zum Wandel von Kommunikation*. Wiesbaden: VS Verlag für Sozialwissenschaften.

Krotz, Friedrich. 2012. Von der Entdeckung der Zentralperspektive zur Augmented Reality: Wie Mediatisierung funktioniert. In *Mediatisierte Welten. Forschungsfelder und Beschreibungsansätze*, Hrsg. von Friedrich Krotz und Andreas Hepp, 27–55. Wiesbaden: VS Verlag für Sozialwissenschaften.

Müller, Klaus. 1999. Verdoppelte Realität – Virtuelle Realität? Erkenntnistheoretische, sozialphilosophische und anthropologische Konsequenzen der „Neuen Medien". *Medienethik – die Frage der Verantwortung*, Hrsg. von Rüdiger Funiok, Udo F. Schmälzle, und Christoph H. Werth, 75–92. Bonn: Bundeszentrale für politische Bildung.

Pirner, Manfred, und Matthias Rath, Hrsg. 2003. *Homo Medialis. Perspektiven und Probleme einer Anthropologie der Medien*. München: Kopäd.

Pross, Harry. 1972. *Medienforschung. Film, Funk, Presse, Fernsehen*. Darmstadt: Carl Habel Verlagsbuchhandlung.

Rath, Matthias. 2003a. Das Internet – die Mutter aller Medien. In *Medientheorie und Medientheologie*, Hrsg. von Klaas Huizing und Horst F. Rupp, 59–69. Münster: Lit.

Rath, Matthias. 2003d. Kultur und Kommunikation als „Medialität" – Philosophische Überlegungen zum Verhältnis von Kultur- und Kommunikationswissenschaft. In *Kulturwissenschaft als Kommunikationswissenschaft. Projekte, Probleme und Perspektiven*, Hrsg. von Matthias Karmasin und Carsten Winter, 49–60. Wiesbaden: Westdeutscher Verlag.

Rath, Matthias. 2004. Weltaneignung als Lesen: Das Animal Symbolicum und das Buch. In *Buchwissenschaft – Medienwissenschaft. Ein Symposion*, Hrsg. von Dietrich Kerlen, 61–76. Wiesbaden: Harrassowitz.

Rath, Matthias. 2007b. „Was darf die Satire?" Die Veröffentlichung der Mohammed-Karikaturen zwischen Relevanz und Bullshit. In *Der Karikaturenstreit und die Pressefreiheit. Wert- und Normenkonflikte in der globalen Medienkultur. The Cartoon Debate and the Freedom of the Press. Conflicting Norms and Values in the Global Media Culture*, Hrsg. von Bernhard Debatin, 201–213. Münster: Lit.

Rath, Matthias, und Gudrun Marci-Boehncke. 2004. „Geblickt?" – MedienBildung als Coping-Strategie. In *Bildung und Erziehung. Perspektiven auf die Lebenswelten von Kindern und Jugendlichen*, Hrsg. von Annette Schavan, 200–229. Frankfurt a. M.: Suhrkamp.

Rath, Matthias, und Pinar Erdemir. 2007. „Denn sieh', das Fremde liegt so nah!" Der Einbruch kultureller Heterogenität in die nationale Medienethik. *Zeitschrift für Kommunikationsökologie und Medienethik* 9 (1): 62–68.

Reichartz, Jo. 1999. Gültige Entdeckung des Neuen? Zur Bedeutung der Abduktion in der qualitativen Sozialforschung. *Österreichische Zeitschrift für Soziologie* 24 (4): 47–64. http://nbn-resolving.de/urn:nbn:de:0168-ssoar-19536. Zugegriffen: 27. Feb. 2014.

Reichartz, Jo. 2013. *Die Abduktion in der qualitativen Sozialforschung: Über die Entdeckung des Neuen*. 2. Aufl. Wiesbaden: VS Verlag für Sozialwissenschaften.

Renz, Ursula. 2012. Rationalität und Symbolizität: Alternative oder ergänzende Bestimmungen des Humanum? In *Philosophie der Kultur – Kultur des Philosophierens. Ernst Cassirer im 20. und 21. Jahrhundert*, Hrsg. von Birgit Recki, 377–391. Hamburg: Meiner.

Rese, Friederike. 2003. *Praxis und Logos bei Aristoteles*. Tübingen: Mohr Siebeck.

Riepl, Wolfgang. 1913. *Das Nachrichtenwesen des Altertums mit besonderer Rücksicht auf die Römer*. Leipzig: Teubner. http://www.digitalis.uni-koeln.de/Riepl/riepl_index.html. Zugegriffen: 27. Feb. 2014.

Schicha, Christian. 2003. Medienethik und Medienqualität. *Zeitschrift für Kommunikationsökologie* 5 (2): 44–53.

Weizenbaum, Josef. 1978. *Die Macht der Computer und die Ohnmacht der Vernunft*. Frankfurt a. M.: Suhrkamp.

Whitehead, Alfred North. 1988. *Wissenschaft und moderne Welt*. Frankfurt a. M.: Fischer.

Wissenschaftsrat. 2007. Empfehlungen zur Weiterentwicklung der Kommunikations- und Medienwissenschaften in Deutschland. Drucksache 7901-07. Oldenburg. http://www.wissenschaftsrat.de/download/archiv/7901-07.pdf. Zugegriffen: 27. Feb. 2014.

Wittgenstein, Ludwig. 1984. *Tractatus logico-philosophicus. Tagebücher 1914–1916. Philosophische Untersuchungen* (Ludwig Wittgenstein Werke, Bd. 1). Frankfurt a. M.: Suhrkamp.

Zur Konzeption von Medienethik

2

[...] Logiker die der Meinung sind, es gebe keine Universalien, außer als von der Stimme erzeugter Lufthauch [...]

Anselm von Canterbury, *Epistola De Incarnatione Verbi*

Man versuche es daher einmal, ob wir nicht in den Aufgaben der Metaphysik damit besser fortkommen, daß wir annehmen, die Gegenstände müssen sich nach unserer Erkenntniß richten [...]

Immanuel Kant, *Kritik der reinen Vernunft*,
Vorrede zur 2. Auflage

Was das Individuum betrifft, so ist ohnehin jedes ein *Sohn seiner Zeit*, so ist auch die Philosophie *ihre Zeit in Gedanken erfaßt*.

Georg Wilhelm Friedrich Hegel,
Grundlinien der Philosophie des Rechts, Vorrede

2.1 Medienethik als angewandte Ethik

Die schon genannte „kurze Geschichte" der Medienethik[1] beginnt im deutschsprachigen Raum vor allem in Anschluss an die *media ethics* in den USA, wie sie u. a. von Hermann Boventer (1982, 1983, 1984) referiert wurde. *Media ethics* kam in

---

[1] Diesem Kapitel liegen unter anderem folgende Beiträge des Verfassers zu Grunde:
- „Empirische Perspektiven". In *Handbuch Medienethik*, Hrsg. von Christian Schicha, und Carsten Brosda, 136-146. Wiesbaden: VS-Verlag 2010.
- Kann denn empirische Forschung Sünde sein? Zum Empiriebedarf der normativen Ethik. In *Medienethik und Medienwirkungsforschung*, Hrsg. von Matthias Rath, 63-87. Wiesbaden: Westdeutscher Verlag 2000.
- Kultur und Kommunikation als „Medialität" – Philosophische Überlegungen zum Verhältnis von Kultur- und Kommunikationswissenschaft. In *Kulturwissenschaft als Kommunikationswissenschaft. Projekte, Probleme und Perspektiven*, Hrsg. von Matthias Karmasin, und Carsten Winter, 49-60. Wiesbaden: Westdeutscher Verlag 2003.

M. Rath, *Ethik der mediatisierten Welt*,
DOI 10.1007/978-3-658-05759-6_2, © Springer Fachmedien Wiesbaden 2014

den USA allerdings vor allem im Rahmen der Journalistenausbildung zum Zuge. Damit ist die Medienethik zum Teil noch heute belegt: Sie wird zum einen verkürzt verstanden als journalistische Ethik, zum anderen und daraus folgend als eine allein auf den Journalisten zielende Individualethik.

Die Reduktion auf eine Berufs(stands)ethik der Journalisten findet sich selbst in Werken, die explizit auf Handlungsfelder und Handlungsbereiche abheben, zum Beispiel 1996 bei Will Teichert in seinem Beitrag für das Handbuch *Angewandte Ethik*, herausgegeben von Julian Nida-Rümelin. Teichert stellt seinen Artikel in eine Reihe mit Beiträgen zu den Themen „Medizinethik", „Genethik", „Technik und Ethik", „Wirtschaftsethik" usw. Bei ihm taucht denn „Medienethik" aber nur im Untertitel auf – der Haupttitel lautet jedoch „Journalistische Verantwortung".

Der Journalismus ist jedoch nur ein Bereich der medialen Realität. In Anschluss an Buchwald (1996) lassen sich die drei Ebenen der Verantwortung im Medienbereich unterscheiden (vgl. Rath 2000a, S. 70–75): Macher, Rezipienten bzw. Nutzer und Gesetzgeber. In allen diesen Bereichen wird die Frage nach der Gesolltheit medialen Handelns unterschiedlich gestellt, in allen diesen Bereichen sind unterschiedliche Formen der individuellen und sozialen Verantwortung zu unterscheiden. Aber diese unterschiedlichen Handlungsformen werden doch rückgebunden an allgemeine Prinzipien ethischer Legitimation von Handeln. Medienethik als also im Hinblick auf ihre Prinzipien keine eigene, von einer allgemeinen Ethik oder anderen Handlungsfeldethiken unterschiedene Ethik. Sie ist „angewandte Ethik".

Die sich im Zuge der aus den USA stammenden disziplinären Differenzierungen der Ethik als *applied ethics* führte in Deutschland zu einer wahren Flut von „angewandten Ethiken". Was mit dieser Bezeichnung – im Gegensatz zu einer dann als „theoretisch" zu spezifizierenden allgemeinen Ethik – gemeint ist, ist jedoch nicht immer eindeutig, denn „Anwenden" kann in einem ganz unterschiedlichen Sinne verstanden werden (vgl. Tab. 2.1).

- Vom Flaschenhals zum Aufmerksamkeitsmanagement. Überlegungen zum Online-Journalismus und einer Ethik der öffentlichen Kommunikation 2.0. *Zeitschrift für Kommunikationsökologie und Medienethik* 12 (1/2010), 17–24.
- Wider einen normativen Taylorismus – Medienethik als Teildisziplin einer normativen Kommunikations- und Medienwissenschaft. In Theoretisch praktisch!? *Anwendungsoptionen und gesellschaftliche Relevanz der Kommunikations- und Medienforschung*, hrsg. von Susanne Fengler, Tobias Eberwein, und Julia Jorch, 317–333. Konstanz: UVK 2012.

Tab. 2.1 „anwenden"

Etwas zu einem anderen Zweck anwenden: instrumentelle Funktion, „technische Kritik"	Allgemeines auf etwas Besonderes anwenden: Konkretion
Z. B. Image, Umsatz Gesellschaftliche Akzeptanz (vgl. Rath 2000c, 2003b)	Handlungsorientierung in einem Handlungsfeld

2.1.1 „Anwendung" als „technische Kritik"

Zum einen ist Anwendung die Bezeichnung dafür, dass etwas in den Dienst eines Anderen gestellt, als Mittel für einen Zweck verwendet wird. Hier bekommt das Angewandte eine „instrumentelle Funktion".

Wenden wir dieses Verständnis von „Anwendung" auf den Gedanken der ethischen Beratung „gesellschaftlicher Steuerung" von Kap. 1 an. Dies entspräche dem Beratungskonzept Max Webers, wie er es in seiner 1904 veröffentlichten Schrift *Die „Objektivität" sozialwissenschaftlicher und sozialpolitischer Erkenntnis* (1985) für eine sich werturteilsfrei verstehende Sozialwissenschaft[2] formuliert hat, nämlich Beratung als nur „technische Kritik" (vgl. Weber 1985, S. 150).

> Der wissenschaftlichen [im Sinne Webers nur werturteilsfreien, M.R.] Betrachtung zugänglich ist nun zunächst unbedingt die Frage der Geeignetheit der Mittel bei gegebenem Zwecke. [...] Wir können weiter, *wenn* die Möglichkeit der Erreichung eines vorgestellten Zweckes gegeben erscheint, [...] innerhalb der Grenzen unseres jeweiligen Wissens, die *Folgen* feststellen, welche die Anwendung der erforderlichen Mittel [...] haben würde. Jene Abwägung selbst nun aber zur Entscheidung zu bringen, ist freilich *nicht* mehr eine mögliche Aufgabe der Wissenschaft, sondern des wollenden Menschen: er wägt und wählt nach seinem eigenen Gewissen und seiner persönlichen Weltanschauung zwischen den Werten, um die es sich handelt. (Weber 1985, S. 149–150)

„Technische Kritik" geht nicht auf die Berechtigung einer Beratungsforderung ein, sondern stellt sich lediglich in ihren Dienst. Mit anderen Worten: Die Beratungsleistung im Weberschen Sinne enthält wenn-dann-Anweisungen[3]. Diese begründen

---

[2] Wir kommen auf diesen Aspekt der Werturteilsfreiheit als (berechtigte) Kritik und als ideologisches Missverständnis nochmals zurück in den Kap. 2.2 und 4.

[3] Wenn-dann-Anweisungen sind ein noch wenig bedachtes Feld imperativer Textformen (vgl. Marci-Boehncke und Rath 2005, 2007). Sie sollen meist sehr spezifische Kompetenzen vermitteln, stellen diese Kompetenzen an sich aber nicht in Frage. Damit bewegen wir uns ethik-systematisch im Bereich der seit Kant so genannten „hypothetischen Imperative". Die Frage, ob Ethik auch die Funktion hat, Vermittlung zu sein (was nichts anderes heißt als der Ethik, wie der Philosophie überhaupt, eine grundlegende *didaktische* Intention zu

nicht ihre eigene Zielsetzung, sondern setzen sie voraus. Die Zwecksetzung selbst ist nicht mehr Thema einer technischen Kritik.

Welchen Charakter hat eine solche fachwissenschaftliche Beratung in einer der zentralen gesellschaftlichen Sphären? Im Sinne eines grundlegenden Wertfreiheitspostulats entspricht sie dem, was Jürgen Habermas 1981 im zweiten Band seiner *Theorie des kommunikativen Handelns* als „funktionalistische Vernunft" bezeichnet hat. Sie leistet strategische Beratung und benennt lediglich Handlungsoptionen für *vorgegebene* Handlungsziele. Ist dies aber ein angemessener Begriff von ethischer Beratung?

Einen interessanten Ansatz, um die Frage nach der Funktion von Beratung überhaupt zu beantworten, bietet eine Untersuchung der Funktion von öffentlichen Beratungseinrichtungen von Bergmann, Goll und Wiltschek aus dem Jahr 1998. Sie stellen am Ende ihrer Arbeit fest, dass heutiger Beratungsbedarf keine Wissensvermittlung im eigentlichen Sinne mehr anziele. Das Problem sei kein Zuwenig an Wissen, sondern die Gewichtung und Bewertung der Information. In dieser Situation erwarten die Klienten „Orientierungswissen, das in die Lage versetzt, mit ihrem Wissen entscheidungsbezogen umzugehen" (Bergmann et al. 1998, S. 208). Und genau dies kann eine an Wertenthaltung orientierte Beratung nicht leisten. Die Nichtbeantwortung der Moralfrage „Was soll ich tun?" ist allerdings nur auf den ersten Blick wertneutral. Dahinter steht eine Anti-Moral, die selbst normativ wirkt, nämlich „Anything you like", wie Thomas Luckmann (1995, S. 235) in einem Aufsatz zum Sozialkapital formuliert hat.

Für die Medienethik speziell wird dieser Aspekt um so virulenter, als Medien kein Handlungsfeld unter anderen ist. Die theoretische Programmschrift zu *Modernität, Pluralismus und Sinnkrise* in modernen Gesellschaften von Peter L. Berger und Thomas Luckmann haben den Medien als den neuen „intermediäre[n] Institutionen" (Berger und Luckmann 1995, S. 59) sogar eine „Schlüsselrolle in der modernen Sinnorientierung" (Berger und Luckmann 1995, S. 57) zugewiesen. Im Hinblick auf den Umgang mit Medien zu beraten oder zu moderieren lässt sich daher überhaupt nicht mehr von einer normativen Positionierung trennen. Das führt uns zum zweiten möglichen Verständnis von „Anwendung".

---

bescheinigen), kann hier nicht ausführlich diskutiert werden. Philosophie ist im Kern immer auch an einem „gelingenden Leben" interessiert, für das Individuum ebenso wie für die Gesellschaft (Krämer 1995, 1998). Beratung ist daher der Philosophie wie der Ethik in allen ihren Teildisziplinen und Anwendungsformen inhärent. Dafür spricht das klassische Ideal einer „gelungenen Lebensführung", aber auch das Primat der „Lebenswelt" (Habermas 1981, Bd. 2, S. 275). Zur Konzeption hypothetischer Imperative im Gegensatz zum kategorischen Imperativ bei Kant und die Bedeutung für die Medienkompetenz siehe Kap. 4.2 „Medienkompetenz".

2.1.2   „Anwendung" als Konkretion

Etwas anderes meint „Anwendung" im Sinne von „Allgemeines auf Konkretes anwenden". In dieser Bedeutung bezeichnet Anwendung eine *Konkretion*. Hier bleibt die Sinnhaftigkeit, der Zweckcharakter des Angewandten unangetastet (oder, abgeschwächt formuliert, seine Instrumentalisierung ist nicht selbstverständlich). Im Falle der Ethik bedeutet dies, dass die Reflexion auf die prinzipielle Gesolltheit bestimmten Handelns nicht außer Kraft gesetzt ist, dass vielmehr diese prinzipielle Gesolltheit auf die Praxis eines Handlungsfeldes übertragen wird. Anwendung heißt dann nicht, die Gegebenheiten des Handlungsfeldes zu kompensieren und damit zu immunisieren, sondern sie unter den Anspruch dieser prinzipiellen Gesolltheit zu stellen. Mit anderen Worten: *Handlungsorientierung in einem Handlungsfeld zu geben*.

Ich betone hier vor allem den Ausdruck „Handlungsfeld". Es geht mir nicht um einen Anwendung auf bestimmte konkrete Handlungen. Ein solcher Einzelfall hat eher exemplarischen Charakter, weshalb ich solche Formen der Anwendung auch mit Kant „Kasuistik" (vgl. *Die Metaphysik der Sitten*, AA VI, 411)[4] nennen möchte. Ihre Reichweite ist begrenzt, „fragmentarisch" (AA VI, 411), sie dient im besten Falle zur Beurteilung einer konkreten Handlungsweise als moralisch richtig oder falsch. Dagegen ist eine angewandte Ethik, deren Ziel es ist, Handlungsmöglichkeiten auf ihre Gesolltheit hin zu befragen, also eine Ethik, die die Spielräume, und das heißt eben sowohl die individuellen als auch die sozialen Aspekte, reflektiert, eine Theorie des moralischen Handelns und seiner Folgen in einem bestimmten *Handlungsfeld*. Diese Theorie des moralischen Handelns und seiner Folgen in einem bestimmten Handlungsfeld exemplifiziert nicht die Prinzipien der allgemeinen Ethik, sie setzt sich aber auch nicht unter die Kuratel des Faktischen, sondern sie reflektiert auf die für ein Handlungsfeld spezifischen Bedingungen und Probleme (z. B. praktische Dilemmata) sowie deren Bedeutung für die Realisierung ethisch verargumentierbarer Ideale. An anderer Stelle (Rath 1990) haben ich diese Form der angewandten Ethik als „Praxeologie" bezeichnet (vgl. Tab. 2.2).

Spätestens seit der polnischen Schule der Praxeologie (vgl. Pszczolowski 1980) gibt es eine Fülle von Systematiken zum Verhältnis der gesellschaftlichen Handlungsfelder untereinander. Dabei kann man zwei Typen unterscheiden, hierarchische und nicht-hierarchische Praxeologien. Zwei bekannte Beispiele seien hier kurz dargestellt, da sie in ihrer Systematik die Anschlussfähigkeit zu unserer Thematik der Medienethik als Beitrag zur gesellschaftlichen Steuerung bieten,

---

[4] Die Schriften Kants (2013) werden nach der *Akademie-Ausgabe* der Preußischen Akademie der Wissenschaften, Berlin, zitiert (AA Band, Seite), die auch online zur Verfügung steht.

Tab. 2.2 Praxis

Handlungsfeld	Konkrete Handlung
Praxeologie	*Kasuistik*
Theorie des Handelns und seiner Folgen	„Übung, wie die Wahrheit soll gesucht werden" (AA VI, 411)
Methode:	Methode:
Analyse handlungsfeldspezifischer Probleme	Übertragung eines ethischen Prinzips auf ein Verhaltensbeispiel
Wissen um die Gesetzmäßigkeiten und Bedingungen dieses Feldes	
Wissen um ethische Prinzipien und Argumentationsformen	
Ziel:	Ziel:
Beurteilung der Handlungsmöglichkeiten eines Handlungsfeldes („technische Kritik"	Beurteilung eines bestimmten Verhaltens als im ethischen Sinne richtig oder falsch

Josef Derbolavs „praxeologisches System" und Dietrich Benners „Systematik der Handlungswissenschaften".

Derbolav brachte seit 1975 die gesellschaftlichen Handlungsformen in eine Systematik von zwölf Praktiken, darunter auch Wirtschaft („Ökonomik") und Medien („Journalistik"), die jedoch, daher die Bezeichnung „hierarchisch", ganz auf die „Politik" ausgerichtet sind. Von ihr aus bekommen sie nach Derbolav ihre Rechte und Ziele, für die Wirtschaft z. B. „Wohlversorgtheit". Allen Handlungsformen ist eine unterschwellige, handlungsfeldspezifische „Ethik" eigen, die als Moralpraxis regional, also handlungsfeldspezifisch ist. Einzige allgemeine Kategorie bleibt die Zielvorgabe der Politik.

Angesichts der realen Gegebenheiten der Moderne sind diese hierarchischen Vorstellungen obsolet geworden. Vielmehr können wir einen Funktionsverlust der Politik feststellen, der im Prozess der Globalisierung nicht nur die Wirtschaft, sondern auch die Medien mehr und mehr dem politischen Zugriff, zumindest solange er nationalstaatlich verfasst ist, entzieht. Allerdings hat Derbolav zu Recht auf die Moralpraxen der Handlungsfelder hingewiesen.

In direkter Abgrenzung von Derbolav formulierte Dietrich Benner 1987 ein „nicht-hierarchisches" Praxen-System, bei dem die insgesamt sechs Handlungsfelder gleichberechtigt nebeneinander stehen. Darunter befindet sich auch „Ethik", also die Reflexion auf die Moral der jeweiligen Gesellschaft, die nicht der Politik zu-, sondern gleichgeordnet ist. Medien sind nicht explizit genannt, lassen sich aber wie die Wirtschaft dem Handlungsfeld „Arbeit" zuordnen. Bei Benner wird deutlich, dass angesichts der von einem Zentrum befreiten Praxenstruktur der modernen

Gesellschaften die moralischen Urteile über die Gesellschaften und ihre Praxen immer wieder neu ausgehandelt werden müssen.

Für unsere Frage nach dem medialen Handlungsfeld wird eine praxeologische Betrachtung relevant, weil in ihr die Handlungsformen zwar unter einem Effizienzgesichtspunkt betrachtet werden können, diese instrumentelle Beurteilung jedoch von einer eigenen, normativen Reflexion legitimiert werden muss. Die polnische Schule der Praxeologie sprach in diesem Zusammenhang zu Recht von einer „Effizienzaxiologie" (Pszczolowski 1980, S. 307 f.), die jedoch, wie wir in Bezug auf Derbolav und Benner gesehen haben, nicht von einem Praxisfeld monopolistisch verwaltet wird, sondern immer wieder neu ausgehandelt werden muss: durch und in Kommunikation (Benner spricht von „Sprachlichkeit") und in Freiheit. Wunden (1999 , S. 47) nennt denn auch Freiheit den „Leitwert und Horizont der Medienethik" und räumt ihr den Status einer „institutionellen Fundamentaloption" (Wunden 1999, S. 49) ein, die immer als Maß des moralischen Diskurses über Medien und die gesellschaftliche Verfasstheit der Medien zu gelten habe. Vor diesem Hintergrund ist die Beratungsfunktion der Medienethik, so sie nicht allein auf eine instrumentelle, „technische Kritik" reduziert bleibt, darauf angewiesen, ihr Handlungsfeld zu verstehen. Damit spricht sich in den beiden möglichen Deutungen von „angewandter Ethik" zugleich ein unterschiedliches Verständnis von normativer Handlungsorientierung aus.

2.2 Empiriebedarf der Medienethik

Ethik hat die Funktion, Entscheidungen über das „Sollen" einer Handlung zu untersuchen. Dies tut sie zunächst nicht empirisch, sondern philosophisch, das heißt so, dass deutlich wird, welche Präferenzen normativ legitimiert werden können und welche nicht. Empirische Beweise sind dabei nicht maßgebend – und dies aus logischen und nicht nur wissenschaftssystematischen Gründen im Sinne der „Werturteilsfreiheit" bei Max Weber.

Das Maß ethischer Argumentation ist dabei die Plausibilität und vernünftige Akzeptanz – ein Anspruch, der nur auf den ersten Blick hinter empirische Falsifikation zurücksteht. Diese Beschränkung des argumentativen Gewichts ethischer Aussagen stellt jedoch nur auf den ersten Blick einen Mangel an wissenschaftlicher Stringenz dar. So sind zum Beispiel wissenschaftstheoretische Normen, also Prinzipien, die festlegen, was eine „harte" oder weniger „harte" Wissenschaft allererst ausmacht, ebenso wenig „beweisbar" wie moralische Prinzipien. Für die grundsätzlichen, normativen Fragen scheint also mit einem empiristischen Ansatz nichts gewonnen zu sein. Warum ist das so? Wie lässt sich das Verhältnis von Empirie und Ethik beschreiben? Zunächst soll ein Begriff von Ethik und ein Begriff der Empirie zumindest knapp umrissen und dann einander gegenübergestellt werden.

Unter „Empirie" verstehe ich im Folgenden eine methodische, auf Beschreibung der direkt oder indirekt wahrnehmbaren Wirklichkeit ausgehende Forschung, die sich als Grundlage aller aus ihr ableitbaren oder, je nach wissenschaftstheoretischer Schule, zumindest mit ihr im Einklang sich befindenden Erklärungsmodelle dieser Wirklichkeit versteht.

Erklären soll Ethik die Wirklichkeit nicht. „Ethik" gehört zu den Disziplinen der sogenannten „praktischen Philosophie". Damit sind die Teildisziplinen gemeint, die menschliche Praxis, also menschliches Handeln, zu ihrem Objekt gemacht haben. Verstehen wir unter *Moral* den in einer bestimmten Gruppierung, Gemeinschaft oder Gesellschaft geltenden Komplex an Wertvorstellungen, Normen und Regeln, dann ist philosophische *Ethik* die wissenschaftliche Lehre von der Sitte, der Moral, dem Richtigen im Sinne von „rechten" Handeln. Sie begnügt sich allerdings nicht mit der Konstatierung einer bestimmten sittlichen Gewohnheit. Dies wäre Aufgabe und Ziel einer „empirischen Ethik", wie sie z. B. die Soziologie und Ethnologie betreiben. Als normative Disziplin fragt sie vielmehr nach der *Legitimierbarkeit* solcher normativen Vorstellungen. Im Gegensatz zu weltanschaulich oder religiös gebundenen Ethiken beschränkt sich die *philosophische* Ethik auf innerweltliche Legitimationsmuster, wie sie durch die Anwendung der Logik und vernünftiger, das heißt verallgemeinerungsfähiger Argumentationsregeln zu erreichen sind. Ethische handlungsleitende Prinzipien sind demnach Prinzipien, die für die philosophische Ethik als vernünftig ausgewiesen sind und als allgemein gültig jeder Frage nach dem rechten Tun schon vorausgesetzt werden können.

Für das Verhältnis von Empirie und Ethik ist wichtig zu betonen, dass diese Prinzipien – wie alle normativen Sätze – nicht aus *empirischen* Sätzen abgeleitet werden können. Solche Versuche, dennoch *„from Is to Ought"* zu kommen, wurden im so genannten „Humes Gesetz" (vgl. Kutschera 2006, S. 88) bzw. der „Humeschen Distinktion" bereits kritisiert. David Hume formuliert 1739 in seiner Schrift *A Treatise of Human Nature* im 3. Buch den Grundsatz, dass aus empirischen oder Seinsaussagen keine normativen oder Sollensaussagen folgen könnten, zumindest nicht wie andere, Welt beschreibende Hypothesen. Diese Unmöglichkeit ist schlicht logischer Natur und hat in George Edward Moores *Principia Ethica* von 1903 (Moore 1970) auch eine griffige Bezeichnung gefunden. Moore charakterisiert solche Versuche, aus deskriptiven Sätzen auf präskriptive Sätze zu schließen, als „naturalistic fallacy" oder „naturalistischen Fehlschluss".

> Der naturalistische Fehlschluß wird vollzogen, wenn man glaubt, man könne von einem Satz, der behauptet, ‚Die Wirklichkeit ist so beschaffen‘, einen Satz oder auch nur eine Bestätigung eines Satzes ableiten, der behauptet ‚Dies ist gut an sich‘. (Moore 1970, S. 168)

Naturalistisch wird der Schluss, wenn „gut" nicht durch einen anderen, der Deskription zugänglichen Begriff ersetzt werden kann. Nehmen wir als Beispiel die Deutung des Begriffs „gut" durch den Begriff „lustvoll". Ist „lustvoll" physiologisch messbar und definiert man „gut" als „lustvoll", so gelingt der von Moore angeführte Schluss: Aus der empirischen Feststellung „Eine bestimmte Wirklichkeit (Situation, Handlung, Handlungsfolge) wird, empirisch nachprüfbar, als lustvoll erlebt" folgt dann durch Einsetzung von „gut" für „lustvoll" „Diese Wirklichkeit ist gut".

Meint „gut" jedoch ein Präferenzurteil im Sinne „Dies soll sein", und so verwenden wir gemeinhin den Ausdruck „gut", dann gelingt der Schluss nicht. Aus der Tatsache, dass eine Situation als lustvoll erlebt wird, folgt keineswegs die Auszeichnung, diese Situation sei auch immer herbeizuführen. Dass Moore eben eine solche normative Anwendung von „gut" im Sinne hat, verdeutlicht seine Formulierung „gut an sich". Er will damit der möglichen Verwendung von „gut" im Sinne von „gut für ein bestimmtes Ziel", „tauglich" vorbeugen.

Und so sind auch viele nicht-philosophische, von Einzelwissenschaftlern vorgebrachte „Sollens-Sätze" in diesem Sinne nicht ethisch. Entweder wird von Seinsaussagen auf Sollensätze im ethische Sinne geschlossen, dann haben wir einen naturalistischen Fehlschluss vor uns, oder aber es wird auf ein instrumentelles Sollen geschlossen, ein „gesollt, weil tauglich für ein vorgegebenes Ziel". Dann ist der Schluss zumindest unvollständig. Wer also, kurz gesagt, von Seinssätzen auf Sollenssätze schließt, weiß entweder nicht, was er methodisch tut, oder aber er verschleiert eine normative Prämisse, die, da nicht explizit benannt, sich auch jeder philosophischen Überprüfung entzieht. Empirische Medienforschung kann für die Legitimation moralischer Prinzipien also nicht herangezogen werden. Medienethische Argumentationsverfahren sind daher auf Plausibilität und vernünftige Akzeptanz angewiesen. Für unsere Zwecke hat diese metaethische Analyse einen ersten Hinweis auf das Verhältnis von Empirie und Ethik geliefert. Der naturalistische oder, wie Hare es etwas deutlicher formuliert als Moore, der „deskriptivistische Fehlschluss", also der Schluss von einer Seinsaussage auf eine Sollensaussage, ist falsch. Denn in ihm wird eine Aussage deskriptiv oder empirisch verstanden, die nicht deskriptiv oder empirisch ist.

Empirie kann daher für die eigentliche Aufgabe der Ethik, Präferenzurteile als begründet oder unbegründet auszuweisen, nichts beitragen. Ja schlimmer noch, Ethik, die sich auf das Feld der Empirie begibt, lebt notgedrungen im Verdacht, dem naturalistischen bzw. deskriptivistischen Fehlschluss aufzusitzen. Heißt das, Ethik in ihrer puristischen Form ist empirieresistent? Ein Blick in die klassischen Ethikentwürfe belehrt uns eines anderen. Schon Aristoteles beginnt seine *Nikomachische Ethik* mit der aus der Erfahrung genommenen Behauptung, alle Handlung ziele auf ein Gut.

> Jede Kunst und jede Lehre, ebenso jede Handlung und jeder Entschluss scheint irgend
> ein Gut zu erstreben. Darum hat man mit Recht das Gute als dasjenige bezeichnet,
> wonach alles strebt. (Aristoteles, *Nikomachische Ethik*, 1094 a 1)

In allen Ethiken werden wir Behauptungen über die Menschen, ihre soziale Struktur, ihre anthropologischen Befindlichkeiten oder ähnliches finden. Dies scheint auch niemanden zu stören, obwohl diese Behauptungen über den Menschen als Handelnden ja keineswegs den strengen Kriterien der Empirie entsprechen. Diese „Toleranz" hat ihre Wurzel darin, dass Ethiker_innen sich als Handelnde quasi selbst beobachten. Wir können über das Handeln des Menschen sprechen, weil wir als Handelnde im Großen und Ganzen immer schon wissen, unter welchen Bedingungen wir handeln. Ich möchte dies die *alltagsempirische Verwurzelung der allgemeinen Ethik* nennen.

Auch die allgemeine Ethik baut auf letztlich erfahrungsgestützten Behauptungen über den Menschen auf – nicht im Sinne des naturalistischen Fehlschlusses, also als formales *Argumentationskriterium*, sondern als *Prüfstein* der Umsetzbarkeit und Sachadäquatheit unserer moralischen Urteile an der Realität. Die Berücksichtigung erfahrungsgestützter Erkenntnisse im Rahmen normativer Argumentation ist also keinesfalls der Ethik abträglich. Allerdings, und dies macht den Unterschied zur angewandten Ethik aus, sind die handlungsfeldspezifischen Problemstellungen der angewandten Ethik eben nicht mit alltagsempirischen Erkenntnissen überprüfbar. Es bedarf spezifischer Kenntnisse. Und diese liefert die Fachwissenschaft.

Allerdings gibt es auch die Auffassung, angewandte Ethik sei keine philosophisch-normative Ethik, sondern eine deskriptive Ethik, z. B. bei Wiegerling (1998). Diese Position schüttet jedoch das Kind mit dem Bade aus. Zwar kann man diskutieren, ob die angewandte Ethik als „Bereichsethik" nun auf allgemeine ethische Prinzipien zurückführbar ist oder nicht (vgl. Nida-Rümelin 1996, S. 63), aber die Verkürzung auf eine reine Deskription von Handlungsbedingungen wird dem Problem nicht gerecht, dass Anwendung selbst wieder unter ethischer Reflexion steht. D. h., wer von Ethiker_innen (mit Fug und Recht) erwartet, die von ihnen als plausibel ausgezeichneten Prinzipien auch auf konkrete Handlungsalternativen anwenden zu können, muss zugleich erwarten, dass die Ethiker_innen, so sie sich nicht als rigoristische Moralisten verstehen, auch plausible Anwendungsregeln benennen können. Genau darin liegt aber die Problemlage der angewandten Ethik:

Sie akzeptiert, dass spezifische Handlungsfelder des Menschen unter spezifischen Handlungsbedingungen stehen, die die Effizienz der Anwendungsregeln bedingen. Diese zu berücksichtigen macht die eigentliche Pointe der angewandten Ethik aus. Mit anderen Worten, die angewandte Ethik ist, soweit sie empirisch abgesicherte Erkenntnisse der Fachwissenschaften verwendet, methodisch stringenter als die allgemeine Ethik, deren empirisches Fundament letztlich eher lebenspraktischer Natur ist. Es spricht für die Allgemeingültigkeit dieser Prinzipien, dass sie trotz dieser methodischen Naivität anscheinend kaum auf Widerstand oder gar Widerlegung stoßen. Zumindest können wir aus diesen Überlegungen den Schluss ziehen, dass die Berücksichtigung erfahrungsgestützter Erkenntnisse keineswegs ein Novum oder gar Problem für die Ethik darstellt. Es reicht nur im Bereich der angewandten Ethik nicht mehr, sich selbst zum Maß der Angemessenheit der eigenen, normativen Aussagen zu machen. Allerdings müssen wir dann auch bestimmen, wie wir diese Angemessenheit verstehen wollen. Ich schlage daher vor, in Bezug darauf zwischen der *Realitätsadäquatheit* und der „*Phänomentreue*" (vgl. Rath 1988) zu unterscheiden: dem Nachweis, dass die Medienethik weiß, über welche Realitätsbedingungen medialen Handelns sie spricht, und dem Nachweis, dass sie dabei über die *selben* Realitäten spricht wie die empirische Forschung.

Im ersten Fall der *Realitätsadäquatheit* geht es um die Kenntnisse der Rahmenbedingungen des Medialen. Solche Realitätsbedingungen können z. B. die konkreten *Institutionalisierungen* journalistischer Arbeit sein (Medienrecht und Unternehmensformen der Medien), die *Wirkungen*, die Mediennutzung auf das Erleben und Verhalten des Menschen hat und auf die Bedingungen individueller Entwicklung, die *ökonomischen* Zusammenhänge, unter den Menschen medial agieren, als Produzenten ebenso wie als Rezipienten, die *politischen* Strukturen, in denen medial gehandelt wird und die sich unter den Bedingungen medialer Kommunikation verändern, sowie beispielsweise die *kulturellen* Auswirkungen von den Medien und auf die medialen Praxis.

Im zweiten Fall der *Phänomentreue* ist die aktive Auseinandersetzung mit den Disziplinen im Hinblick auf die Realitätserfassung der maßgebliche Punkt. Denn nur wenn die Wissenschaften und die Medienethik methodisch und in der Perspektive *das Selbe* (und nicht nur ein Gleiches) meinen, können die Argumente zur Beurteilung medialer Realität Anspruch auf Bindung erheben. Diese auf den ersten Blick eher disziplinäre Differenzierungen können z. B. sein der *Kommunikation-* und der *Öffentlichkeitsbegriff*, die *Methodologie* kommunikations- und medienwissenschaftlicher Forschung oder Konzepte medialer *Kultur* und medialer *Praxis* allgemein.

Trotz der „Humeschen Distinktion" stehen sich Medienethik und empirische Medienforschung nicht kontradiktorisch gegenüber. Vielmehr benötigt

Medienethik Informationen über das Handlungsfeld und der darin agierenden Protagonisten, für die sie Geltung beansprucht. Wie oben schon ausgeführt, war diese Zielgruppe zunächst die Gruppe der Journalistinnen und Journalisten. Der Journalismus ist jedoch nur ein Bereich der medialen Realität. Damit ist die Medienethik zum Teil noch heute belegt: Sie wird häufig verstanden als journalistische Ethik, obwohl Journalisten nur eine Gruppe möglicher Akteure der medialen Realität ausmachen, aber auch diese Gruppe ist komplex genug: Journalisten kultivieren ganz verschiedene Wertüberzeugungen, nach denen sie ihre Handlungen ausrichten (vgl. Kepplinger und Knirsch 2000; Rath 2006), und handeln unter ganz unterschiedlichen Handlungsbedingungen, für die jeweils auch unterschiedliche normative Prinzipien in Anschlag gebracht werden müssen (vgl. Karmasin 2005, 2006).

Das Beispiel „Journalistische Ethik" zeigt aber auch schon deutlich, auf welche empirischen Erkenntnisse Medienethik rekurrieren soll und muss: Zum einen müssen wir anscheinend die mediale Verantwortung nach den möglichen *Trägern* dieser Verantwortung differenzieren. Zum anderen scheinen diese Träger der Verantwortung unter jeweils unterschiedlichen *Handlungs- und Strukturbedingungen* zu agieren. Im Folgenden will ich diese beiden Aspekte genauer betrachten, die *Funktionsebene*, die im Rahmen der medialen Wertschöpfungskette zu erfüllen ist, und die *Handlungsebene*, auf der die medialen Protagonisten agieren.

2.2.1 Mediale Funktionsebenen

Funktional lässt sich die Verantwortung nach den Gliedern der Wertschöpfungskette differenzieren. Wolfgang Wunden (1999) unterscheidet z. B. zwischen „Produktion" bzw. dem (Infra-)Strukturaufbau, „Distribution" bzw. der Bereitstellung medialer Angebote und „Rezeption" bzw. der Nutzung dieser Angebote. Natürlich ließe sich diese Trias noch unterdifferenzieren. Im Folgenden bleibe ich jedoch aus Gründen der Übersichtlichkeit bei dieser Dreiteilung.

2.2.1.1 „Qualität" in Produktion bzw. Infrastrukturaufbau

Aus ökonomischer Sicht ist es nicht Interesse eines privatwirtschaftlichen Medienunternehmens, ein bestimmtes Medienprodukt zu produzieren, sondern einen Gewinn zu erwirtschaften. Die *Qualität* des Produkts kommt nur insofern in den Blick, als der Kunde oder Nutzer eine bestimmte Qualitätsvorstellung hat, die das Produkt oder die Dienstleistung aufweisen muss, um überhaupt konsumiert zu werden. *Empirisch* sind die Qualitätsvorstellungen und die Zufriedenheit der Kunden mit der jeweiligen medialen Dienstleistung oder dem medialen Angebot zu erfassen – was auf dem Wege der Marktforschung auch geschieht. Ob der Zweck selbst, unter dem das Produkt steht, *ethisch begründbar* ist, bleibt dabei noch völlig offen. So kann z. B. eine bestimme Form der Kriegsberichterstattung sehr effizient den Zweck der politischen Propaganda erfüllen; dieser dem Medienprodukt vorgegebene Zweck kann aber, je nach normativer Position, selbst ethisch abzulehnen und moralisch verwerflich sein. Damit verliert das Produkt, obzwar zweckdienlich, seine ethisch-normative Legitimität. In gleicher Weise ist die Tatsache, dass ein Produkt eine bestimmte Kundenerwartung erfüllt, nicht hinreichend für das medien- und wirtschaftsethische Merkmal Qualität. Ein kinderpornographischer Videofilm kann natürlich bestimmte Kundenerwartungen erfüllen, es wäre aber ethisch absurd, daraus seine normative Legitimiertheit ableiten zu wollen. Der ethisch zu fordernde Qualitätsbegriff ist also selbst auslegungsbedürftig (vgl. dazu im Folgenden Kap. 4.3).

2.2.1.2 „Öffentlichkeit" in Distribution bzw. Bereitstellung

Wunden (1999, S. 41) führt als Grundwert der *Mediendistribution* den Wert *„Öffentlichkeit"* ein. Er verwendet hier einen sehr weiten Begriff von Öffentlichkeit, der verhältnismäßig formal auf die Verbreitbarkeit der Medienprodukte abhebt (vgl. dazu im Folgenden genauer Kap. 2.3). In Bezug auf die Mediendienste können wir das Kriterium „Öffentlichkeit" übernehmen, sofern wir darunter auch die öffentliche Zugänglichkeit der Dienste verstehen. *Empirisch* ist die Durchdringung einer Population mit bestimmten medialen Plattformen erfassbar, ebenso die Nutzungsfrequenz einzelner Gruppen innerhalb einer Gesellschaft. Aber ebenso wie Qualität ist auch *Öffentlichkeit ethisch* ein auslegungsbedürftiger Wert. So mögen z. B. im Rahmen letztlich beliebiger Medienangebote auch ethisch die Marktmechanismen ausreichen. Geht es jedoch um die Aspekte politische Meinungsbildung, Teilhabe an der öffentlichen Diskussion, Bildung und freier Zugang zur Information, so können zum Beispiel ökonomische Konzentrationstendenzen im Hinblick auf die mediale Vielfalt bedenklich sein. Außerdem muss gerade beim Kriterium „Öffentlichkeit" berücksichtigt werden, wer *keinen* Zugang zu Produkten bzw. Dienstleistungen hat. Dabei kommen sowohl der Aspekt der Diskriminierung wie auch der des Schutzes (z. B. Jugendschutz) in den Blick.

2.2.1.3 „Kompetenz" in Rezeption bzw. Nutzung

Am Ende der medienwirtschaftlichen Handlungskette steht die *Rezeption* oder Nutzung. In diesem Zusammenhang wird, nicht nur von *medienethischer* Seite (vgl. Funiok 1996), sondern vor allem von Seiten der *Medienpädagogik* (vgl. Baacke 1996), auf die *Medienkompetenz* verwiesen. Damit ist nicht allein die technische Fertigkeit gemeint, moderne Medien zu nutzen, sondern auch die Fähigkeit, die Medienangebote, Produkte wie Dienstleistungen, in ihrer weltvermittelnden Bedeutung zu erfassen, zu verstehen und gegebenenfalls durch Medienkritik zu kompensieren. Kriterien dieser Kritik sind jedoch erst *ethisch* auszuweisen.

2.2.2 Mediale Handlungsträger

Handlungstheoretisch kommen die medialen Akteure in den Blick. Mit Buchwald (1996) kann man auf die „Macher" oder die Medienproduzenten, die „Rezipienten" oder die Mediennutzer und den „Gesetzgeber" oder den Medienregulierer verweisen. Je nach Betrachtungsweise benötigt man für die sachadäquate medienethische Beurteilung dieser Verantwortungsfelder oder Verantwortungsgruppen unterschiedliche empirische Daten der Medienforschung.

2.2.2.1 „Macher" oder Medienproduzenten

Macher sind nicht nur Journalistinnen und Journalisten, wenn diese Gruppe auch sicher sehr wichtig ist. Daneben stehen heute, gerade in den elektronischen, aber auch in den Neuen Medien, noch ganz andere Macher, wie Produzenten, Programmhändler, Senderbetreiber, im weiteren Umfeld Kanalbetreiber (zum Beispiel die *Deutsche Telekom*), werbetreibende Industrie, Internet-Provider – man denke nur an die alte und dennoch immer wieder aktuelle Frage nach den Wirkungen der Gewaltdarstellung in den Medien (vgl. Groebel 1999; Wunden 2000; Kunczik und Zipfel 2006) oder die Frage nach der juristischen Verantwortung von Internet-Providern für politisch radikale, fundamentalistische oder kinderpornographische Inhalte. Viele andere Macher wären noch zu nennen und es kommen, dies ist wichtig festzuhalten, immer noch mehr Macher hinzu. *Multimedia*, das Zauberwort der 1990er, ist eben nicht ein Medium neben den anderen, sondern die bestimmende Form, in Zukunft Medium zu sein – das *Web 2.0* als jüngstes intermediales und interaktives Kind der Multimediatechnik, lässt ohne viel ökonomischen und technischen Aufwand jeden zum Macher, zum Produzenten werden. Die Grenzen zwischen Macher und Nutzer verschwimmen zunehmend (James 2009). Hier, wie in keinem anderen Bereich, stimmt der Satz von McLuhan: „The Media is the Message" (McLuhan 1968, S. 17–31). Nicht, weil das Web 2.0 alle anderen Medien nur verdrängt. Sondern vor allem, weil das Web 2.0 – *pars pro toto* für die Digitalisierung schlechthin – alle anderen Medien im wahrhaft Hegelschen Sinne „aufhebt" (vgl. Rath 2003a): im Sinne von „außer Kraft setzen", nämlich immer da, wo die neuen medialen Nutzungsformen klassische Formen verdrängen, zum Beispiel im Bereich Fachinformationen; im Sinne von „bewahren", nämlich immer da, wo die Neuen Medien schon verloren geglaubte mediale Formen integrieren und damit auch die Kompetenzen der Nutzer für andere Medien erhalten, zum Beispiel die Literalität und Lesekompetenz oder die Wiederkehr der Individualkommunikation im Gewande eines Massenmediums; und schließlich im Sinne von „erhöhen", nämlich immer da, wo die multimedialen Anwendungen klassischen Medien neue „Darreichungsformen" bieten, zum Beispiel für die klassische Zeitung und ihre Online-Angebote (vgl. Rath 2013). Die Verantwortungsverhältnisse zu formulieren und moralische Forderungen oder Leitlinien zu entwickeln, kann aus dem ethischen Bauch heraus nicht gelingen. Dies bedarf der genauen Information über den Stand und die Wirkung medialer Anwendungen aber auch Strukturen ihrer Entstehungsverhältnisse.

2.2.2.2 „Rezipienten" oder Mediennutzer

Die Gruppe der *Rezipienten* wird in der öffentlichen Diskussion häufig unterschätzt. Wie keine andere Gruppe bestimmt sie in einem marktwirtschaftlich ausgerichteten und weitgehend privatisierten Medienmarkt durch ihre Nachfrage, also ihr Marktverhalten, das Angebot. Erst die Akzeptanz eines Angebots, zumindest im privaten Medienbereich, entscheidet darüber, ob es weiterhin angeboten wird. Der Rezipient kann, egal wie seine Nachfrage entsteht, bestimmte Angebote evozieren oder aber ablehnen. Dafür können unterschiedlichste Motive maßgebend sein, Überzeugungen ebenso wie, vor allem bei Jugendlichen, Gruppendruckphänomene. Diese Motivlagen werden z. B. im Rahmen der Mediennutzungsforschung empirisch erfasst. Diese Ergebnisse sind die Basis einer sachadäquaten *Rezipienten-* oder *Publikumsethik* (vgl. Funiok 1996). Der Rezipient ist nicht einfach nur Spielball der medialen Angebote (vgl. Rath 2000b) – zumindest der Ausschaltknopf ist ein untrügliches Zeichen medialer Souveränität des Rezipienten. Aber die Frage bleibt natürlich, wann und warum er ausschaltet. Vor allem Kinder und Jugendliche als Mediennutzer bleiben ein ethisches – und empirisches – Thema (vgl. Marci-Boehncke und Rath 2006). Eltern haben die Pflicht der stellvertretenden Rezipientenverantwortung wahrzunehmen – als ersten Schritt hin zur bereits genannten „Medienkompetenz" (Baacke 1996).

2.2.2.3 „Gesetzgeber" oder Medienregulierer

Gesetzgeber stecken die Rahmenbedingungen ab, innerhalb derer so etwas wie Medien allererst geschehen kann. Wir verwenden den Plural *„die Gesetzgeber"*, da wir ja heute sehen, dass die nationalstaatliche Souveränität an den Staatsgrenzen zwar endet, die Medien aber längst schon global und transkulturell geworden sind (Möbius und Rath 2008). Daran ändern auch Sprach- und Kulturgrenzen nichts, wie sie häufig für Print- und Rundfunkangebote angenommen werden. Gerade das schnellste und modernste Medium, das Internet, hat längst schon die englische Sprache als *lingua franca* der Wissensgesellschaft durchgesetzt. Die nationalen und, zumindest in Europa, supranationalen *Rahmenordnungsinstanzen* und ihre Aufsichtsbehörden (zum Beispiel die Rundfunkräte und Landesmedienanstalten oder die EU-Kommission) sind ebenso wie Macher und Rezipienten Verantwortliche in Sachen Medien. Und diese Verantwortung kann nicht allein demoskopisch definiert werden. Dafür ist es aber zunächst notwendig zu wissen, welche „Nebengeräusche" (Noam 1995), also ungewollte Folgen, die Medienentwicklung zeitigen wird (*Medienwirkungsforschung*) und welche wir bereit sind, hinzunehmen (*Medienethik*). Und damit schließen wir nochmals an die Gruppe der Rezipienten an: Es muss dann der Boden bereitet werden für einen eigenverantwortlichen Umgang mit diesen globalen, nationalstaatlich kaum noch zu steuernden Medienangeboten (vgl. Rath und Erdemir 2007). Erst von dieser, politisch zu ermöglichenden Bildung in Sachen Medienkompetenz kann dann ein sehr viel stärkerer, realitätsgestaltender Impuls ausgehen – nämlich der Impuls der Nachfrage, der im Notfall schlicht das Medienangebot abschaltet.

Fassen wir zusammen. Ethik steht unter dem Diktum des naturalistischen Fehlschlusses. Gleichzeitig kommt sie, vor allem im Bereich angewandter Ethik, mit der Empirie in dreierlei Weise in Kontakt:

1. Ethik bedarf der empirischen Forschung zu diesem Handlungsfeld, um überhaupt sinnvolle Aussagen machen zu können, die die Sachgesetzlichkeit des Handlungsfeldes treffen. Wir haben bei der Diskussion der funktionalen Verantwortungsebenen und der medialen Handlungsträger wieder gesehen, dass die Beurteilung medialer Realität nur gelingt bei Kenntnis dieser Realität.
2. Doch die Ethik ist nicht nur Nehmende. Sie ist auch Themengeberin für die empirische Forschung, sofern sie auf empirisch erforschungsbedürftige, moralische Fragen hinweist. Ein Beispiel hierfür sind die Geltung und Wirkung standesmoralischer Kodizes, aber auch die Diskussion um die Wirkungen von Medienangeboten. Die Kooperation zwischen empirischen und normativen Disziplinen muss jedoch den Rahmen der fachwissenschaftlichen Diskussion dann auch verlassen und offensive Öffentlichkeitsarbeit leisten. Hier muss Empirie wie Ethik deutlicher Fahne zeigen.
3. Nicht zuletzt erhält die Ethik thematischen Input von der empirischen Forschung. Voraussetzung dafür ist jedoch ein reger Austausch, der auf der Seite der Ethik auf der Bereitschaft fußt, sich mit der empirischen Forschung aktiv auseinander zu setzen, d. h. auch, sie zu rezipieren. Auf der Seite der Empirie setzt dies die Klarsichtigkeit und Sensibilität voraus, die eigene Nichtzuständigkeit in normativen Fragen zu erkennen und diese dann nicht einfach methodisch zu ignorieren, sondern an die Ethik weiterzugeben.

Aus dem bisherigen Verlauf wird deutlich, dass eine angewandte Ethik wie die Medienethik nicht nur auf die allgemeine, philosophische Ethik zurückführbar sein kann. In ihrem Empiriebedarf ist sie zugleich auf die einzelwissenschaftlichen Ergebnisse der Kommunikations- und Medienwissenschaften angewiesen, sie muss also zumindest empirische Forschung zur Kenntnis nehmen und mit berücksichtigen, wenn nicht sogar selbst empirisch forschend tätig sein. Dies fordert für eine angewandte Ethik ein Doppeltes, nämlich philosophisch-diskursive ebenso wie empirisch- sowie hermeneutisch-deskriptive Methodenkompetenz (vgl. hierzu ausführlicher Kap. 4). Damit unterläuft sie aber zugleich einen „normativen Taylorismus" (vgl. Rath 2012), also die normative Arbeitsteilung einer rein instrumentellen „technischen Kritik" werturteilsfreier Sozialwissenschaften im Sinne Webers (vgl. oben) und einen normativen, praxeologischen Diskurs verallgemeinerbarer und plausibler ethischer Prinzipien medialen Handelns einer normativen Ethik. Medienethik als angewandte Ethik muss im Stande sein, prinzipiell die empirische Forschung zu rezipieren (und im Idealfall daran selbst aktiv beteiligt sein) und zugleich normative Prinzipien im Hinblick auf die Gestaltung der empirisch erhobenen medialen Realität zu formulieren.

2.3 Wissenschaftssystematischer Standort

Das bisher beschriebenen Doppelverhältnis der Medienethik als normative Teildisziplin der philosophischen Ethik und als Anwendungsdisziplin, die auf den Ergebnissen empirischer Forschung der Kommunikations- und Medienwissenschaften zumindest aufbaut oder sogar selbst empirisch forscht, legt nahe, die Medienethik als Disziplin zu verstehen, die sowohl der philosophischen Ethik als auch den empirischen Kommunikations- und Medienwissenschaften zugerechnet werden kann (vgl. Köberer 2014).

Im Folgenden soll dieses Verhältnis als wissenschaftssystematische Standortbestimmung der Medienethik ausgeführt werden. Dabei wird den Bezügen der Medienethik zu strukturell allgemeineren bzw. strukturell konkreteren Formen ethischer Reflexion differenzierter nachgegangen. Und es wird sich zeigen (quasi in einem Vorgriff auf Kap. 2.5), dass diese Bezüge sich unter den Bedingungen von Web 2.0 verändert haben. Zentraler Grundbegriff dieser Analyse ist der Begriff der Öffentlichkeit. Ziele ist es dabei deutlich zu machen, inwieweit sich der mit Web 2.0 verbundene neuerliche *Strukturwandel der (medialen) Öffentlichkeit* auf den systematischen Ort einer *Ethik der öffentlichen Kommunikation* im Gefüge praktischer Philosophie/Ethik auswirkt. Von besonderer Bedeutung ist diese Entwicklung für den Journalismus, daher soll er in diesem Kapitel auch besonders ins Auge gefasst werden.

2.3.1 Das Neue der Online-Medien: *User created content*

Online-Medien haben eine besondere Faszination. Das Internet hybridisiert Medieninhalte auf eine gemeinsame Plattform und macht sie damit gegeneinander kompatibel. Diese Kompatibilität – neben der Kompression der Daten – ist ein wichtiger Faktor für den beschleunigte Umgang und Zugang der Rezipienten zu Online-Angeboten (vgl. Rath 2003a). Doch seit dem so genannten Web 2.0 haben sich diese Zugangsmöglichkeiten erweitert. Das Web 2.0 ist gekennzeichnet durch die Möglichkeit der Nutzer, nicht nur Inhalte zu rezipieren, sondern selbst zum Medienschaffenden zu werden. Damit verschwimmen die klassischen Grenzen zwischen den medienethisch relevanten Bezugsgruppen Produzenten und Nutzer, wie wir sie zumindest analytisch in Kap. 2.2 unterschieden haben. Erst vor diesem Hintergrund stellen Angebote und Möglichkeiten medialer Öffentlichkeit im Web 2.0 eine besondere ethische Herausforderung dar – auch unter der Perspektive der Professionalisierung für Journalist_innen. Und erst vor diesem Hintergrund muss eine Medienethik die klassischen Prinzipien einer *Ethik der öffentlichen Kommunikation* überdenken bzw. erweitern.

Mit Deni Elliott (2009) bin ich der Meinung, dass die wichtigsten journalistischen Imperative in jedem medialen Feld dieselben sind. Aber die neue mediale Öffentlichkeit und der Online-Journalismus im Web 2.0 zeigen, dass die journalistischen Professionalisierungsnormen allein nicht mehr ausreichen. Das hat Folgen für den systematischen Ort einer *Ethik der öffentlichen Kommunikation,* wie ich im Folgenden ebenfalls zeigen werde. Unter den Bedingungen von Web 2.0 (und bald Web 3.0, wenn wir die semantischen Ontologien der modernen Suchmaschinen hinzu nehmen) nimmt die Ethik der öffentlichen Kommunikation einen anderen, neuen Ort ein.

Wenden wir uns zunächst dem Web 2.0 zu. „Web 2.0" ist inzwischen ein Schlüsselwort geworden, das seit einigen Jahren immer dann Verwendung findet, wenn irgendeine neue technische Möglichkeit im Internet auftaucht. Es mag unerheblich sein, wer dieses Fahnenwort erfunden hat, ob Eric Knorr (2003), oder, bekannter und legendärer, Tim O' Reilly (2005) oder Darcy DiNucci bereit 1999 . Allen gemeinsam ist aber, dass sie Interaktivität als den maßgeblichen Faktor des Web 2.0 betonen. Doch diese Bestimmung allein reicht nicht aus. Vickery und Wunsch-Vincent (2007, S. 17) bestimmen in ihrem *participative web*-Reports für die OECD Web 2.0 näher als ein „partizipatives Netz", in dem Nutzer sich mit selbst produzierten Inhalten ausdrücken können – so genannter „*user created content*" (Vickery und Wunsch-Vincent 2007, S. 17).

„User created content" wird in diesem OECD-Report (Vickery und Wunsch-Vincent 2007, S. 18) weiterhin definiert durch die Eigenschaften,

- öffentlich zu sein (*„published* in some context"),
- durch Kreativität (a *„certain amount of creative effort has to be put into creating the work or adapting existing works to construct a new one*") und
- durch eine Produktion jenseits von professionellen Routinen und Praktiken („usually created *outside of professional routines and practices*").

Vor allem der letzte Aspekt ist für den hier zu behandelnden Zusammenhang wichtig: *user created content* wird ohne Professionalitätsnormen produziert (und zwar im weitesten Sinne, also auch ohne professionelle Normen der Recherche) und veröffentlicht.

Dabei ist natürlich die „Herstellung von Öffentlichkeit" (Schulz 1997, S. 86–106) von besonderer Bedeutung. Denn das Konzept einer „öffentlichen Kommunikation", in der zwischen den, Aussagen und Meinungen platzierenden, „Akteuren" und den eigentlichen „Adressaten" solcher Aussagen und Meinungen unterschieden wird (vgl. Pfetsch und Bossert 2006), geht von einer massenmedial allererst zu vermittelnden, prinzipiellen oder *virtuellen* (vgl. Westerbarkey 1994, S. 58) Kenntnisnahme (oder besser: Kennbarkeit) der dort platzierten Aussagen und Meinungen aus. „Öffentlichkeit" meint hier dann ein „Kommunikationsforum" (Pfetsch und Bossert 2006), das als technische bzw. sozial-institutionelle Realisierung des semiotischen Gehalts von Medien verstanden werden kann (vgl. Bonfadelli 2002).

Hier wird die These vertreten, dass spätestens Web 2.0 diese im weitesten Sinne stofflichen Konzepte von Öffentlichkeit obsolet macht und wir vielmehr von einem „Prinzip Öffentlichkeit" (Pöttker 2006) ausgehen müssen, dessen Funktion vom Akteursstatus der Öffentlichkeit herstellenden Personen (und Institutionen) unabhängig ist. Mit anderen Worten, Web 2.0-Inhalte, verstanden als *users created content*, verändern die funktionale Beschreibung journalistischer Professionalität. Um dies zu zeigen, sollen im Folgenden zunächst kurz alltagsbegriffliche Bestimmungen der Öffentlichkeit beschrieben werden um dann einer maßgebenden Funktionsbeschreibung von Öffentlichkeit nachzugehen, Habermas' 1962 in seiner Habilitationsschrift veröffentlichten Theorie medialer Öffentlichkeit, um dann die Veränderungen dieser Öffentlichkeitskonzeption im Web 2.0 auf ihre Tragfähigkeit zu untersuchen. In diesem Zusammenhang werden die Professionalitätsnormen des Journalismus erweitert und der systematische Ort *einer Ethik der öffentlichen Kommunikation* bestimmt.

2.3.2 Öffentlichkeit als bürgerliche Erfindung

Wie kann Öffentlichkeit gedacht werden? Drei gängige Konnotation lassen sich benennen, wobei die letzte m. E. nach nicht nur Habermas, sondern auch der medialen Realität am angemessensten ist.

Häufig wird unter Öffentlichkeit *Publicity* verstanden. Sie meint Zugänglichkeit zu einer vermeintlichen medial fassbaren Authentizität oder Echtheit meist prominenter Zeitgenossen. Diese in *yellow press* und Boulevard gängige Thematisierung, z. B. in *Home Stories*, sind nicht nur selbst natürlich inszeniert, sondern sie setzen vielmehr da an, wogegen Habermas Öffentlichkeit explizit abgrenzt, nämlich bei einer inszenierten Privatheit. Eine weitere Deutung fasst Öffentlichkeit als quasi räumliche Gegebenheit, ähnlich den antiken Räumen des öffentlichen Umgangs *Agora* und *Forum*. Diese innen-außen-Metapher (hier privater, „eigentlicher" Raum, da öffentlicher Raum) zeigt das soziale Individuum in einer Rolle, hinter der sich privat ein eigentlicher Träger dieser und anderer Rollen verbirgt. Öffentlichkeit in einem dritten Sinne ist eine *Struktur sozialer Aufmerksamkeit*, die eine Kommunikation sozialer Sinnkonstruktionen und Interessen erlaubt. Diese dritte Funktion meint Habermas (1990, S. 76), wenn er Öffentlichkeit als „*öffentlich relevant gewordene Privatsphäre der Gesellschaft*" bezeichnet. Habermas (1990, S. 77) nennt hier explizit die Presse. Alle drei Positionen, *Publicity, Forum und soziale Aufmerksamkeit*, haben etwas für sich, die letzte jedoch scheint für ein weiterführendes Verständnis besonders geeignet.

Habermas (1990, S. 97–98) beschreibt 1962 die notwendigen Aspekte von „Öffentlichkeit":

- Alle Teilnehmer des öffentlichen Diskurs und die sie beobachtenden Publika sind zumindest *idealiter ebenbürtig*.
- Die Öffentlichkeit dient zumindest offiziell der Problematisierung des „*Allgemeinen*", was wir mit den klassischen res publica vergleichen können.
- Das „Publikum-sein" ist prinzipiell *unabgeschlossen*, die Zugänglichkeit oder Partizipation ist – auch wieder *idealiter* – nicht beschränkt.

Wie können wir uns nun die Funktion des Journalismus in diesem Modell vorstellen?

Die politische Realität der Demokratie führt über eine Grenze aus der Privatheit in den öffentlichen Raum, und zwar durch Wahl. Unter den Bedingungen der Repräsentation agieren die Bürger nur als Publikum der Aktivitäten der durch sie gewählten Parlamente und Regierungen. Hier setzt der Journalismus an: er stellt Öffentlichkeit für das Publikum her, indem er die politische Akteure kontrolliert und das politische System transparent macht. Allerdings wirkt der Journalismus dabei notgedrungen, d. h. strukturell, als *Flaschenhals* oder *gatekeeper*, durch den hindurch, auf dem Wege des massenmedialen „one to many", Informationen an die Bürger zurück fließen. In gewisser Weise ist der Journalismus kontrollierender Repräsentant des Bürgers gegenüber seinen politisch agierenden Repräsentanten. Erst aus dieser gewichtenden und selegierenden Flaschenhals-Funktion kann dann eine öffentliche Meinung über Politik entstehen.

2.3.3 Ethik der öffentlichen Kommunikation 1.0

Vor diesem Hintergrund wird es möglich, eine systematische Verortung der *Ethik öffentlicher Kommunikation vor* Web 2.0 zu leisten, aus der dann auch *journalistische Ethik* zu bestimmen ist. *Ethik der öffentlichen Kommunikation* ist als empiriegestützte (Rath 2000a, 2010), „angewandte" Ethik (Funiok 2007, S. 51–62; Nida-Rümelin 1996) systematisch sowohl mit der praktischen Philosophie als auch der Kommunikations- und Medienwissenschaften verbunden. Aus ihnen zusammen leiten sich dann die *Ethik der Massenmedien*, der *Inhalteproduktion* und schließlich des *Journalismus* ab. Im Habermasschen Modell wäre neben der *Ethik der öffentlichen Kommunikation* dann aber auch noch eine *Ethik der privaten Kommunikation* zu setzen (zu denken sind an klassische one-to-one Kommunikationen wie Brief, Telefon usw.), die sich weiter differenzieren ließe nach privater Medialität (z. B. private Fotografie, Bewegtbildaufnahmen, Tonbandaufnahmen etc. Diese können auch digital sein, es besteht aber kein Sharing), alle Formen des „sozialen Handelns" (Weber 1913)[5], das immer kommunikationsgestützt ist, sowie weitere diachronische oder synchrone Kommunikationsformen (z. B. Tagebuch), die aber im Folgenden nicht näher beleuchtet werden können (vgl. Abb. 2.1).

Dieses Verständnis der *Ethik öffentlicher Kommunikation* hat seine systematische Qualität in der konvergenten, aus allgemeiner Ethik ebenso wie aus Kommunikations- und Medienwissenschaften, empiriegestützten, aber nicht empirisch begründenden Konstruktion normativer Prinzipien, die dann erlaubt, Professionalitätsnormen zu formulieren, die diese Flaschenhalsfunktion des Journalismus berücksichtigen – auch für den gängigen Online-Journalismus. Diese

---

[5] Max Weber hat das „soziale Handeln" zum zentralen Begriff der modernen Soziologie und Sozialphilosophie gemacht und dabei diesen Terminus als rein beschreibenden eingeführt. Sozial ist ein Handeln insofern, als es intentional auf das Verhalten anderer bezogen, dadurch bestimmt und erklärbar ist, vgl. Weber (1913). Daher darf auch dieser Terminus nicht moralisch wertend im Sinne des sozial positiven Handelns missverstanden werden.

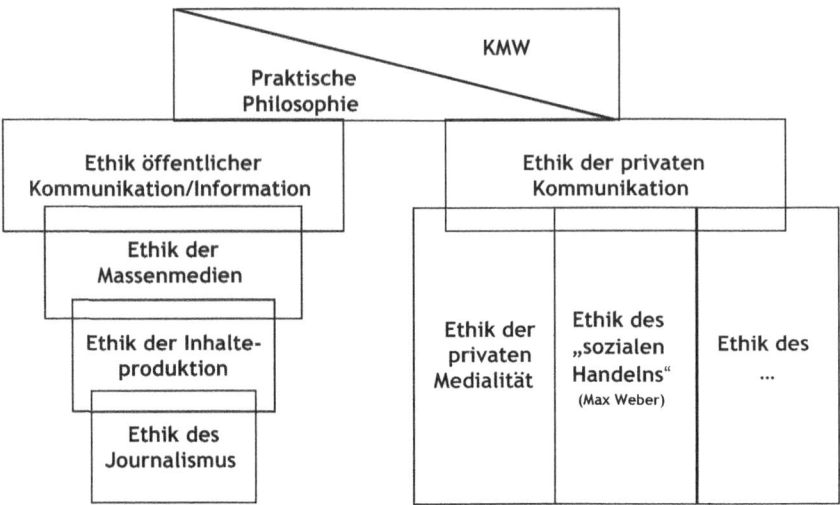

Abb. 2.1 Differenzierung der medienrelevanten Ethik unter Web 1.0. (© Matthias Rath)

Ethik der öffentlichen Kommunikation berücksichtigt aber noch nicht die eingangs angerissenen Entwicklungen des Web 2.0, kurz: es ist eine *Ethik der öffentlichen Kommunikation 1.0.*

2.3.4 Öffentlichkeit als Prinzip der „Produsage"

Wenden wir uns nun der aktuellen Web 2.0-Realität zu. Hier scheint – trotz des historischen Abstands – die Konzeption von Jürgen Habermas dennoch anschlussfähig. Er bestimmt in seiner Habilitationsschrift als Bedingung für Öffentlichkeit die „Privatautonomie", welche er wiederum durch „Besitz" und „Bildung" spezifiziert (Habermas 1990, S. 157). Auch im Web 2.0 ist Privatautonomie immer noch eine maßgebende Bedingung, allerdings wird diese funktional in der Web 2.0-Welt durch zwei andere Aspekte spezifiziert, *Konvergenz* und *Produsage*: *Konvergenz*, da die Besitzseite als Zugangsbedingung zur öffentlichen Kommunikation unter modernen Marktbedingungen irrelevant wird, und *Produsage*, da das allgemeine Ideal der Bildung (vgl. Rath 2007a) zunehmend durch die Kompetenz spezifiziert wird, Medienprodukte selbst herzustellen (vgl. Rath und Marci-Boehncke 2004). Gehen wir diesen beiden Faktoren etwas nach:

Henry Jenkins formulierte 2006, damals noch Vordenker für Medienbildung im *Massachusetts Institute of Technology* MIT, einen weiten Konvergenzbegriff:

> By convergence, I mean the *flow of content across multiple media platforms*, the *co-operation between multiple media industries*, and the migratory *behavior of media audiences* who will go almost anywhere in search of the kinds of entertainment experiences they want. Convergence is a word that manages to describe *technological, industrial, cultural, and social* changes depending on who's speaking and what they think they are talking about. (Jenkins 2006, S. 2–3)

Über das Zusammenwachsen von Medientechnologien und über die wirtschaftlichen Verflechtungen von Medienanbietern unterschiedlicher Wertschöpfungstiefe hinaus (z. B. Netzbetreiber, Serviceprovider und Inhalteanbieter), macht Jenkins vor allem eine konvergente Nutzung stark: die rezeptive und kreative Nutzung unterschiedlicher Medienformen, Gattung und Formate zur Gestaltung, Austausch und Kommunikation medialer und nicht medialer Themen.

Diese aktive Erweiterung der Handlungsformen des Nutzers hat Axel Bruns (2006, 2009a) durch die Portmanteaus *Produsage* bzw. *Produtzung* für den Prozess der Produktion medialer Inhalte durch einen Nutzer sowie *Produser* bzw. *Produtzer* für diese nicht-professionellen, produzierenden Nutzer selbst bezeichnet.

> Produtzung läßt sich daher also allgemein als eine Form der kollaborativen Inhalts-erschaffung definieren, die von den Nutzern, die als Produtzer auftreten, gesteuert wird, oder an der diese zumindest entscheidend beteiligt sind – wo, in anderen Worten, Benutzer als hybride Nutzer/Produzenten, oder Produtzer, praktisch überall im Inhaltserschaffungsprozeß teilnehmen. (Bruns 2009b, S. 3)

Die Rollenverteilung zwischen Produzent, Distributor und Rezipient löst sich demnach auf, verschmilzt im nicht professionellen *Produtzer*. Unproblematisch scheint diese Entwicklung, die natürlich auf eine grundlegend Kunden-orientierte Technologie auf- und offene Netze voraussetzt, in dem Bereich, den Habermas (1990, S. 89) „Kulturgütermarkt" nennt. Hier, im quasi „lokalen" privaten Kontext (der im Netz natürlich „ort-los" geworden ist – und daher in bestimmten Konkretionen, z. B. dem „virtuellen Ortsverein" der SPD, pittoresk wirkt) sind mehr oder weniger gelungene Symbolproduktionen für die gesamt-gesellschaftliche, öffentliche Kommunikation der *res publica* irrelevant. Wie stellt sich das aber im Prozess der öffentlichen Kommunikation über politische Sachverhalte dar?

Am partizipativen Netz sind Bürger, professionelle Journalisten und eine Reihe von Interessenträgern beteiligt, nicht nur rezeptiv, sondern auch produktiv. Diese gemeinsame Arbeit am Netz entwickelt, ebenso wie im klassischen Fall des Journalismus als Flaschenhals, ein Bild des politischen Prozesses, doch dieses ist nicht mehr, professionell selegiert und gewichtet, öffentliche Meinung (idealtypisch ein

Singular), sondern zersplittert in die pluralen Meinungen der jeweiligen Produtzer. In seiner Revision des *Strukturwandels der Öffentlichkeit von* 1990 weist Habermas bereits auf solche Entwicklungen hin und benennt sie treffend als Formen einer *„nicht-organisierten* Öffentlichkeit" (Habermas 1990, S. 43).

2.3.5 „Aufmerksamkeit" als Währung der „Produsage"

Hieraus ergeben sich Risiken für die Nutzer: Relevanz und Wahrheit einer Nachricht sind für die Rezipienten nicht mehr erkennbar. Partizipatorische Netze neigen darüber hinaus zu einem gewissen Dilettantismus und einer unüberlegten „cut and paste"-Moral. Viel gewichtiger aber scheint der Umstand, dass Nutzer keinerlei Kontrolle über die *Wahrhaftigkeit* (vgl. im Folgenden Kap. 3.4) des jeweiligen Produtzers haben. Ihnen sind die partikularen Interessen, die ökonomischen und ideologischen Abhängigkeiten der Hintermänner, Auftraggeber und konkreten Produzenten nicht transparent.

In das partizipative Netz speisen viele, auch Journalisten natürlich, Informationen ein. Zwar können Journalisten durch professionelle Recherche Transparenz prinzipiell schaffen, aber geht diese Information nicht im Hintergrundrauschen der Netzaktivitäten unter? Hier zeigt sich ein wichtiger Unterschied zur Vor-Web 2.0-Öffentlichkeit: In „partizipativen Netzen" ist nicht Zugänglichkeit das Problem, sondern „Aufmerksamkeit" (vgl. Franck 1998) ist die Währung, in der sich auf dem Markt der *Produsage* Erfolg auszahlt. Jeder Produtzer versucht, die Aufmerksamkeit der anderen Nutzer und Produtzer zu erhalten – und zwar aus ganz unterschiedlichen, nicht notwendigerweise ökonomischen Gründen. Wir können daher – trotz der hohen Nutzungsraten – von einer *blinden Aufmerksamkeit* im Netz sprechen. Letztlich entscheidet der Zufall.

Dies kann auch nicht verwundern, denn wenn, wie Niklas Luhmann (1974, S. 42) festgestellt hat, Öffentlichkeit zur „Neutralisierung von Rollenanforderungen" führt, dann überfordert eine *unorganisierte Öffentlichkeit* die Aufmerksamkeit der Nutzer. Alle Angebote sind prinzipiell gleichberechtigt, ja ganz im Gegenteil: *Professionalität steht mit Authentizität in Konkurrenz.*

Hier besteht eine neue Aufgabe des professionellen Journalismus, im „öffentlichen System" durch Information über verdeckte Interessen und Abhängigkeiten neue „attention rules" (Luhmann 1974, S. 35) zu formulieren und die „Unterstellbarkeit der Akzeptiertheit" (Luhmann 1974, S. 44) von Themen und *opinion leaders* zu steuern.

2.3.6   Ethik der öffentlichen Kommunikation 2.0

Wir können also feststellen: Menschliche Praxis ist von jeher medial verfasst (insofern ist Medialität nicht neu), aber heute ist die kommunikative und soziale Praxis medial konstruiert. Alle normativen Problemfelder sind medial durchdrungen, medial vermittelt und medial diskutiert. Eine Ethik, die diese grundlegende Medialität nicht berücksichtigt, wird zwei fundamentalen Aspekten der Gegenwart nicht gerecht, der *Permanenz der Öffentlichkeit* und dem *Verlust der moralischen Selbstverständlichkeit*.

- *Permanenz der Öffentlichkeit* meint, dass im Gegensatz zur sozialen Entstehung von Öffentlichkeit im 16. und 17. Jahrhunderts (vgl. Habermas 1990) heute Öffentlichkeit der Normalfall ist, also die so genannte Privatheit einer eigenen Leistung bedarf. Selbst die *face-to-face*-Kommunikation ist prinzipiell unkontrollierbar medial speicherbar und kann damit digital prinzipiell unbeschränkt kopiert und verbreitet werden. Das hat auch Folgen für die Konstruktion einer Ethik überhaupt. Damit wird Öffentlichkeit als *mediale Öffentlichkeit* zu einem Grundmoment von menschlicher Praxis überhaupt und kann nicht zur Spezialität eines bestimmten medienethischen Themenfeldes reduziert werden.
- *Verlust der moralischer Selbstverständlichkeit* meint, dass ein konstitutiver Grundzug der Moral zunehmend an Bedeutung verliert, nämlich die Selbstverständlichkeit ihrer Geltung. Die moralische Handlungsorientierung und der moralische Wertkanon entfalten ihre orientierende Wirkung eben aus der Unfraglichkeit ihrer Geltung. Die fragmentierten Geltungsansprüche der modernen Gesellschaft lassen solche Selbstverständlichkeiten nicht nur nicht zu, sondern darüber hinaus führt die daraus resultierende Relativierung sozial vermittelter Handlungsorientierung zur Thematisierung und Diskussion der Geltung normativer Überzeugungen in den medialen Formaten – meist in (fiktionalen wie auch faktualen) narrativen Texten.

▶   Damit wird die Ethik des Medialen zur Grundform einer Ethik, die das soziale Umgehen des Menschen mit seinesgleichen unter den Bedingungen der Mediatisierung zu reflektieren hätte.

Wenden wir uns vor diesem Hintergrund noch einmal dem systematischen Ort einer Ethik *der öffentlichen Kommunikation* zu (vgl. Abb. 2.2). Unter den Bedingungen des Web 2.0 besteht keine *Ethik der privaten Kommunikation* mehr, da Kommunikation, wo sie über face-to-face-Kontakte hinaus geht, prinzipiell immer öffentlich ist. Die Trennung setzt vielmehr später ein, unterhalb einer *Ethik*

Abb. 2.2 Differenzierung der medienrelevanten Ethik unter Web 2.0. (© Matthias Rath)

der öffentlichen Kommunikation und unterhalb einer ebenfalls breiter zu fassenden *Medienethik.* Das Feld der kommunikationsethischen Reflexion hat sich erweitert – wie auch das Aufgabengebiet des Journalismus. Eine ebenfalls deduzierbare *Ethik der nicht-professionellen Produsage* kann hier nur erwähnt werden.

Fassen wir zusammen: Die partizipative (Netz-)Kommunikation hat *ökonomisch* basierte, institutionalisierte Hierarchien und Zugänge abgebaut – jeder kann heute ein Produzer sein. Frühere technische Hindernisse, Medienangebote zu produzieren und zu verteilen, sind gefallen. Andererseits ist die *Glaubwürdigkeit* von Quellen und Angeboten nicht mehr institutionell abgesichert und muss von jedem Nutzer selbst überprüft werden. Der Nutzer von Web 2.0 Angeboten muss sich jeweils neu von der *Authentizität* der Informationen und Nachrichten überzeugen (vgl. dazu im Folgenden Kap. 3.1). Und schließlich: Web 2.0 verändert auch den systematische Ort einer *Ethik der öffentlichen Kommunikation.* Sie umfasst nun auch private und non-professionelle Formen von Öffentlichkeit. Medienethik ist nicht mehr beschränkt auf die massenmedialen Angebote einer Kommunikation 1.0, sondern umfasst alle Bereiche medialer Kommunikation, da jede/r Nutzer_in zugleich Teil des medialen Kommunikationsangebots ist.

Allerdings, und damit blicken wir hinüber zum folgenden, 3. Kapitel „Philosophische Perspektiven auf eine Ethik der mediatisierten Welt", wäre es verfehlt, diese eben aufgezeigte Entwicklung als nur kontingent historische Gegebenheit zu betrachten – so als könnte man sich auch auf nicht mediale Kommunikation zurückziehen. Medialität ist kein bloß historisches Phänomen, es ist ein anthropologisches Datum. Andererseits ist diese anthropologische Basis als Basis nicht unmittelbar präsent – sie realisiert sich vielmehr, wie gezeigt, im Zuge der Mediatisierung je historisch konkret. Beide Aspekte müssen perspektiviert werden – und erst die zweite Perspektive der Mediatisierung wird, als „gewusste Perspektive", zur epochalen Ausprägung der Medienethik.

Literatur

Baacke, Dieter. 1996. Medienkompetenz – Begrifflichkeit und sozialer Wandel. In *Medienkompetenz als Schlüsselbegriff,* Hrsg. Antje von Rein, 4–10. Bad Heilbrunn: Klinkhardt.

Benner, Dietrich. 1987. *Allgemeine Pädagogik. Eine systematisch-problemgeschichtliche Einführung in die Grundstruktur pädagogischen Denkens und Handelns.* Weinheim: Beltz.

Berger, Peter L., und Thomas Luckmann. 1995. *Modernität, Pluralismus und Sinnkrise. Die Orientierung des modernen Menschen.* Gütersloh: Verlag Bertelsmann Stiftung.

Bergmann, Jörg, Michaela Goll, und Ska Wiltschek. 1998. Sinnorientierung durch Beratung? Funktionen von Beratungseinrichtungen in der pluralistischen Gesellschaft. In *Moral im Alltag. Sinnvermittlung und moralische Kommunikation in intermediären Institutionen,* Hrsg. Thomas Luckmann, 143–218. Gütersloh: Verlag Bertelsmann Stiftung.

Bonfadelli, Heinz. 2002. *Medieninhaltsforschung. Grundlagen, Methoden, Anwendungen.* Konstanz: UVK.

Boventer, Hermann. 1982. Ethik und Journalismus. Eine Untersuchung des Hastings Center zur Medienethik im Ausbildungsprogramm an amerikanischen Colleges und Universitäten. *Communicatio Socialis* 15 (4): 329–333.

Boventer, Hermann. 1983. Journalistenmoral als „Media Ethics". Kodifizierte Pressemoral und Medienethik in den Vereinigten Staaten von Amerika. *Publizistik* 28 (1): 19–39.

Boventer, Hermann. 1984. *Ethik des Journalismus. Zur Philosophie der Medienkultur.* Konstanz: Universitätsverlag.

Bruns, Axel. 2006. Towards produsage: Futures for user-led content production. In *Proceedings: Cultural attitudes towards communication and technology 2006,* Hrsg. Fay Sudweeks, Herbert Hrachovec, und Charles Ess, 275–284. Perth: Murdoch University. http://produsage.org/files/12132812018_towards_produsage_0.pdf. Zugegriffen: 25. Feb. 2014.

Bruns, Axel. 2009a. Vom Prosumenten zum Produtzer. In *Prosumer Revisited: Zur Aktualität einer Debatte,* Hrsg. Birgit Blättel-Mink und Kai-Uwe Hellmann, 191–205. Wiesbaden: VS Verlag für Sozialwissenschaften. http://snurb.info/files/Vom%20 Prosumenten%20zum%20Produtzer%20(final).pdf. Zugegriffen: 25. Feb. 2014.

Bruns, Axel. 2009b. Produtzung: Von medialer zu politischer Partizipation. In *Soziale Netze in der digitalen Welt: Das Internet zwischen egalitärer Teilhabe und ökonomischer Macht,* Hrsg. Christoph Bieber, Martin Eifert, Thomas Groß, und Jörn Lamla. Frankfurt a. M.: Campus. http://snurb.info/files/Produtzung%20-%20von%20medialer% 20zu%20politischer%20Partizipation.pdf. Zugegriffen: 25. Feb. 2014.

Buchwald, Manfred. 1996. Die drei Ebenen der Verantwortung am Medienmarkt. In *Verantwortung im freien Medienmarkt. International Perspektiven zur Wahrung professioneller Standards*, Hrsg. Ingrid Hamm, 48–59. Gütersloh: Verlag Bertelsmann Stiftung.

Derbolav, Josef. 1975. *Pädagogik und Politik. Eine systematisch-kritische Analyse ihrer Bezieuhngen. Mit einem Anhang zur Praxeologie*. Stuttgart: Kohlhammer.

DiNucci, Darcy. 1999. Fragmented future. *Print* 53(4): 32, 221–222. http://darcyd.com/fragmented_future.pdf. Zugegriffen: 27. Feb. 2014.

Elliott, Deni. 2009. Essential Shared Values and 21st Century Journalism. In *The Handbook of Mass Media Ethics*, Hrsg. von Lee Wilkins, und Clifford G. Christians, 28–39. New York: Routledge.

Franck, Georg. 1998. *Ökonomie der Aufmerksamkeit. Ein Entwurf*. München: Hanser.

Funiok, Rüdiger. 1996. Grundfragen einer Publikumsethik. In *Grundfragen der Kommunikationsethik*, Hrsg. Rüdiger Funiok, 107–122. Konstanz: UVK.

Funiok, Rüdiger. 2007. *Medienethik. Verantwortung in der Mediengesellschaft*. Stuttgart: Kohlhammer.

Groebel, Jo. 1999. Ergebnisse der internationalen UNESCO-Studien „Gewalt in den Medien". In *Mediensozialisation und Medienverantwortung*, Hrsg. Gunnar Roters, Walter Klingler, und Maria Gerhards, 99–112. Baden-Baden: Nomos.

Habermas, Jürgen. 1981. *Theorie des kommunikativen Handelns*. 2 Bde. Frankfurt a. M.: Suhrkamp.

Habermas, Jürgen. 1990. *Strukturwandel der Öffentlichkeit. Untersuchungen zu einer Kategorie der bürgerlichen Gesellschaft. Mit einem Nachwort zur Neuauflage 1990*. Frankfurt a. M.: Suhrkamp.

James, Carrie. 2009. *Young people, ethics, and the new digital media: A synthesis from the good play project*. Cambridge: MIT Press. http://dmlcentral.net/sites/dmlcentral/files/resource_files/young_people_ethics_and_new_digital_media1.pdf Zugegriffen: 27. Feb. 2014.

Jenkins, Henry. 2006. *Convergence culture: Where old and new media collide*. New York: New York University Press.

Kant, Immanuel. 2013. *Akademie-Ausgabe der Schriften Immanuel Kants, Online-Version*. http://korpora.zim.uni-duisburg-essen.de/kant/. Zugegriffen: 20. März 2013.

Karmasin, Matthias. 2005. *Journalismus: Beruf ohne Moral? Von der Berufung zur Profession. Journalistisches Berufshandeln in Österreich*. Wien: Facultas.

Karmasin, Matthias. 2006. Medienkritik als Selbst- und Fremdkritik. Anmerkungen zur ethischen Sensibilität der Journalisten am Beispiel Österreich. In *Medienkritik. Grundlagen, Beispiele und Praxisfelder*, Hrsg. Horst Niesyto, Matthias Rath, und Hubert Sowa, 129–143. München: Kopäd.

Kepplinger, Hans Mathias, und Kerstin Knirsch. 2000. Gesinnungs- und Verantwortungsethik im Journalismus. Sind Max Webers theoretische Annahmen empirisch haltbar? In *Medienethik und Medienwirkungsforschung*, Hrsg. Matthias Rath, 11–44. Wiesbaden: Westdeutscher Verlag.

Knorr, Eric. 2003. The year of web services. In *CIO. The resource for information executives* (special issue). Fast forward 2010. The Fate of I.T. December 15. 2003/January 1. 2004, 90. http://books.google.de/books?id=1QwAAAAAMBAJ&printsec=frontcover&source=gbssummary_r&redir_esc=yv=onepage&q&f=false. Zugegriffen: 27. Feb. 2014.

Köberer, Nina. 2014. Medienethik als angewandte Ethik – eine wissenschaftssystematische Verortung. In *Neuvermessung der Medienethik. Bilanz, Themen und Herausforderungen seit 2000*, Hrsg. Marlis Prinzing, Matthias Rath, Christian Schicha, und Ingrid Stapf. München: Beltz Juventa. (im Druck).

Krämer, Hans. 1995. *Integrative ethik*. Frankfurt a. M.: Suhrkamp.

Krämer, Hans. 1998. Integrative Ethik. In *Glück und Ethik*, Hrsg. Joachim Schummer, 93–107. Würzburg: Königshausen & Neumann.

Kunczik, Michael, und Astrid Zipfel. 2006. Medien und Gewalt: Der aktuelle Forschungsstand. In *Medienkritik. Grundlagen, Beispiele und Praxisfelder*, Hrsg. Horst Niesyto, Matthias Rath, und Hubert Sowa, 145–165. München: Kopäd.

Kutschera, Franz von. 2006. Über die Möglichkeit, Wertaussagen objektiv zu rechtfertigen. In *Werte in den Wissenschaften*, Hrsg. Gerhard Zecha, 85–108. Tübingen: Mohr Siebeck.

Luckmann, Thomas. 1995. Die Währungen des „Sozialkapitals". In *Moral im Alltag. Sinnvermittlung und moralische Kommunikation in intermediären Institutionen*, Hrsg. Thomas Luckmann, 219–242. Gütersloh: Verlag Bertelsmann Stiftung.

Luhmann, Niklas. 1974. Öffentliche Meinung. In *Zur Theorie der politischen Kommunikation*, Hrsg. Wolfgang Langenbucher, 27–54. München: Pieper.

Marci-Boehncke, Gudrun, und Matthias Rath. 2005. In Sachen „Liebe" lesen: „Eheratgeber" zwischen Poesie und Sachliteratur im fächerübergreifenden Unterricht. In *Sachtexte im Deutschunterricht*, Hrsg. Martin Fix und Jost Roland, 192–207. Baltmannsweiler: Schneider Hohengehren.

Marci-Boehncke, Gudrun, und Matthias Rath. 2006. Keine Sterne für die Stars. Was Jugendliche an ihren medialen Bezugspersonen kritisieren. In *Jugend – Werte – Medien: Der Diskurs*, Hrsg. Gudrun Marci-Boehncke und Rath Matthias, 95–117. Weinheim: Beltz.

Marci-Boehncke, Gudrun, und Matthias Rath. 2007. Eltern, Kinder, Super Nannies: Ratgebertexte im interdisziplinären Diskurs. In *Intermediale und interdisziplinäre Lernansätze Jahrbuch Medien im Deutschunterricht 2006*, Hrsg. Josting Petra und Jonas Hartmut, 66–82. München: Kopäd.

McLuhan, M. 1968. *Die magischen Kanäle*. Düsseldorf: Econ.

Möbius, Thomas, und Matthias Rath. 2008. Globale Produktion – globale Inhalte – globale Rezeption? Zur Transkulturalität medialer Symbolsysteme am Beispiel Kinderfilm. *LiCuS – Journal of Literary Theory and Cultural Studies* 3 (4): 41–57.

Moore, George Edward. 1970. *Principia Ethica*. Stuttgart: Reclam.

Nida-Rümelin, Julian. 1996. Theoretische und angewandte Ethik: Paradigmen, Begründungen, Bereiche. In *Angewandte Ethik. Die Bereichsethiken und ihre theoretische Fundierung. Ein Handbuch*, Hrsg. Julian Nida-Rümelin, 2–85. Stuttgart: Kröner.

Noam, Eli M. 1995. Visionen des Medienzeitalters: Die Zähmung des Informationsmonsters. *Multimedia. Eine revolutionäre Herausforderung. Perspektiven der Informationsgesellschaft*, Hrsg. Alfred Herrhausen Gesellschaft für internationalen Dialog, 35–62. Stuttgart: Schäffer Poeschel.

O'Reilly, Tim. 2005. What is Web 2.0? http://oreilly.com/web2/archive/what-is-web-20.html. Zugegriffen: 27. Feb. 2014.

Pfetsch, Barbara, und Regina Bossert. 2006. Öffentliche Kommunikation. In *Lexikon Kommunikations- und Medienwissenschaft*, Hrsg. Günter Bentele, Hans-Bernd Brosius, und Otfried Jarren, 203–204. Wiesbaden: VS Verlag für Sozialwissenschaften.

Pöttker, Horst. 2006. Öffentlichkeit. In *Lexikon Kommunikations- und Medienwissenschaft*, Hrsg. Günter Bentele, Hans-Bernd Brosius, und Otfried Jarren, 205–206. Wiesbaden: VS Verlag für Sozialwissenschaften.

Pszczolowski, Tadeusz. 1980. Die praxeologische Theorie der Handlung. In *Handlungstheorien interdisziplinär I: Handlungslogik, formale und sprachwissenschaftliche Handlungstheorien*, Hrsg. Hans Lenk, 303–321. München: Fink.

Rath, Matthias. 1988. Systempurismus contra strukturale Eklektik? Zu den psychologischen Folgen eines ontologischen Entwurfs. In *Eklektizismus in der Psychologie. Aktuelle Diskussionsbeiträge*, Hrsg. Ernst Plaum, 95–113. Heidelberg: Asanger.

Rath, Matthias. 1990. Wirtschaftsethik und Praxeologie. In *Moral als Kapital. Perspektiven des Dialogs zwischen Wirtschaft und Ethik*, Hrsg. Michael Wörz, Paul Dingwerth, und Rainer Ohlschläger, 337–344. Stuttgart: Akademie der Diözese Rottenburg-Stuttgart.

Rath, Matthias. 2000a. Kann denn empirische Forschung Sünde sein? Zum Empiriebedarf der normativen Ethik. In *Medienethik und Medienwirkungsforschung*, Hrsg. Matthias Rath, 63–87. Wiesbaden: Westdeutscher Verlag.

Rath, Matthias. 2000b. Medienwirkungsforschung in Deutschland – eine Annäherung. In *Buchwissenschaft und Buchwirkungsforschung*, Hrsg. Dietrich Kerlen, und Kirste Inka, 89–98. Leipzig: Universität Leipzig, Institut für Kommunikationswissenschaft.

Rath, Matthias. 2000c. Zum Anwendungscharakter der Wirtschaftsethik. *Ethik und Sozialwissenschaften. Streitforum für Erwägungskultur* 11 (4): 610–613.

Rath, Matthias. 2003a. Das Internet – die Mutter aller Medien. In *Medientheorie und Medientheologie*, Hrsg. Klaas Huizing, und F. Rupp Horst, 59–69. Münster: Lit.

Rath, Matthias. 2003b. Die medienphilosophische Perspektive: Medien, Wirtschaft, Sinn. In *Medien und Ökonomie. Bd. 1/2: Grundlagen der Medienökonomie*, Hrsg. Klaus-Dieter Altmeppen, und Karmasin Matthias, 125–139. Wiesbaden: Westdeutscher Verlag.

Rath, Matthias. 2006. Medienforschung zwischen Sein und Sollen: Wissenschaftstheoretische Überlegungen zu einem komplexen Verhältnis. In *Jugend – Werte – Medien: Der Diskurs*, Hrsg. Gudrun Marci-Boehncke und Rath Matthias, 191–215. Weinheim: Beltz.

Rath, Matthias. 2007a. „Bildung machen!" – Möglichkeiten und Grenzen in einer Wissensgesellschaft. In *Lernen am Unterschied: Bildungsprozesse gestalten – Innovationen vorantreiben*, Hrsg. von Gerd Schweizer, Ulrich Iberer, und Helmut Keller, 19–35. Bielefeld: W. Bertelsmann.

Rath, Matthias. 2010. „Empirische Perspektiven". In *Handbuch Medienethik*, Hrsg. Christian Schicha und Brosda Carsten, 136–146. Wiesbaden: VS Verlag für Sozialwissenschaften.

Rath, Matthias. 2012. Wider einen normativen Taylorismus – Medienethik als Teildisziplin einer normativen Kommunikations- und Medienwissenschaft. In *Theoretisch praktisch!? Anwendungsoptionen und gesellschaftliche Relevanz der Kommunikations- und Medienforschung*, Hrsg. Susanne Fengler, Tobias Eberwein, und Julia Jorch, 317–333. Konstanz: UVK.

Rath, Matthias. 2013. Zeitung und Bildung. In *Mehrwert 2013. Public Value Bericht des Verbandes Österreichischer Zeitungen*, Hrsg. Verband der Österreichischen Zeitungen VÖZ, 64–69. Wien: VÖZ. http://www.voez.at/download.php?id=1486. Zugegriffen: 27. Feb. 2014.

Rath, Matthias, und Pinar Erdemir. 2007. „Denn sieh', das Fremde liegt so nah!" Der Einbruch kultureller Heterogenität in die nationale Medienethik. *Zeitschrift für Kommunikationsökologie und Medienethik* 9 (1): 62–68.

Rath, Matthias, und Gudrun Marci-Boehncke. 2004. „Geblickt?" – MedienBildung als Coping-Strategie. In *Bildung und Erziehung. Perspektiven auf die Lebenswelten von Kindern und Jugendlichen*, Hrsg. Annette Schavan, 200–229. Frankfurt a. M.: Suhrkamp.

Schulz, Winfried. 1997. *Politische Kommunikation: theoretische Ansätze und Ergebnisse empirischer Forschung zur Rolle der Massenmedien in der Politik.* Opladen: Westdeutscher Verlag.

Teichert, Will. 1996. Journalistische Verantwortung: Medienethik als Qualitätsproblem. In *Angewandte Ethik. Die Bereichsethiken und ihre theoretische Fundierung. Ein Handbuch*, Hrsg. Julian Nida-Rümelin, 750–776. Stuttgart: Kröner.

Vickery, Graham, und Sacha Wunsch-Vincent. 2007. *Participative Web and User-created Content. WEB 2.0, Wikis and Social Networking.* Paris: OECD.

Weber, Max. 1913. Über einige Kategorien der verstehenden Soziologie. *Logos* 4:253–294.

Weber, Max. 1985. Die „Objektivität" sozialwissenschaftlicher und sozialpolitischer Erkenntnis. In *Max Weber. Gesammelte Aufsätze zur Wissenschaftslehre*, Hrsg. Johannes Winckelmann, 146–214. Tübingen: Mohr.

Westerbarkey, Joachim. 1994. Öffentlichkeit als Funktion und Vorstellung. Versuch, eine Alltagskategorie kommunikationstheoretisch zu reabilitieren. In *Öffentlichkeit und Kommunikationskultur*, Hrsg. Wolfgang Wunden, 53–64. Hamburg: GEP.

Wiegerling, Klaus. 1998. *Medienethik.* Stuttgart: Metzler.

Wunden, Wolfgang. 1999. Freiheitliche Medienmoral. Konzept einer systematischen Medienethik. *Medienethik – die Frage nach Verantwortung*, Hrsg. Rüdiger Funiok, Udo F. Schmälzle, und Christoph H. Werth, 35–55. Bonn: Bundeszentrale für politische Bildung.

Wunden, Wolfgang. 2000. Medienwirkungsforschung und Medienethik: Fallbeispiel Gewaltdarstellungen im Fernsehen. In *Medienethik und Medienwirkungsforschung*, Hrsg. Matthias Rath, 149–168. Wiesbaden: Westdeutscher Verlag.

Philosophische Perspektiven auf eine Ethik der mediatisierten Welt

3

[...] so ründet sich um jedes Tier eine neue Welt, gänzlich verschieden von der unsrigen, seine *Umwelt*.

Jakob von Uexküll, Umwelt und Innenwelt der Tiere

Die Grundbegriffe jeder Wissenschaft, die Mittel, mit denen sie ihre Fragen stellt und ihre Lösungen formuliert, erscheinen nicht mehr als passive Abbilder eines gegebenen Seins, sondern als selbstgeschaffene intellektuelle Symbole.

Ernst Cassirer, Philosophie der symbolischen Formen, Band I

„Was ist dein Ziel in der Philosophie? – Der Fliege den Ausweg aus dem Fliegenglas zeigen."

Ludwig Wittgenstein, Philosophische Untersuchungen

3.1 Anthropologische Perspektive: Medialität

Jede Zeit hat ihr eigenes Bild von der Welt und vom Menschen. Einige Menschenbilder lassen sich über Jahrhunderte hinweg verfolgen, andere entstehen plötzlich unter neuen, auch wissenschaftlich-technischen Gegebenheiten, z. B. das Modell des *L'homme machine* aus den Erfolgen der neuzeitlichen Physik. So auch heute, vor allem unter den Bedingungen des Web 2.0, der Digitalisierung als Grundsignatur medialer Kommunikation überhaupt – wenn auch verschiedene Autoren dieses Thema schon früher und in prämultimedialen Zeiten aufgegriffen haben (z. B. Flusser, Innis und McLuhan).[1]

---

[1] Dem ersten Teil des Kapitels liegt unter anderem folgender Beitrag des Verfassers zu Grunde:

M. Rath, *Ethik der mediatisierten Welt*,
DOI 10.1007/978-3-658-05759-6_3, © Springer Fachmedien Wiesbaden 2014

Die Kantische Frage „Was ist der Mensch?" ist jedoch als Frage, was den Menschen von anderen Dingen der Welt unterscheidet, ihn gar auszeichnet, so alt wie die Philosophie selbst. An ihren abendländischen Anfängen, der ionischen Naturphilosophie, begann zugleich eine Abgrenzungsbewegung des selbstreflektierenden Geistes, der das Wesen des Menschen in einer Definition zu fassen versuchte. Diese Definition bestimmte, zumindest im nicht-religiösen Denken, den Menschen ambivalent, nämlich durch die Ähnlichkeit mit anderem Weltlichen und zugleich die nähere Bestimmung der Ungleichheit. Diese Selbstverständlichkeit des Ähnlichen, ein Lebewesen unter anderen zu sein, griechisch *zoon* oder lateinisch *animal*, wird durch die nähere Bestimmung des Unterschieds gebrochen. Was unterscheidet den Menschen als Lebewesen von anderen Lebewesen? Ist es seine Gesellschaftsfähigkeit als *zoon politikon*, seine Sprachfähigkeit als *zoon logon echon* oder sein Vernunft als *animal rationale*? Und bezeichnen diese Unterscheidungen eine Fähigkeit oder auch eine Bedürftigkeit?

Im 20. Jahrhundert fanden diese Definitionen ihre Erweiterung in der modernen Anthropologie, die den Menschen als „exzentrische Positionalität" (Plessner), also das Wesen, das zu sich in Distanz stehen kann, als „Aktsubstanz" (Scheler), als der Kern dessen, was eine Handlung ausmacht, oder durch einen offensichtlichen Mangel bestimmte, der sich in der Phylogenese zur Tugend mauserte: der Mensch als „physiologische Frühgeburt" und „sekundärer Nesthocker" (Portmann), als instinktreduziertes, als „Mängelwesen" (Gehlen). Die Selbstreferenz dieser Frage nach dem Menschen durch den Menschen macht ihre Antwort zu einer historisch relativen *Selbstdefinition*, der als einer selbstreflektierten Antwort ein besonderes Selbstverständnis des Menschen zugrunde liegt. Dieses Verständnis gilt es zu verstehen. Denn unabhängig davon, welche *inhaltliche* Bestimmung des Menschen wir präferieren, die philosophische Tradition stellt einen nicht nur für die Neuzeit paradigmatischer Begriff im Zusammenhang mit dem Selbstsein des Menschen bereit, die den Wesensbestimmungen klassischer Menschdefinitionen (*animal rationale, zoon logon echon, zoon politikon* etc.) zugrunde liegt: den Begriff der „Person". Für die Gegenwart ist allerdings ein eher sozialwissenschaftlicher Begriff in den Fokus der Reflexion gerückt, nicht zuletzt unter dem Aspekt der medialen Sozialisation, und dies ist der Begriff der „Identität" (vgl. Keupp und Höfer 1997; Greis 2001).

- Die Anthropologie des Medialen. Zur anthropologischen Selbstaufrüstung des animal symbolicum. In *Netzethik – Konzepte und Konkretionen einer Informationsethik für das Internet*, Hrsg. von Thomas Hausmanninger, und Rafael Capurro, 79–88. München: Fink 2002.

Fetz (1988) hat diesen Terminus „Identität" als Epochenbegriff der Gegenwart charakterisiert und gezeigt, das der klassische philosophische Personbegriff all jene Bestimmungstücke umgreift, die im sozialwissenschaftlichen Identitätsbegriff anklingen, nämlich die *subjektive, lebensweltliche, soziale* und eben *personale* Rückgebundenheit des Individuums an sich selbst und das reflexive Vermögen der Person, diese Rückgebundenheit für sich selbst in den Blick zu nehmen. Interessant ist dabei Fetz' Verweis auf die klassische Unterscheidung zwischen einer *generischen* und einer *numerische* Identität, d. h. die Zugehörigkeit des Individuums zu einer Gattungen (generisch) sowie die Identifizierbarkeit des Individuums als es selbst (numerisch) (vgl. Fetz 1988, S. 88–90). Beides, die generische Bestimmung des Menschen als Gattungswesen sowie die numerische Identifizierung eines Individuums als an diesem Raum-Zeit-Punkt mit einem Individuum an anderen Raum-Zeit-Punkten identisch, sind *notwendige* Bedingungen der Bestimmung des Individuums als Person und damit als Zielgröße für eine ethische, auch medienethische, Beurteilung. Sie sind jedoch nicht hinreichend. Beide Identitäten sind basal, d. h. sie gelten für alles, was als Einzelding auftritt, sie sind für ein Bild vom Menschen jedoch nicht konstitutiv. Für den Menschen kommt zusätzlich der Aspekt ins Spiel, sich *selbst* als identisch zu *identifizieren*. Diese „Selbstidentifizierung" (Fetz 1988, S. 90) spricht sich in der Fähigkeit aus, sich selbst mit „ich" anzusprechen. Erst mit dieser Fähigkeit ist das gegeben, was Fetz mit Habermas „natürliche Identität" (Fetz 1988, S. 90) nennt.

Wie aber könnte eine Anthropologie aussehen, die diese Selbstidentifizierung des Individuums als identische Person auffängt? Dazu möchte ich einen Gedanken von Manfred Frank (1988) aufgreifen, der, ausgehend von der These vom Verlust und Verschwinden des Subjekts, die anthropologischen Kategorien „Subjekt", „Person" und „Individuum" diskutiert. Vor allem der Ich-Bezeichnung des Individuums gilt seine Aufmerksamkeit. Angesichts der Veränderungen, denen ein Individuum trotz aller „lebensgeschichtlichen Kontinuität" (Frank 1988, S. 21) unterliegt, bedarf diese Ich-Bezeichnung der ständigen *Selbstauslegung* durch das Individuum. D. h., so Frank (1988, S. 22) wörtlich: „Es gibt keinen festen Kern, keine fixe Identität eines Individuums." Diese Feststellung führt somit nicht zu einer klassischen, inhaltlich fixierten generischen Wesensdefinition des Menschen, z. B. *animal rationale*, noch zu einer biographisch mit dem Abschluss der Identitätsentwicklung zur konventionellen oder autonomen Identität festgelegten Personnatur im Sinne von Fetz, sondern zu einer „Hermeneutik des Selbstverständnisses" (Frank 1988, S. 28), die auf jene andauernde, vom Ich-sagenden Individuum zu leistende *Selbstauslegung* verweist.

Damit ist eine anthropologische Konstante des Menschen benannt, die für die aktuellen Fragen nach dem „Wesen" des Menschen und den ethischen Leitlinien seines Handelns fruchtbar gemacht werden kann, nämlich die *hermeneutische Fähigkeit*, sich selbst und seine Welt zu verstehen und auszulegen. Diese Welt und wir in ihr sind uns nicht direkt, im Sinne einer Repräsentation von Wirklichkeit zugänglich, sondern nur als zu deutende *Symbole*. In dieser Hermeneutik wird die Welt allererst aufspannen, in der die Frage nach einer Ethik überhaupt sinnvoll ist. Diese anthropologische Konstante formuliert zu haben, kann Ernst Cassirer für sich in Anspruch nehmen.

3.1.1 Der Mensch als *animal symbolicum*

Ernst Cassirer suchte einen Zugang zum Menschen, der seine Besonderheit erfasst und zugleich den ganzen Reichtum menschlicher Welt- und Selbstgestaltung zulässt, ja erklärt. Der 1944 zunächst in englischer Sprache erschienene „Versuch über den Menschen" (Cassirer 1996) ist quasi ein Destillat seiner dreibändigen „Philosophie der symbolischen Formen", die Ernst Cassirer zwischen 1923 und 1929 in Deutschland veröffentlicht hat (vgl. Cassirer 1953, 1964, 1954). Doch es ist nicht nur ein Destillat im Sinne einer Komprimierung, es ist zugleich Destillat im Sinne einer Neubesinnung seiner bisherigen Position. Er selbst schreibt im Vorwort der englischen Ausgabe, dass hier „die alten Fragestellungen [...] aus einem anderen Blickwinkel und in einem neuen Licht" (Cassirer 1996, S. 9) betrachtet würden.

In seiner zwischen 1923 und 1929 erschienenen „Philosophie der symbolischen Formen" (Cassirer 1953, 1964, 1954) bricht Cassirer mit einer selbstverständlichen Voraussetzung der klassischen Erkenntnistheorie, die ein unveränderliches Sein des Seienden postuliert, das der menschlichen Erkenntnis prinzipiell zugänglich sei. Danach könnte die Welt unserem Erkenntnisvermögen wie einer *tabula rasa* als Abbild eingeprägt werden. Dem gegenüber hätten wir in der Neuzeit lernen müssen, dass das Erkennen der Welt prinzipiell vorgeprägt ist, und zwar nicht durch die zu erkennende Welt, sondern vielmehr durch uns selbst. Das heißt, der „naiven *Abbildtheorie* der Erkenntnis [ist, MR] der Boden entzogen" (Cassirer 1953, S. 5, Herv. im Orig.). Wir formen die Welt je schon vor, die Begriffe, Kategorien und Theorien des Menschen über sich und die Welt sind „selbstgeschaffene intellektuelle *Symbole*" (Cassirer 1953, S. 5, Herv. im Orig.).

Doch anders als Kant meinte, ist diese Vorprägung nicht intersubjektiv für jedes Individuum, sofern es ein „vernünftiges Wesen" ist, überzeitlich gleich, sondern diese Symbole unterliegen einem Wandel, einem Wandel, der als Ganzes die Kultur einer Zeit und einer Gesellschaft ausmacht. Die im und durch das Symbol geleistete Erfassung der Welt ist nicht eine „Gestaltung (...) *der* Welt", sondern eine „Gestaltung *zur* Welt" (Cassirer 1953, S. 11, Herv. im Orig.). Die Welt ist keine der „bloßen Eindrücke", sondern „des reinen geistigen *Ausdrucks*" (Cassirer 1953, S. 12, Herv. im Orig.) – mithin ein Produkt des Menschen.

Diese symbolische Hervorbringung von Welt ist jedoch nicht beliebig, sondern wird für die jeweilige Kulturstufe durch eine „Grundform des Geistes" (Cassirer 1953, S. 13) geprägt, die mit einem absoluten Anspruch auftritt. Diese Grundformen nennt Cassirer „symbolische Formen". Soweit die Grundstruktur seiner Kulturtheorie.

In seinem Werk *Versuch über den Menschen* wendet Cassirer seine „Philosophie der symbolischen Formen" ins Anthropologische und bestimmt die Symbolisierung von Welt als das eigentliche Charakteristikum des Menschen, als seine Bestimmung, ja sein Wesen. Programmatisch überschreibt er das kurze, aber zentrale zweite Kapitel des *Versuch über den Menschen* mit „Ein Schlüssel zum Wesen des Menschen: das Symbol" (Cassirer 1996, S. 47). Die symbolische Hervorbringung von Welt gilt auch für den Menschen selbst. Auch er, als Teil seiner eigenen Welt, produziert sein Selbstverständnis im Zuge der Selbstauslegung seiner symbolischen Präsentation.

Die grundsätzliche Symbolhaftigkeit, oder wie ich es weiterhin nennen werde, diese anthropologisch begründete *Medialität* des Menschen in seiner Selbst- und Welterfassung, drückt sich aus in einem sozial und kulturell vermittelten „Symbolsystem" (Cassirer 1996, S. 49).

Seinen Ausgang nimmt Cassirer dabei von der Beschreibung tierischer Realitätswahrnehmung bei Johannes von Uexküll. Hier soll diese Position des Biologen Uexküll etwas genauer in den Blick genommen werden. Denn für Cassirer scheint die Entscheidung, auf Uexküll zu rekurrieren, nicht nur inhaltlich, sondern auch formal-wissenschaftstheoretisch nahe zu liegen. Der Aufschwung der „Lebenswissenschaft" Biologie im 19., vor allem aber im beginnenden 20. Jahrhundert löst die Vorherrschaft der Formalwissenschaft Mathematik (und ihrer Fundamentalbedeutung für die Physik) ab und leitet zugleich eine Fokussierung auf den Lebensbegriff sowie die den Menschen zunächst und zumeist umgebende „Lebenswelt" ein, in der sich eine nicht formale, sondern „organische" Betrachtungsweise des Lebendigen durchsetzt. Der Funktionsbegriff der Biologie, der sich in von Uexkülls Theorie wiederfindet, ist eher geeignet, diese Ganzheit auch inhaltlich (Husserls wird das die „Füllen" der Lebenswelt nennen, vgl. Husserl 1992, S. 33) abzubilden als der formale Funktionsbegriff einer physikalisch-mathematischen Weltsicht. „Das biologische Denken gewinnt die Oberhand über das mathematische." (Cassirer 1996, S. 39; vgl. dazu Möckel 2012, v. a. 172 ff.).

Uexküll vertritt in seiner theoretischen Biologie eine phänomenalistische Philosophie, nach der es eben so viele Wirklichkeiten gebe wie Organismen. Jeder Organismus konstituiere durch seinen Wahrnehmungsapparat die ihm erscheinende Wirklichkeit. In seinem Hauptwerk von 1909 *Umwelt und Innenwelt der*

Tiere tritt Uexküll einer anthropozentrischen Bewertung tierischer Orientierung in der Welt entgegen. Nicht unsere menschliche Perspektive, die aus unseren eigenen Bedürfnissen folgt, kann Ausgangspunkt der Beurteilung tierischen Verhaltens sein, sondern das Verstehen der Lebens- und Verhaltensbedingungen des jeweiligen Tieres (vgl. Uexküll 1909, S. 6).

> Damit verschwindet alles, was für uns als selbstverständlich gilt: die ganze Natur, die Erde, der Himmel, die Sterne, ja alle Gegenstände, die uns umgeben, und es bleiben nur noch jene Einwirkungen als Weltfaktoren übrig, die dem Bauplan [des Tieres, M.R.] entsprechend auf das Tier einen Einfluß ausüben. Ihre Zahl, ihre Zusammengehörigkeit wird vom Bauplan bestimmt. Ist dieser Zusammenhang des Bauplanes mit den äußeren Faktoren sorgsam erforscht, so ründet sich um jedes Tier eine neue Welt, gänzlich verschieden von der unsrigen, seine *Umwelt*. (Uexküll 1909, S. 6, Herv. i. Orig.)

In der zweiten Auflage von *Umwelt und Innenwelt der Tiere* aus dem Jahre 1921 spezifiziert Uexküll seine Theorie vom „Reflex" (Uexküll 1909, S. 54 ff.). Aus einer reflexhaften „*Antwort* eines Teils des Tierkörpers auf eine Einwirkung der Außenwelt" (Uexküll 1909, S. 54, Herv. i. Orig.) wird ein „Funktionskreis" (Uexküll 1921, S. 44 ff.). Er versteht darunter ein „Schema [. . .], das die Beziehungen eines jeden Tieres zur Welt darstellt" (Uexküll 1921, S. 45). Um die epochale Entdeckung Uexkülls zu verstehen, die Cassirer ganz aktuell in seiner Symboltheorie aufgreift, ist es sinnvoll, die maßgebliche Passage bei Uexküll genauer zu lesen:

> Wie wir bereits wissen, bildet der Tierkörper den Mittelpunkt einer speziellen Umwelt dieses Tieres. Was uns als außenstehenden Beobachtern der Umwelt der Tiere am meisten auffällt, ist die Tatsache, daß sie nur von Dingen erfüllt ist, die diesem speziellen Tier allein angehören. In der Welt des Regenwurmes gibt es nur Regenwurmdinge, in der Welt der Libelle gibt es nur Libellendinge usw.
>
> Und zwar sind die Umweltdinge eines Tieres als solche durch eine doppelte Beziehung zum Tier charakterisiert. Einerseits entsenden sie spezielle Reize zu den Rezeptoren (Sinnesorganen) des Tieres, andererseits bieten sie spezielle Angriffsflächen seinen Effektoren (Wirkungsorganen).
>
> Die doppelte Beziehung, in der alle Tiere zu den Dingen ihrer Umwelt stehen, ermöglicht es uns, die Umwelt in zwei Teile zu zerlegen, in eine *Merkwelt*, die die Reize der Umweltdinge erfaßt, und in eine *Wirkungswelt*, die aus den Angriffsflächen der Effektoren besteht. (Uexküll 1921, S. 45, Herv. i. Orig.)

In der Innenwelt des Tieres vollzieht sich eine funktionale Reaktion des Tieres auf die Außenweltreize (vgl. Abb. 3.1), in Bezug auf die Registrierung der Reize in einem von Uexküll so genannten „Merknetz", das Realität artspezifisch erfasst, und in Bezug auf die Reaktion auf den Außenreiz in einem so genannten „Wirknetz", das artspezifisch reagiert. Mit anderen Worten: Jede Art nimmt eine ihr spezifische

Abb. 3.1 Schema des
Funktionskreises nach Uexküll
(1921, S. 45). (© Matthias Rath)

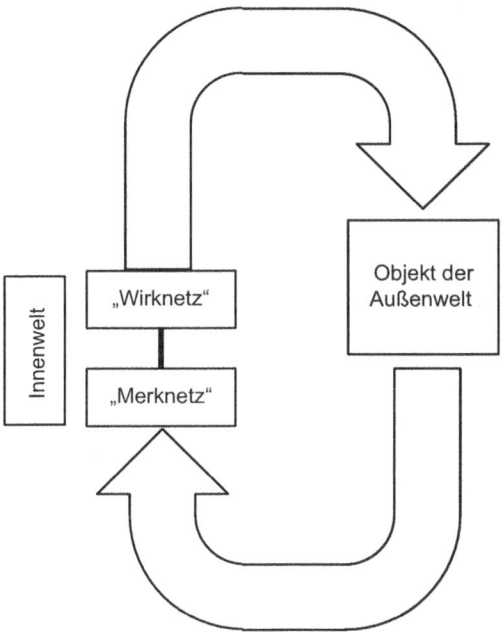

Welt wahr und reagiert auf diese wiederum auf eine eigene Weise. Was heißt das
für den Menschen?

Hier setzt Cassirer an. Er schließt aus der Tatsache, dass der Mensch, im
Gegensatz zum Tier, nur verzögert auf äußere Reize reagiert, dass zwischen das
„Merknetz" und das „Wirknetz" ein „Symbolnetz" oder „Symbolsystem" (Cassirer
1996, S. 49) träte. Diese Verzögerung resultiere aus der symbolischen und begrifflichen *Vermittlung* der Menschenwelt, die, und dies ist wichtig, um die
Historisierung der Kantischen Transzendentalphilosophie durch Cassirer zu verstehen, anders als bei Uexküll nicht dem Menschen als Gattung zukommt, sondern
als ein „Gespinst menschlicher Erfahrung" (Cassirer 1996, S. 50) zu verstehen sei.
„Der Mensch lebt nicht mehr [wie das Tier, M.R.] in einem bloß physikalischen,
sondern in einem symbolischen Universum" (Cassirer 1996, S. 50). Ja mehr noch,
selbst in der praktischen und theoretischen Auseinandersetzung mit Welt hat es
der Mensch statt mit den Dingen (was immer das auch sei) „ständig mit sich selbst
zu tun" (Cassirer 1996, S. 50). Er ist das Wesen, das sich seine Welt symbolisch
erschließt, ja dem die Welt nur und ausschließlich in Symbolen erscheint. Er ist das
animal symbolicum.

Die Leistung des *animal symbolicum*, das Ganze seiner Welt als eine je schon ge-deutete vorzustellen und in diesem Sinne sich die ganze Welt und sich selbst jeweils zu schaffen, läuft auf kulturell tradierte Beschreibungen dieser „Welten" hinaus, die von den Menschen im Zuge der Sozialisation gelernt werden. Diese Weltinter-pretationen sind es, die Cassirer mit dem Ausdruck „symbolische Formen" belegt und die einen grundlegenden Formcharakter, d. h. Interpretationsrahmen für die Mitglieder einer kulturell tradierten symbolischen Form bereitstellen.

Diese kulturbedingten, symbolischen Universen unterliegen einem historischen Wandel, daher nimmt sich Cassirer in seiner „Philosophie der symbolischen For-men" vor, die Entfaltung der symbolischen Systeme des Menschen historisch zu analysieren. Diese symbolischen Formen sind für Cassirer allerdings sehr wohl hierarchisch geordnet. Das Maß ist jedoch nicht mehr der Wahrheitsanspruch der symbolischen Form, Welt „realistisch" abzubilden, sondern, in Ermangelung einer symbolunabhängig zu erfassenden Realität, die Rationalität der jeweiligen Symbo-lisierung. Daher steht für Cassirer die symbolische Form der Wissenschaft in ihrem Rationalitätsgehalt über dem Mythos und der Religion.

Dieser Rückzug Cassirers auf eine formale Bestimmung ist auch der Grund, warum der Mensch mit der klassisch-anthropologischen Definition als *animal rationale* nicht hinreichend bestimmt ist. Ändert sich die Rationalität der Weltori-entierung je nach der symbolischen Form, die meine Weltinterpretation bestimmt, dann führt die rationalistische Wesensdefinition des Menschen als *animal rationa-le* zu einer metaphysischen Auszeichnung bestimmter Weltkonstrukte. Menschen, die nicht das rationalistische, wissenschaftlichen Weltbild als symbolisches Inter-pretament ihrer Welt zugrunde legen, sind unter dieser anthropologischen Vorgabe hingegen in einem defizitären Modus befangen, im, mit Heidegger gesprochen, Zu-stand der metaphysischen „Uneigentlichkeit". Cassirer hebt diese rationalistische Abwertung anderer Symbolwelten auf, in dem er den Menschen funktional als das Wesen charakterisiert, das sich die Welt symbolisch erschließt.

In gewisser Weise holt Cassirer mit seinem Konzept des *animal symbolicum* den Anspruch der Rationalität als Wesensmerkmal des Menschen anthropologisch gegen seine metaphysische Verabsolutierung ein. Man kann zwar mit Cassirer einen realen Rationalitätsunterschied in der Rückbindung an eine symbolische Form konstatieren. Diese Rationalität dient jedoch nicht mehr als metaphysi-sche Wesensdefinition des Menschen. Vielmehr ist aus der Symbolhaftigkeit aller Weltkonstitutionen eine grundlegende Rationalität des Menschen als symbolset-zenden und symbolverstehenden Wesens ableitbar. Cassirer hebt den statischen Rationalitätsbegriff Kants auf.

Die unterschiedliche Rationalität der symbolischen Formen und damit der in ihnen lebenden und sich orientierenden Menschen ist, ganz im Sinne Kants, nicht mehr an einer „eigentlichen" Wirklichkeit entfaltbar. Diese eigentliche, reale Welt ist das Kantische „Ding an sich", ein denknotwendiges Konstrukt, das wir als reales Gegenüber unserer „Synthesis des Mannigfaltigen der sinnlichen Anschauung" (AA III, 119)[2] annehmen müssen, das aber als Prüfstein dieser Synthesis nicht taugt, weil wir diese Synthesis, diese Verbindung des sinnlich Mannigfaltigen zu einem Begriff oder einer Anschauung, in der Sinnlichkeit nicht vorfinden, sondern selbst leisten. Kant betont,

> dass wir uns nichts, als im Object verbunden, vorstellen können, ohne es vorher selbst verbunden zu haben, und unter allen Vorstellungen die Verbindung die einzige ist, die nicht durch Objecte gegeben, sondern nur vom Subjecte selbst verrichtet werden kann, weil sie ein Actus seiner Selbstthätigkeit ist. (AA III, 107)

Diese Synthesis, d. h. die Verbindung mannigfaltiger Anschauung oder Begriffe zu einem Ganzen, ist also eine „Verstandestätigkeit" (AA III, 107), ein „Actus" des Subjekts. Dieser Akt kann an der Welt als Gesamt der Mannigfaltigkeiten nicht gemessen werden, weil die Erkenntnis dieses Ganzen eben selbst Ergebnis dieses Aktes ist. Insofern wird Welt im Weltbild des Menschen nicht rekonstruiert, sondern konstruiert. Mit anderen Worten, diese Welt ist eine Leistung des Subjekts, die, und hier geht Cassirer über Kant hinaus, kulturell unterschiedlich ausfällt und tradiert wird. Die Rationalität dieser Konstruktionen oder symbolischen Formen misst sich nicht an einer „eigentlichen" Welt, sondern muss sich an einem der Rationalität selbst innewohnenden Charakteristikum orientieren. Cassirer bietet hierfür den Grad der *Abstraktion* einer Form an. Am Beispiel des Verständnisses von Raum macht er dies sehr eingängig deutlich. Als am Vollzug gebundene Vorstellung ist sie „Handlungsraum" (Cassirer 1996, S. 76). In der wissenschaftlichen Weltsicht konstruiert der Mensch den Raum als *„symbolischen Raum"* (Cassirer 1996, S. 74, Herv. im Orig.), als „Idee des *abstrakten Raumes"* (Cassirer 1996, S. 74, Herv. im Orig.). Erst über diesen universellen und homogenen, von Handlungsobjekten im Raum freien Konstrukt des Raumes konnte der Mensch zum „Konzept einer einförmigen, systematischen *kosmischen* Ordnung gelangen" (Cassirer 1996, S. 77). Lässt die am Vollzug orientierte Vorstellung von Raum nur die *Präsentation* (Cassirer 1996, S. 78) von Objekten im Raum zu, so ist die Erkenntnis von Objekten über ihre reine Handhabung und „Vertrautheit" (Cassirer 1996, S. 78) hinaus, also über das hinaus, was Heidegger 1927 die „Zeugganzheit" (vgl. Heidegger 1979, S. 78) genannt hat, notwendig an die *Repräsentation* gebunden: „Die Reprä-

---

[2] Die Schriften Kants (2013) werden nach der *Akademie-Ausgabe* der Preußischen Akademie der Wissenschaften, Berlin, zitiert (AA Band, Seite), die auch online zur Verfügung steht.

sentation oder Wiedergabe eines Objekts ist etwas anderes als der bloße Umgang mit ihm" (Cassirer 1996, S. 78).

Allgemeine, an Erkenntnis orientierte Aussagen über Welt sind also notwendig gebunden an mehr oder weniger abstrakte Begriffe von den Objekten der Erkenntnis. Diese Erkenntnis ist aber immer „symbolische Erkenntnis" (Cassirer 1996, S. 92), und zwar in allen symbolischen Formen. Alle Symbole sind Symbole über ihre „Bedeutung" (Cassirer 1996, S. 92), welche immer abstrakt ist, nicht über ihre physikalische Existenz. Das Maß der Abstraktion, der Übergang von der „Sphäre des Seins" (Cassirer 1996, S. 92) zur „Sphäre der Bedeutung" (Cassirer 1996, S. 92), ist in unterschiedlichen symbolischen Formen je anders, aber nicht *grundsätzlich* anders.

Nehmen wir diesen Gedanken Cassirers ernst, dann ist *jede* Form der Reflexion über Welt symbolhaft und damit in gewisser Weise rational. Das heißt, dass zum einen jedes Weltkonstrukt – angefangen bei den großen symbolischen Formen Cassirers bis hin zu kulturdifferenzierenden Formen der Weltrepräsentation – Anspruch auf Anerkennung seiner Rationalität hat. Zum anderen ist jede Selbstvergewisserung dieser Welt symbolhaft. Die Symbolhaftigkeit der Sprache, des Textes, des Bildes mag im Grade der Abstraktion (und damit der Rationalität) variieren, ihre grundsätzliche Symbolhaftigkeit bleibt davon jedoch unberührt.

Ernst Cassirer war nach 1945, seinem Todesjahr, weitgehend in Vergessenheit geraten. Doch seine symboltheoretische Anthropologie hat gerade in der heutigen „medialitätsbewussten" (vgl. das folgende Kap. 3.2) Zeit wieder neue Bedeutung. Der Mensch hat keine „eigentliche", „unmittelbare" Sicht auf die Welt, seine Orientierung in der Welt ist immer schon eine mittelbare, vermittelte. Die grundsätzliche (anthropologische) „Medialität" menschlicher Welterfassung ist zugleich die jeweilige (epochale) Kennmarke einer spezifischen Kultur, in der Menschen leben. Das Symbol und die Medialität der Welt werden zum anthropologischen Datum, das sich zwar unter den Gegebenheiten der jeweiligen Kultur wandelt, aber als Faktum unhintergehbar ist (vgl. Rath 2001).

3.1.2   Ontische Selbstreferenz des *animal symbolicum*

Was heißt dies aber für die Bestimmung des Menschen in seinem Wesen? Wenn der Mensch als *animal symbolicum* bestimmt werden muss und kann, in wie weit kann dann diese Bestimmung selbst den Anspruch erheben, eben dieses Wesen zu bestimmen? Wenn der Mensch alles, seine gesamte Welt, nur in Symbolen vermittelt erfasst, welche Folgen hat dies für den Menschen selbst, sofern er sich, als Teil seiner Welt, selbst in den Blick nimmt?

Ist seine Selbstbestimmung nicht auch Ergebnis einer (Selbst-) Konstruktion des Menschen? Ist damit die Grenze zwischen einer primären, auf die Seinsweise des Menschen abhebenden, und einer sekundären, historisch-rezeptiven, Selbstdefinitionen in ihrer Genese rekonstruierenden Anthropologie aufgelöst? Welchen Erkenntniswert hat die Wesensbestimmung des Menschen als *animal symbolicum* noch?

Sie ist, eben dort, wo sie berechtigt ist, selbst ein Symbolbegriff, also Begriff als symbolische Konstruktion. Das heißt aber, die Bestimmung eines Wesens des Menschen verfällt generell unter das Diktum der *Selbstreferenz*. Als *animal symbolicum* ist jede Selbstdefinition des Menschen selbst symbolisches Konstrukt. Im Sinne einer „ontischen" (vgl. Heidegger 1979, S. 8–15) Bestimmung des Menschen ist diese Definition nur bedingt belastbar. Denn es bleibt damit nicht mehr über dieses *animal symbolicum* zu sagen, als das es, als Objekt seiner Reflexion, ebenfalls nur als mediales, d. h. symbolisch vermitteltes Objekt zu denken ist. Damit führt die oben formulierte These von der „anthropologisch begründeten *Medialität* der Welt" zur selbstreferenten These über den Menschen selbst, nämlich dass er, als was er auch immer zu definieren sei, immer nur als *mediales (d. h. im Medium der Symbole sich selbst und die Welt konstruierendes) Wesen* bestimmt werden kann: das *animal symbolicum* ist dann jenes Wesen, zu dessen Weise der Welterfassung es gehört, alles, was er erfasst, schon vor dem Hintergrund eines symbolisch vermittelten Weltverständnis deuten zu müssen. Dies ist nicht falsch, wie mancher Rekurs auf dieses Deutung des Menschen beweist, aber wenig originell.

3.1.3 Sozialwissenschaftliche Bestimmungen des Menschen

Was bedeutet dies für den inzwischen gängigen Rekurs auf Cassirers *animal symbolicum* in ontischer Deutung? Nun ist selbst bei oberflächlicher Betrachtung die Passung dieser Bestimmung des Menschen als *animal symbolicum* im Hinblick auf die mediale Realität der Gegenwart augenfällig. Aber ist es nicht genauso möglich und sinnvoll, andere Bestimmungen des Menschen, also Selbstdefinitionen, aufzugreifen, um von da aus die Frage nach dem Menschen in der medial verfassten Gegenwart zu stellen?

Vor allem zwei Vorstellungen vom Menschen bieten sich hierzu an, eine, die dem Warencharakter der Medien Rechnung trägt, die aus der Wirtschaftswissenschaft entlehnte Bestimmung des Menschen als *homo oeconomicus*, und eine, die die soziale Bedingt- und Vermittelheit medialer Angebote berücksichtigt, der Homunkulus der Sozialwissenschaften, der *homo sociologicus*.

Der *homo oeconomicus* ist ein Streitpunkt seit langem. Verschiedene Variationen dieses Menschenbildes können unterschieden werden (vgl. Kirchgässner 2000; Matthiessen 1995), ihnen gemeinsam ist die Orientierung am eigenen Interesse des *homo oeconomicus* und die Rationalität seiner Entscheidungen. „Rational" heißt in diesem Fall nur, dass er nicht dezisionistisch entscheidet, also willkürlich, ohne Gründe für das eigene Verhalten angeben zu können. Vor dem Hintergrund dieses Menschenbildes wird die mediale Nutzung zum Spielball der „gratifications", der subjektiven Vorteile, die aus der Mediennutzung resultieren. Diese Handlungen können, mit Kant gesprochen, zwar der Sittlichkeit entsprechen, sie sind aber selbst nicht sittlich, da die Zufälligkeit der individuellen Präferenzen eine Bedingung sittlichen Handelns nicht erfüllt, die Stetigkeit oder Kontinuität, die allererst aus der Prinzipiengeleitetheit der Handlungen resultieren.

Damit wird zugleich deutlich, wo der medienethisch problematische Punkt dieser anthropologischen Verortung des Menschen als medialem Wesen sitzt: in der allein aus der konkreten Handlung interpretierbaren Motivationsstruktur des Handelnden. Damit entschlägt sich eine solcherart argumentierende Medienethik der Differenzierung zwischen Gründen und Motiven, also der an Prinzipien orientierten, argumentativen Legitimation einer bestimmten Handlung und den letztlich nur unter psychologischen Gesichtspunkten versteh- und erklärbaren Neigungen des Individuums.

Eine darüber hinaus reichende Interpretation des *homo oeconomicus* muss dagegen von dieser handlungstheoretischen Betrachtungsweise ablassen und versuchen, den Menschen als Ganzen wieder zum moralischen Subjekt zu machen. Die Moralität des Subjekts liegt dann nicht mehr in der Handlung selbst, sondern in der *Anerkennung* des Subjekts als einem moralischen Subjekt. Ein Versuch, dies zu leisten, finden wir z. B. bei Birger P. Priddat (1998), der die Moralität des *homo oeconomicus* aus der Beurteilung der Handlungsfolgen in die Person des handelnden Subjekts zurück verlegt. Notwendig muss daher ein Ort aufgesucht werden, der in der Konstruktion des *homo oeconomicus* nicht vorgesehen ist, nämlich die Identität der handelnden Person. Solange diese ausgeblendet bleibt, ist jede ethische Diskussion von vorne herein unmöglich.

> Die Unterscheidung zwischen Handlung/Person ist hilfreich, um das Verhältnis von Moral und Ökonomie zu klären. Wenn wir von ‚rationalen Handlungen' reden, ist das Individuum zwar Träger der Handlung, ansonsten aber irrelevant, da die Rational-Choice-Theorie Selbstreferenz nicht thematisiert. Anerkennungsvorgänge können nur über die Bewertung von (erfolgreichen) rationalen Handlungen erfolgen. Wenn wir aber [...] die Person-Identität als konstitutives Moment der Moral nennen, wäre die Moral schlecht beraten, ihre identitätsstiftende Rolle abhängig zu

machen von den kontingenten Handlungserfolgen rational agierender ökonomischer Akteure. (Priddat 1998, S. 26)

Ein zweites Menschenbild bietet sich an, der *homo sociologicus*, der perfekt an das soziale System angepasste Homunkulus, der Institutionsverwirklicher, der nur aus der sozialen Anerkennung durch das soziale System definierbar ist. 1958 erstmals von Ralf Dahrendorf (1977) entfaltet, bezeichnet dieser Typus den Menschen, sofern er Träger einer oder mehrerer sozialen Rollen ist. Die gesellschaftlichen Rollenerwartungen werden unter den Bedingungen der Mediengesellschaft mehr und mehr medial vermittelt, so dass auch dieser Typus Relevanz erhalten könnte.

Dahrendorf betont, dass *homo sociologicus* einen bestimmten Aspekt des realen Menschen wiedergibt, nämlich den „Menschen im Angesicht der ärgerlichen Tatsache der Gesellschaft" (Dahrendorf 1977, S. 18). Dahrendorf betont die Ausschnitthaftigkeit dieser Typologie, wenn er zum Verhältnis von realem Menschen und realer Gesellschaft feststellt:

> Am Schnittpunkt des Einzelnen und der Gesellschaft steht *homo sociologicus*, der Mensch als Träger sozial vorgeformter Rollen. Der Einzelne *ist* seine sozialen Rollen, aber diese Rollen *sind* ihrerseits die ärgerliche Tatsache der Gesellschaft. (Dahrendorf 1977, S. 20)

Die Deutung des Menschen ausschließlich als Rollenträger, ja als Inbegriff dieser sozial vorgeprägten Rollen[3], bleibt für Dahrendorf ein „wissenschaftliche Konstruktion" (Dahrendorf 1977, S. 21). So wie der *homo oeconomicus* allein das rational (d. h. nicht dezisionistisch, subjektiv erfolgsorientiert) urteilende Subjekt thematisiert und zur Beurteilung allein die *instrumentelle* Sinnhaftigkeit der Handlung in Anschlag bringen kann, so kann der *homo sociologicus* nur allein auf die Rollenrealisierung durch das individuelle Handeln abheben und zur Beurteilung allein die *instrumentelle* Adäquatheit dieses Handelns in Anschlag bringen. In beiden Fällen wird die Dienlichkeit oder Tauglichkeit des Handelns gegenüber einem faktischen, vorgegebenen Zweck (subjektive Erfolgsvorstellung bzw. soziale Rollenerwartung) zum Maß der Handlungsbeurteilung. Die Zwecke selbst werden keinem argumentativen Legitimationsverfahren unterzogen, warum auch, geht es doch zunächst um die Beschreibung eines Modells vom Menschen (um genau zu sein: um die Be-

---

[3] Es ist besser, in diesem Zusammenhang nicht den Ausdruck „Träger" zu verwenden, den dieser könnte die Idee konnotieren, es gäbe im sozialwissenschaftlichen Menschentypus einen unter den Rollen liegenden Bestand rollenunabhängigen Seins, eine „eigentliche" (Heidegger) „Aktsubstanz" (Scheler), die als „Person an sich" *soziologisch* angesprochen werden könnte. Genau dies ist nicht der Fall. Der Mensch *ist* Rollengefüge und nichts mehr oder anderes.

schreibung eines Modells des Handelns des Menschen) auf dem Wege wirtschafts- bzw. sozialwissenschaftlicher Theoriebildung.

Für unsere Frage nach dem ethischen Sinn medialen Handelns und seine anthropologische Rückbindung an ein Menschenbild wird eine solche „praxeologische" (vgl. Rath 1990) oder handlungstheoretische Betrachtung relevant, weil in ihr die Handlungsformen zwar unter einem Effizienzgesichtspunkt betrachtet werden können, diese instrumentelle Beurteilung jedoch von einer eigenen, normativen Reflexion legitimiert werden muss. Den beiden Modellen des *homo oeconomicus* und des *homo sociologicus* fehlt die theoretische Kraft für den Sprung vom empirischen Handlungsmodell zum normativen Handlungsmodell.

3.1.4 Ontologische Deutung des *animal symbolicum*

Was können uns dann diese Modelle im Hinblick auf das *animal symbolicum* lehren? Sie können uns die Gefahren einer „Reifizierung" (Dahrendorf 1977, S. 105), also Verdinglichung dieser Modelle vor Augen führen, die Grenzen einzelwissenschaftlicher Menschenbilder und ihrer forschungsspezifischen Bedingungen (Mikos 2001) deutlich machen und uns helfen, die Beziehung zwischen einzelwissenschaftlichen Aussagen über den Menschen und philosophisch-anthropologische bzw. ethischen Aussagen über den Menschen zu klären.

Vor allem Dahrendorf hat die Gefahr der Reifizierung deutlich gesehen. Er warnt klar vor dem „Paradox des ganzen Menschen unserer Erfahrung und des rollenspielenden *homo sociologicus*" (Dahrendorf 1977, S. 53), der „weder lieben noch hassen, weder lachen noch weinen" könne, ein „blasser, halber, fremder, künstlicher Mensch" (Dahrendorf 1977, S. 82). Würden wir den Menschen mit diesen Typologien gleich setzen, so entginge uns die moralische, oder besser: sittliche Seite des Menschen, sowohl als empirisches Faktum wie auch als normativ zu fordernde Haltung. Einzelwissenschaftlichen Konstrukte, egal ob nun wirtschaftswissenschaftlicher, soziologischer, psychologischer („psychological man") oder andere Provenienz, bilden Typen nach dem Bilde ihrer empirischen Methodik, zum Zwecke der statistischen Prognostizierbarkeit. Und dies heißt nicht nach dem Bilde eines verantwortlichen und daher notwendig freien Individuums, das Subjekt seiner Handlungen und damit *moralisches* Subjekt sein kann.

Die Grenzen dieser Menschenbilder sind daher u. a. in eben dieser *Moralresistenz* zu suchen, die sie zumindest für die ethische Reflexion auf die anthropologischen Bedingungen menschlichen Handelns und Unterlassens blind machen. Dieses „Defizit" – das nur aus Sicht einer Ethik als Defizit aufscheint, die sich fälschlicherweise auf einzelwissenschaftliche Vorstellungen vom Menschen zum Behufe der ethischen Prinzipienreflexion verlässt – nimmt den Einzelwissenschaften nicht ihre Bedeutung, aber weist ihre ethischen und anthropologischen Grenzen auf. „Was wir in der soziologischen Theorie auf keinen Fall vom Menschen erfahren, ist seine moralische Qualität" (Dahrendorf 1977, S. 113). Das heißt nicht, dass gesellschaftlich als moralisch angesehenes Verhalten nicht Objekt einzelwissenschaftlicher Forschung und Theoriebildung sein kann (vgl. z. B. Kirchgässner 2000, S. 157–200). Aber die Reflexion auf die ethische Legitimation bestimmter handlungsleitender Gründe (nicht Motive) ist in und durch die Einzelwissenschaften nicht zu leisten.

Welche Beziehung kann dann zwischen diesen Modellen des Menschen und der anthropologischen Frage nach dem Menschen hergestellt werden? Vor allem einmal eine negative. Diese Modelle sind „zunächst und vor allem ein Mittel zum Zweck der Rationalisierung, Erklärung und Kontrolle eines Ausschnitts der Welt, in der wir leben" (Dahrendorf 1977, S. 71). Sie sind also, in unserer oben im Sinne Heideggers eingeführten Terminologie, *ontischer* Natur. Sie sind, wie die ontische Deutung des *animal symbolicum*, eine aus der Realität abgeleitete Typisierung, die in anthropologischer und ethischer Hinsicht als Zielgröße menschlichen Handelns und Seins keinen Beitrag leisten können. Ganz im Gegenteil,

> wenn diese Anthropologie sich auf soziologische, sozialpsychologische oder ethnologische Forschungen beruft, um sich als ‚wissenschaftlich' zu etablieren, dann liegt darin absichtliche oder ignorante methodische Täuschung. (Dahrendorf 1977, S. 115)

Für die Ethik zumindest ließe sich eine solche methodische Täuschung terminologisch fassen, nämlich als „naturalistischer Fehlschluss" (vgl. oben Kap. 2.2). Diese Modelle lehren uns also in Bezug auf das *animal symbolicum*, dass es wie die klassischen Homunkuli *homo oeconomicus* und *homo sociologicus* als anthropologische Basis, zumindest im Sinne einer ontischen Beschreibung des Menschen, nicht taugt.

Die Entwicklung der Selbsterkenntnis des Menschen von einem einheitlichen, metaphysischen Standpunkt aus hin zu einem aus verschiedenen positiven Einzelwissenschaften, zuletzt der Soziologie, Psychologie oder Biologie, gespeisten Bild vom Menschen verwirrt. Denn die Selbstdefinition des Menschen ist durch die Jahrtausende und unabhängig, wie diese Selbstdefinition konkret aussah, mehr als nur ein Beschreibungsmodell des Menschen von sich selbst. Jede Selbstdefinition des Menschen ist auch ein Entwurf, eine Vor-Bild, eine normative Bestimmung dessen, was den Menschen „eigentlich" ausmacht.

Eine letztlich willkürliche, der jeweiligen Leitdisziplin der menschlichen Welterklärung folgende Selbstdefinition des Menschen kommt, wie wir gesehen haben, mit sich in zweifacher Weise über Kreuz: Zum einen verfällt sie dem naturalistischen Fehlschluss, nach dem aus empirischen Sätzen keine normativen Sätze folgen können, d. h., die Bestimmung des menschlichen Hier und Jetzt reicht nicht aus, um eine Definition des Menschen zu formulieren, die zugleich Zielbestimmung des Menschen sein kann. Zum anderen wird der Mensch als Hypostasierung einer einzelwissenschaftlichen Perspektive eben diesem Hier und Jetzt nicht gerecht. Diese Erkenntnis war auch Ernst Cassirer nicht fremd. Er hat diese zweite Problematik im Auge, wenn er im Hinblick auf die anthropologischen Entwürfe des 19. und frühen 20. Jahrhunderts schreibt:

> Jeder Denker entwirft sein eigenes Bild von der Natur des Menschen. Alle diese Philosophen sind entschiedene Empiristen; sie wollen uns die Tatsachen und nichts als die Tatsachen zeigen. Doch ihre Deutung des empirischen Materials enthält von Anbeginn eine willkürliche Annahme – und diese Willkür tritt in dem Maße, wie die Theorie fortschreitet, wie sie ausgebaut und verfeinert wird, immer klarer zutage. Nietzsche proklamiert den Willen zur Macht, Freud stellt den Sexualtrieb in den Vordergrund, Marx hebt den ökonomischen Trieb auf den Thron. Jede Theorie wird zum Prokrustesbett, auf dem die empirischen Tatsachen so zugerichtet werden, dass sie in einen vorgefertigten Rahmen passen. (Cassirer 1996, S. 43 f.)

Wollen wir Cassirers *animal symbolicum* jedoch als anthropologische Basis der hermeneutischen Selbstauslegung (siehe oben Manfred Frank) des Menschen fruchtbar machen, so müssen wir diese Bestimmung als *ontologische* Aussage deuten, d. h. als Verständnis der diese mediale Seinsweise des Menschen konstituierenden *Medialität des Menschen*.

Mit anderen Worten, die *Medialität des Menschen* meint nicht nur eine momentane, an den medialen Möglichkeiten der Gegenwart orientierte Lebenspraxis des Menschen (*Medienpraxis*), noch eine aufgrund bestimmter grundsätzlicher Eigenschaften definierbare (generische und ontische) Wesensbestimmung des Menschen (*mediale Verfasstheit*), sondern, und für eine ethische Fragestellung von besonderem Interesse, eine Weise der Interpretation der Welt als und durch Symbole, was auch vor dem Menschen selbst als Objekt der Selbstreflexion nicht Halt macht. Die Cassirersche Definition des Menschen als *animal symbolicum* muss daher als *ontologische* Reflexion darauf verstanden werden, was diese Symbolvermitteltheit der Welt konstituiert, nämlich seine *Medialität*.

Die *Medialität* des Menschen, nicht verstanden als realen Umgang mit Medien, sondern als Selbstverständnis des Menschen als eines generell nur vermittelt Welt erfassenden Wesens, stellt die konkreten Medienangebote in doppelter Weise in einen ethischen Focus.

• Zum einen ist diese mediale Struktur der gegenwärtigen Welterfassung und Auseinandersetzung dem Menschen nicht „wesensfremd", sondern nur eine neue, andere Realisierung der Medialität des Menschen. Damit verbietet sich jeder bewahrpädagogische Impuls, der bestimmte Formen der Welterfassung und Auseinandersetzung als anthropologisch (und das heißt hier auch ontologisch) ausgezeichnet ausgibt. Es ist ein ontischer Unterschied, ob ich *face to face* kommuniziere oder via Medien. Ontologisch ist dieser Unterschied jedoch nur marginal. *Das animal symbolicum kommt nicht in einen neuen, anderen Kontext der Realitätsversicherung (und Realitätsverunsicherung via Virtualität), sondern rüstet medial auf.*

- Zum anderen ist die konkrete Gestalt der medial vermittelten Realität (und Virtualität) ethisch hoch relevant, da wir vor dem Hintergrund einer ontologischen Deutung des *animal symbolicum* keinen archimedischen Punkt eigentlicher Welterfassung mehr angeben können, von dem aus die medial vermittelte Realität als ontologisch „echt" oder „unecht" qualifiziert werden könnte. Das heißt nicht, dass es nicht möglich wäre, z. B. zwischen einer Autofahrt in einem Simulator und einer realen Fahrt auf einer Landstraße zu unterscheiden. Aber die Realität der „echten" Autofahrt ist uns als Ereignis nur in Form einer symbolisch vermittelten Deutung der Welt zugänglich.

Sofern also überhaupt eine anthropologische Deutung des Menschen Grundlage einer medienethische Reflexion auf das, was als „menschengerecht" (Arthur Rich) gelten kann, dienen soll, muss diese Deutung verstanden werden als ontologische (Selbst-) Interpretation des Menschen vor dem Hintergrund seiner *Medialität*. Ob diese Leistung das Konstrukt des *animal symbolicum* Ernst Cassirers leisten kann, bleibt solange unklar, als wir uns nicht des begrifflichen Stellenwerts dieser Formulierung versichert haben. Denn eine wissenschaftliche Auseinandersetzung mit dieser *Medialität* (ob einzelwissenschaftlich, philosophisch-anthropologisch oder ethisch) fordert zumindest eine Klärung dessen, was wir meinen, wenn wir von der medialen Verfasstheit des Menschen in der Gegenwart sprechen, was es also heißt, den Menschen als *homo medialis* zu begreifen.

Versuchen wir dazu kurz eine *begriffssystematische* Klärung dieser beiden gängigen Formulierungen *animal symbolicum* und *homo medialis*. Werfen wir einen Blick in die anthropologische Tradition, dann finden wir, über die bisher genannten hinaus, eine ganze Reihe von Selbstdefinitionen des Menschen (auch wenn nicht unbedingt alle Autoren sich immer darüber im Klaren waren, dass sie dabei über sich selbst als Menschen schrieben). Die möglichen Kandidaten unter den Selbstdefinitionen lassen sich auf zwei bzw. drei Bestimmungsformen zurückführen, die sich in der Anlage und Tragweite ihrer Aussage unterscheiden.

- Zunächst sind Bestimmung des Menschen im Hinblick darauf zu nennen, wo er sich grundlegend, d. h. *wesensmäßig* von anderen Lebewesen oder Seiendem überhaupt unterscheidet. In diese Klasse von Selbstbestimmungen gehören die klassischen Definitionen, von der wir die aristotelischen oben (vgl. Kap. 1) schon kennen gelernt haben, vor allem der Mensch als *zoon logon echon* und davon abgeleitet im lateinischen Mittelalter die Standardbestimmung *animal rationale*. Diese im eigentlichen Sinne *Definitionen* in der Form der klassischen aristotelischen Logik stellen zunächst das *genus proximum* voran, die nächsthöhere Gattung, der das zu definierende Objekt, hier der Mensch, zu subsumieren ist, und ergänzen diese allgemeine Bestimmung durch die *differentia specifica*, den artbestimmenden Unterschied zu anderem Seienden, dass dem selben *genus* angehören – hier *zoon* oder *animal*, also Lebewesen. Allerdings ist dabei jeweils aufzuweisen, dass die anderen Lebewesen nicht auch dieser Differenz fähig sind, also sprachlich oder gemeinschaftsbildend agieren. In der Tradition wurden viele solche Unterschiede zwischen Tier und Mensch, so genannte *Anthropina* (vgl. Landmann 1982, S. 124) benannt, häufig eher zufällig als belastbar. Die Vernunft hingegen, *logos* im Sinne von *ratio*, galt jeweils als allein menschlich. Diese Form der Definition grenzt also den Menschen gegen anderes ab, diese Definitionen bestimmen den Menschen also in gewisser Weise von außen, aus der distanzierten Perspektive des übergeordneten *genus*. Wir können dies die eigentlich definitorischen *wesensmäßigen* oder *ontischen Selbstbestimmungen* des Menschen nennen.

• Dann können wir Bestimmungen des Menschen anführen, die nicht so sehr das Wesen des Menschen in den Blick nehmen als Varianzen im Menschsein beschreiben. Diese Bestimmungen schauen quasi aus der Innenperspektive auf den Menschen und spezifizieren daher nicht gegen eine überordnete Gruppe, sondern zwischen den möglichen menschlichen Seinsweisen oder Handlungsformen. Dazu gehören Bestimmungen wie der Mensch als *homo ludens* (der spielende Mensch bei Johan Huizinga), *homo faber* (der schaffende, handwerkende Mensch bei Henri Bergson, John Dewey und Max Scheler, vgl. Irrgang 2010), moderner und z. T. auch ironisierend wie z. B. *homo academicus* (der universitäre Mensch bei Pierre Bourdieu). Wir können dies *optionale Selbstbestimmungen* des Menschen nennen, in denen Optionen menschlicher Seinsweisen und Praxen zur Sprache kommen. Diese Beschreibungen menschlicher Optionen bergen allerdings die Gefahr, den Menschen in seinen konkreten Seinsweisen und lebensweltlichen Verwirklichungen zu relativieren.

• Und schließlich eine Form der anthropologischen Selbstbeschreibung, die eine Perspektivierung darstellt, die zugleich eine Reduktion aus der Fülle der menschlichen Lebenspraxis und seinen Handlungs- und Entscheidungsmöglichkeiten darstellen. Vor allem in den Sozialwissenschaften Wirtschaftswissenschaft und Soziologie wird mit solchen idealtypischen Fokussierungen gearbeitet, die bekanntesten sind die eben diskutierten Bestimmungen *homo oeconomicus* (der ökonomische Mensch als Nutzenmaximierer bei Vilfredo Pareto) sowie *homo sociologicus* (der Gesellschaftsmensch als Rollenrealisierer bei Ralf Dahrendorf). Sie fokussieren den Menschen im Hinblick auf einen Aspekt und laufen damit Gefahr, ihn auf diesen Aspekt zu reduzieren bzw. ihn als Ganzes für nichts anderes als diese spezifische Perspektive zu halten. Wir können diese Beschreibungen als *reduktionistische Selbstbestimmungen* des Menschen bezeichnen.

Vor dem Hintergrund dieser Differenzierung lässt sich die Bestimmung des Menschen als *animal symbolicum* als eigentliche Definition, als wesensmäßige Selbstbestimmung des Menschen bezeichnen. Wie in den klassischen Wesensdefinitionen subsumiert Cassirer den Menschen zunächst unter sein *genus proximum*, ein Lebewesen zu sein, und spezifiziert es als eigene Art der Lebewesen, die sich durch die Verwendung von Symbolen auszeichnen. Der Ausdruck „Verwendung" darf uns aber nicht in die Irre führen, dem Menschen bleibe es freigestellt, ob er Symbole verwendet – wie auch *animal rationale* und *zoon logon echon* Vernunft und Sprache nicht als Option, sondern als wesensmäßige Bedingungen auffassen (darum unterscheidet Aristoteles genau zwischen *Sprache* und *Stimme*, vgl. Kap. 1.2), die den Menschen nicht nur auszeichnen, sondern auch festlegen. In gleicher Weise ist *animal symbolicum* zu verstehen (vgl. auch Kap. 1.3). Der Mensch ist symbolfähig, aber auch symbolgebunden. Vorsymbolische oder außersymbolische Realisierung von *ratio* wie auch Sprache ist nicht möglich.

Das hat Folgen für den *homo medialis*, denn diese Formulierung ist keineswegs, wie seine sprachliche Form nahe legt, eine optionale Bestimmung. Der Mensch hat die Option, ökonomisch zu entscheiden oder nicht, sich rollenkonform zu verhalten oder nicht, herzustellen, zu spielen und sogar zu lesen oder nicht (vgl. Huizing 1996), aber er hat keine Wahl, ob er medial in dem hier zugrunde gelegten Sinne agiert oder nicht. Ja mehr noch, sofern der Mensch agiert, agiert er symbolisch und daher – als Vermittlung auch gegenüber seiner selbst – medial. Das *animal symbolicum* ist dichotom zu nichtmenschlichem Leben zu denken, aber notwendig zum Menschen selbst. Dies gilt aber auch für seine Selbstbestimmung als *homo medialis*. Und zwar in grundlegender Weise: Weil symbolische und mediale Existenz dem Menschen insofern wesensmäßig zukommen, als wir uns nicht anders als symbolisch und medial vermittelt in den Blick nehmen können.

▶ Medialität ist ein notwendiges Konstrukt des Selbstverständnisses vom Menschen. Dies ist die anthropologische und zugleich selbstreferente Bestimmung des Menschen als kommunizierendes Wesen. Und dieses Konstrukt ist damit zugleich das anthropologische Argument für die

Mediatisierung als Metaprozess menschlicher Kommunikation, der zwar ahistorisch notwendig, aber immer nur historisch real wird.

Damit kommen wir zum nächsten Themenfeld, der Rekonstruktion der sozialwissenschaftlichen Mediatisierungs*these* als Zeichen einer epochalen Bewusstwerdung der Medialität und von daher der Auszeichnung der Medienethik als Epochenkategorie.

3.2   Epochale Perspektive: „gewusste" Mediatisierung

Bisher haben wir Medienethik systematisch verortet und an die Medialität als anthropologische Grundkategorie einer Medienethik gebunden. Im Folgenden soll über diese systematische Verortung jedoch hinausgegangen werden und die historische Prozessualität, die ich im Anschluss an Krotz als Mediatisierung gefasst habe, nochmals in den Blick genommen werden. Allerdings weniger im Sinne einer Historie medialer Praxis noch im Sinne einer Historie der Medienethik als Fach. Vielmehr geht es mir jetzt um diese Prozessualität als einen „gewussten" Metaprozess. Es geht mir im Folgenden darum, die epochalen Bedingungen dieser Wissensform Medienethik, oder wie Foucault (1990, S. 58) es nennt, dieser „diskursiven Formation", explizit zu machen, also die Medienethik von dieser Epochalität her zu bestimmen. Dazu ist es notwendig, die Epochalität der Philosophie selbst in den Blick zu nehmen und die Medienethik in dieser Weise als epochale Wissenschaft zu fassen.

3.2.1   Medienethik als Philosophie

Bisher wurde schon mehrfach darauf hingewiesen, dass Medienethik als eine philosophische Disziplin gedacht werden muss, die Erkenntnisse anderer Disziplinen nicht nur integriert, sondern selbst als eine konvergente Formation aus unterschiedlichen Disziplinen beschreibbar ist. Es wurde unter dem Eindruck des *Web 2.0* ein Modell von Medienethik entwickelt, dass Medienethik als konvergente Disziplin darstellt, die sich in praktischer Philosophie ebenso wie in den Kommunikations- und Medienwissenschaften kontextualisiert. Aus diesen beiden Domänen geht – bleibt man systematisch genau – eine Ethik der öffentlichen Kommunikation hervor, unter die dann eine Medienethik zu subsummieren wäre. Im Folgenden steht

Medienethik daher für eine philosophische Ethik der medialen Kommunikation generell.

Für eine philosophische Disziplin muss man sich klar machen, wie die Medienethik als Philosophie zu denken ist. Die Philosophie ist in ihren 2600 Jahren Geschichte gekennzeichnet durch den Anspruch auf innerweltliche Rationalität. Max Weber nannte in seinem 1917 gehaltenen und 1919 veröffentlichten Vortrag „Wissenschaft als Beruf" (Weber 1985b) diese Entscheidung zur okzidentalen Rationalität „Entzauberung der Welt". Wir sind gewohnt, diese Entzauberung mit einem gewissen Bedauern zu konstatieren. Doch Entzauberung meint vor allem, dass der Anspruch zurückgewiesen wird, man könne die Welt und die Gestaltung dieser Welt durch den Menschen rückbinden an eine *transzendente* Vermutung. Mit anderen Worten, der Anfang der Philosophie ist eine bewusste Entscheidung gegen eine Welterklärung, die denkerisch prinzipiell nicht überprüfbar ist. Welche ist das?

Es ist eine Welterklärung, die letztlich auf dem Anspruch fußt, man könne eine hinter oder jenseits der Welt liegende Wirklichkeit „schauen" und daraus Orientierung für das menschliche Leben ziehen. Philosophie hat von Anfang an diesen Anspruch aus erkenntnistheoretischen Gründen zurückgewiesen. 1883 nannte Friedrich Nietzsche (vgl. 1955) alle Denker, die versuchen, diesen Blick hinter die Welt zu tun, ironisierend als „Hinterweltler". Philosophie ist also seit ihren ersten Anfängen 600 vor Christus eine intellektuelle Bewegung gegen jedes Hinterweltlertum oder: – mit den Worten des Philosophiehistorikers Wilhelm Nestle gesprochen – für Philosophie war der Wandel *Vom Mythos zum Logos* (Nestle 1998) konstitutiv.

Philosophie und damit alle ihre Teildisziplinen erhebt den Anspruch, Welt und Handeln des Menschen rational zu erfassen. Dies geschieht erkenntnistheoretisch auf zwei unterschiedliche Weisen. Zumindest in der Tradition war man der Auffassung, dass die Welt, sofern sie *ist*, rekonstruierbar wäre. Philosophie wäre dann der Anspruch, diese Welt zu rekonstruieren und einen Erklärungs- und einen Verstehenszusammenhang von „der Welt" aufzuzeigen. Die Welt, sofern sie sein *soll*, ist naturgemäß nicht rekonstruierbar. Denn das *Re-* der Rekonstruktion verweist ja auf ein Sein, das vor der Rekonstruktion besteht. Kurz: zumindest für diese Welt des Sollens hat die Philosophie eine eigenständige Konstruktionsleistung zu erbringen. Denn die Rückführung von Sollensansprüchen auf Seinsaussagen ist, wie oben ausgeführt, seit David Hume als logischer Fehler entlarvt und von George Edward Moore als „naturalistischer Fehlschluss" methodisch diskreditiert.

Aus dem bisher Gesagten wird deutlich, dass die *epochale* Bestimmung der Medienethik nicht über ihren Wissenschaftscharakter zu laufen hat, sondern über das rekonstruierbare Bewusstsein von der medialen Konstruktion von „Welt", in die hinein Medienethik ihre Ansprüche formuliert – eben als eine Ethik der mediatisierten Welt. Denn Medienethik ist als Ethik in Bezug auf die Nutzung von Medien eine noch verhältnismäßig junge Disziplin. Im Vergleich zu klassischen angewandten Ethiken wie z. B. die Medizinethik, Wirtschafts- und Bioethik hat die Medienethik sich noch nicht breit als gesellschaftlich hoch relevante Expertise der philosophischen Ethik durchgesetzt.

Historisch lässt sich die philosophische Reflexion auf menschliche Praxis und speziell auf mediale Praxis – das haben wir in Kap. 1 gesehen – schon bis auf Platon zurückverfolgen. Als Beitrag zu einer epochalen Bestimmung der Medienethik soll im Folgenden der Blick daher nicht auf die kurze *medienethische* Geschichte, sondern auf die lange *philosophische* Vergangenheit gerichtet werden. Dabei zeigt sich, dass alle ethischen Systeme aus einem lebensweltlichen und für ihre Zeit typischen Begründungsdefizit resultieren.

- Die früheste, vorsokratische Ethik entstanden unter dem Eindruck interkultureller Irritation in den griechischen Kolonialstädten – eben der Gleichzeitigkeit unterschiedlicher mythischer und religiöser Welterklärungsmodelle, aus der die Philosophie als Bewegung von Mythos zum Logos entstanden ist.
- Die aristotelische Tugendethik kann als Reaktion auf das sich auflösende Bürgerethos der griechischen Póleïs verstanden werden.
- Die stoische Ethik postuliert die *Ataraxia* als Lebensideal in den Wirren der römischen Kaiserzeit.
- Spätmittelalterliche und in der Renaissance entwickelte Ethik-Konzepte halten einer religiösen Angstmoral den Wert der individuellen Lebensgestaltung entgegen und läuten damit die beginnende Aufklärung und Säkularisation ein.
- In der Neuzeit schließlich reagieren die Ethik-Entwürfen auf eine zunehmend empiristische Wissenschaft und
- moderne Ethik-Versuche verstehen sich explizit als Antwort auf naturwissenschaftlich-technologische oder ökonomische Dominanz.

Wie wäre dann heute eine Ethik, vor allem aber eine Medienethik, als Reaktion auf ein zeittypisches Begründungsdefizit zu bestimmen? Georg Wilhelm Friedrich Hegel hat in der Vorrede zu den *Grundlinien der Philosophie des Rechts* von 1820 den Horizont aufgerissen, vor dem so ein Unterfangen als sinnvoll angesehen werden kann: „Was das Individuum betrifft, so ist ohnehin jedes ein Sohn seiner Zeit, so ist auch die Philosophie ihre Zeit in Gedanken erfasst" (Hegel 1979, S. 26).

Hegel spricht hier allgemein von Philosophie, also auch von allen ihren Teildisziplinen. Auch Ethik hätte die Aufgabe, ihre Zeit in Gedanken zu erfassen. Nun haben wir aber festgestellt, dass im Hinblick auf eine Welt des Sollens keine Rekonstruktion des jeweiligen Zeitalters möglich ist. Wie kann Hegels Satz dann im

Hinblick auf Ethik verstanden werden? Die Zeit, die nach Hegel die Philosophie in Gedanken zu erfassen hat, ist nicht *quantitativ-temporär* zu verstehen, sondern *qualitativ-epochal*.

Die Philosophie hat also die Grundmerkmale oder die *Signatur* einer Epoche zu erfassen und sich bewusst zu machen. Denn, und auch das sagt Hegel an gleicher Stelle in den *Grundlinien der Philosophie des Rechts*, Philosophie ist eben nicht überzeitlich, sondern abhängig von der Epoche, in der sie gedacht wird. Die Erfassung ihrer Zeit ist keine außerepochale Leistung der Philosophie, sondern es ist das Bewusstmachen der eigenen Abhängigkeit. Es ist, mit Ludwig Wittgenstein gesprochen, die Bewusstwerdung des epochalen Fliegenglases, in dem wir alle sitzen.

Fassen wir zusammen:

• Medienethik ist eine Disziplin, die am Anspruch der Philosophie zu messen ist.
• Philosophie ist die bewusste Entscheidung zur Entzauberung der Welt. Medienethik als Ethik und damit als Philosophie steht damit unter dem Anspruch der prinzipiellen, rationalen Konstruktion menschlicher Handlungsorientierung. Sie ist eine Theorie von der Gesolltheit menschlicher Handlungen.
• Trotz dieses grundsätzlichen Anspruchs steht Medienethik wie Philosophie überhaupt unter den Bedingungen ihrer jeweiligen Epoche. Es ist daher Aufgabe der Philosophie, sich über diese Epoche Rechenschaft abzulegen. Das heißt, es ist Aufgabe der Philosophie und damit auch der Medienethik, sich der epochalen Bedingungen des eigenen Denkens bewusst zu werden.

Mit anderen Worten, wer Medienethik als epochales Phänomen bestimmen will, muss nicht nur von innen gegen die Wand des Fliegenglases schauen, sondern er muss diese Wand selbst in den Blick nehmen. Damit komme ich zu meinem zweiten Schritt.

3.2.2 Ethik der mediatisierten Welt

Die hier vertretene These ist, dass alle Bereiche des menschlichen Lebensvollzugs medial verfasst sind. Aber ist dies nicht nur eine von vielen möglichen sozialen Selbstdefinitionen? Die Liste der gesellschaftlichen Definitionen ist lang und es lassen sich verschiedene, z. T. auch philosophisch reflektierte Kategorisierungen unterscheiden:

- Historische Kategorisierungen (angefangen von Marx' Kapitalismuskritik über Jaspers' „Sattelzeit" bis hin zu Foucaults Ende der Epoche des Subjekts),
- ressourcenspezifische Kategorisierungen (wie Bronze- und Eisenzeit, aber auch „digitale", „Informations-" oder „Wissensgesellschaft")
- normative oder handlungsorientierende Kategorien (z. B. „Erlebnis-" oder „Risikogesellschaft")
- praxeologische Kategorisierungen (Industrialisierung, wissenschaftlich-technisches Zeitalter) und
- kommunikative Kategorien (wie „Massen-", „Öffentlichkeits-" und schließlich „Mediengesellschaft").

Alle diese Definitionen, darauf hat Gerhard Vowe (2010) hingewiesen, sind Ausdruck der Wahrnehmung eines bestimmten, die jeweilige Epoche prägenden Faktors, sie sind aber vor allem bis in die Moderne hinein post hoc Definitionen. Für unsere Gegenwart hingegen ist symptomatisch, dass wir solche Definitionen auf uns *selbst* beziehen – wir nehmen uns *gegenwärtig* selbst in den Blick und erfassen uns im knappen Schlagwort einer Selbstbeschreibung. Über die Sinnhaftigkeit solcher Selbstdefinitionen kann man trefflich streiten, sie alle zeichnen sich aber dadurch aus, dass der *Rahmen* unserer Selbstbetrachtung, also der Kontext, in dem solche Selbstdefinition auf ihre Plausibilität reflektiert wird, der mediale Diskurs ist. Was heißt das für uns heute?

Für uns ist klar, dass Medien unser gesamtes Handeln bestimmen. Allerdings ist diese Funktion der Medien als Weltvermittler und Weltbildgeneratoren, die unser Bild von Welt und Mensch gestalten und prägen, kein *gegenwärtiges Phänomen*, sondern die *gegenwärtige Erkenntnis* eines grundlegenden Phänomens – wir haben anfangs schon darauf hingewiesen: Friedrich Krotz (2001) hat diese Bedeutung medialer Konstruktion mit dem Terminus der „Mediatisierung" belegt. Mediatisierung ist für Krotz ein grundlegender – und wie wir jetzt sagen können, ein die Hominisation des Menschen begleitender – „Metaprozess sozialen und kulturellen Wandels" (Krotz 2007, S. 12). Krotz hebt damit die Frage nach der Medialität auf eine neue Ebene – von der Ebene der medialen *Realität* auf die Ebene der medialen *Rekonstruktion* von Welt (vgl. auch Kap. 1.2):

- Auf der *Realitätsebene* haben sich die Möglichkeiten der Medialität extrem vervielfältigt. Auch die klassische, für mediale Kommunikation lange Zeit konstitutive Trennung zwischen Sender und Empfänger, zwischen Produzent und Rezipient, löst sich auf. Quintessenz eines *„medialen Zeitalters"* ist jedoch nicht die Tatsache der Medialität als solche: Diese gab es immer. Alle Formen menschlicher Welterfassung waren von jeher medial.

- Auf der Ebene der *medialen Rekonstruktion von Welt* jedoch ist Medialität nicht ein Realisierungsfaktor, sondern eine *Reflexionskategorie*. Mit anderen Worten, es ist für unsere Epoche zentral, sich der grundsätzlichen Medialität des Menschen *bewusst* zu sein – und uns selbst medial zu konstruieren.

Medialität ist also allgegenwärtig, jede Epoche, jedes Zeitalter war in diesem Sinne „medial". Daher sind auch Definitionen wie Wissensgesellschaft oder Mediengesellschaft wenig aussagekräftig. Aus *philosophischer Sicht* jedoch wird unsere Gegenwart zum „*medialen Zeitalter*" erst durch die bewusste Zuwendung zu diesem Sachverhalt, zur „Erfassung unserer Zeit in Gedanken". Medialität umgibt uns so weit, dass keine Kommunikation als nicht medial gedacht werden kann. Insofern ist unser Zeitalter „medial", als es sich selbst als „mediatisierte Welt" rekonstruiert (vgl. auch Kap. 1.4). Und insofern muss sich jede Reflexion auf die Weise des Umgangs mit Welt dieser grundsätzlichen Medialität bewusst sein.

Das hat Folgen für die Medienethik. Als philosophische Disziplin geht es ihr um die reflexive Erfassung der Bedingungen menschlichen Handelns und die Reflexion auf die Plausibilität und Verallgemeinerbarkeit normativer Ansprüche an dieses Handeln. Wenn unser Handeln aber unter dem prinzipiellen Vorbehalt der Medialität steht, dann ist unser Tun immer auch darauf hin zu bedenken, dass es sich aktiv, produzierend, und passiv, rezipierend, in einem medialen Zusammenhang bewegt.

Das Neue des medialen Zeitalters ist also nicht die Abhängigkeit von Medien, womöglich nur von so genannten Neuen oder interaktiven Medien. Diese Abhängigkeit bestand immer schon, wenn auch jeweils unter anderen Realisierungsbedingungen. Das Neue des medialen Zeitalters ist das *Bewusstsein* von dieser medialen Abhängigkeit, von der Vermittlung unserer Welt an uns und untereinander durch Zeichensysteme, die jeweils zu kodieren und zu dekodieren sind. Alles was unser Handeln bestimmt, ist medial erzeugt und symbolisch vermittelt. Das stellt Medienethik aus der Peripherie angewandter Ethik ins Zentrum philosophischer Ethik unserer Zeit überhaupt. Mit anderen Worten:

▶   Alle Reflexion auf die Prinzipien einer Handlungsorientierung muss sich der Medialität als Grundmoment normativer Prinzipienformulierung bewusst sein. Alle Ethik ist demnach, sofern sie heutige Ethik ist, Ethik der mediatisierten Welt.

Die Folgen für eine aktuelle Bestimmung der Medienethik können hier nur noch kurz umrissen werden. Wir müssen in medienethischen Zusammenhängen die Beschränkung auf Journalismus, Unterhaltungsformate oder Medientechnologie aufgeben. Alle Bereiche persönlicher und sozialer Existenz sind prinzipiell Objekt medienethischer Reflexion. Denn alle Bereiche menschlichen Seins sind eingebunden in vermittelte Wertungen und Normansprüche, die nicht nur der eigenen Logik entsprechen, z. B. bei der Frage des Klimawandels und damit der Ökologie, sondern sie unterliegen immer auch *medialen Zyklen, journalistischen Karrieren* und *kommunikativen Prozessen.* Mein individuelles Handeln, z. B. in Bezug auf die Natur, ist geprägt von nicht-unmittelbaren Erfahrungen, von medial aufbereiteten, gestalteten und kommunikativ gefärbten Botschaften. Wir handeln immer schon mediatisiert, die Prinzipien unseres Sollens, unser Handlungsorientierung und Werturteile sind das Ergebnis medial-kommunikativer und medial-narrativer Prozesse. Wir sind – wie das Wilhelm Schapp 1953 genannt hat – „in Geschichten verstrickt" (Schapp 2012) und diese Verstricktheit macht das „weite Feld" aus, das eine aktuelle Medienethik noch zu vermessen hätte.

Literatur

Cassirer, Ernst. 1953. *Philosophie der symbolischen Formen: Teil 1: Die Sprache.* Darmstadt: Wissenschaftliche Buchgesellschaft.
Cassirer, Ernst. 1954. *Philosophie der symbolischen Formen: Teil 3: Phänomenologie der Erkenntnis.* 2. Aufl. Darmstadt: Wissenschaftliche Buchgesellschaft.
Cassirer, Ernst. 1964. *Philosophie der symbolischen Formen: Teil 2: Das mythische Denken.* 2. Aufl. Darmstadt: Wissenschaftliche Buchgesellschaft.
Cassirer, Ernst. 1996. *Versuch über den Menschen: Einführung in eine Philosophie der Kultur.* Hamburg: Meiner.
Dahrendorf, Ralf. 1977. *Homo Sociologicus: Ein Versuch zur Geschichte, Bedeutung und Kritik der Kategorie der sozialen Rolle.* 15. Aufl. Opladen: Westdeutscher Verlag.
Fetz, Reto Luzius. 1988. Personbegriff und Identitätstheorie. *Freiburger Zeitschrift für Philosophie und Theologie* 35 (1–2): 69–106.
Foucault, Michel. 1990. *Archäologie des Wissens.* Frankfurt a. M.: Suhrkamp.
Frank, Manfred 1988. Subjekt, Person, Individuum. In *Die Frage nach dem Subjekt,* Hrsg. von Manfred Frank, 7–28. Frankfurt a. M.: Suhrkamp.
Greis, Andreas. 2001. *Identität, Authentizität und Verantwortung: Die ethischen Herausforderungen der Kommunikation im Internet.* München: Kopäd.
Hegel, Georg Wilhelm Friedrich. 1979. *Werke.* Bd. 7. Frankfurt a. M.: Suhrkamp.
Heidegger, Martin. 1979. *Sein und Zeit.* 15. Aufl. Tübingen: Niemeyer.
Huizing, Klaas. 1996. *Homo legens: Vom Ursprung der Theologie im Lesen.* Berlin: de Gruyter.
Husserl, Edmund. 1992. Die Krisis der europäischen Wissenschaften und die transzendentale Phänomenologie. In *Cartesianische Meditationen, Krisis,* Hrgs. Edmund Husserl und Gesammelte Schriften. Bd. 8. Hamburg: Meiner.
Irrgang, Bernhard. 2010. *Homo Faber: Arbeit, technische Lebensform und menschlicher Leib.* Würzburg: Königshausen & Neumann.

Kant, Immanuel. 2013. *Akademie-Ausgabe der Schriften Immanuel Kants.* http://korpora. zim.uni-duisburg-essen.de/kant/. Zugegriffen: 20. März 2013.

Keupp, Heiner, und Renate Höfer, Hrsg. 1997. *Identitätsarbeit heute: Klassische und aktuelle Perspektiven der Identitätsforschung.* Frankfurt a. M.: Suhrkamp.

Kirchgässner, Gebhard. 2000. *Homo oeconomicus: Das ökonomische Modell individuellen Verhaltens und seine Anwendung in den Wirtschafts- und Sozialwissenschaften.* 2. Aufl. Tübingen: Mohr Siebeck.

Krotz, Friedrich. 2001. *Die Mediatisierung kommunikativen Handelns. Der Wandel von Alltag und sozialen Beziehungen, Kultur und Gesellschaft durch die Medien.* Opladen: Westdeutscher Verlag.

Krotz, Friedrich. 2007. *Mediatisierung. Fallstudien zum Wandel von Kommunikation.* Wiesbaden: VS Verlag für Sozialwissenschaften.

Landmann, Michael. 1982. *Philosophische Anthropologie. Menschliche Selbstdarstellung in Geschichte und Gegenwart.* 5. Aufl. Berlin: de Gruyter.

Matthiessen, Kai H. 1995. *Kritik des Menschenbildes in der Betriebswirtschaftslehre: Auf dem Weg zu einer sozioökonomischen Betriebswirtschaftslehre.* Bern: Haupt.

Mikos, Lothar. 2001. Das Verstehen des Anderen. Die Beziehung des Medienforschers zu seinem Gegenstand. *Medien praktisch* 26 (4): 31–34.

Möckel, Christiane. 2012. Das Formproblem in Kulturwissenschaft und Biologie: Ernst Cassirer über methodologische Analogien. In *Philosophie der Kultur – Kultur des Philosophierens. Ernst Cassirer im 20. und 21. Jahrhundert,* Hrsg. von Birgit Recki, 155–179. Hamburg: Meiner.

Nestle, Wilhelm. 1998. *Vom Mythos zum Logos: die Selbstentfaltung des griechischen Denkens von Homer bis auf die Sophistik und Sokrates.* Stuttgart: Kröner.

Nietzsche, Friedrich. 1955. Von den Hinterweltlern. In *Werke in drei Bänden.* Bd. 2, 297–300. München: Hanser.

Priddat, Birger P. 1998. Moral Based Rational Man: Über die implizite Moral des *homo oeconomicus.* In *Homo oeconomicus: Der Mensch der Zukunft?,* Hrsg. von Norbert Breiskorn und Johannes Wallacher, 1–31. Stuttgart: Kohlhammer.

Rath, Matthias. 1990. Wirtschaftsethik und Praxeologie. In *Moral als Kapital. Perspektiven des Dialogs zwischen Wirtschaft und Ethik,* Hrsg. von Michael Wörz, Paul Dingwerth, und Rainer Ohlschläger, 337–344. Stuttgart: Akademie der Diözese Rottenburg-Stuttgart.

Rath, Matthias. 2001. Das Symbol als anthropologisches Datum: Philosophische und medienkulturelle Überlegungen zum animal symbolicum. In *Symbol: Verstehen und Produktion in pädagogischen Kontexten,* Hrsg. von Jürgen Belgrad und Horst Niesyto, 34–45. Baltmannsweiler: Schneider Hohengehren.

Schapp, Wilhelm. 2012. *In Geschichten verstrickt. Zum Sein von Ding und Mensch.* 5. Aufl. Frankfurt a. M.: Klostermann.

Uexküll, Johannes von. 1909. *Umwelt und Innenwelt der Tiere.* Berlin: J. Springer. dx.doi.org/10.5962/bhl.title.1150. Zugegriffen: 27. Feb. 2014.

Uexküll, Johannes von. 1921. *Umwelt und Innenwelt der Tiere.* 2. verm. u. verb. Aufl. Berlin: J. Springer.

Vowe, Gerhard. 2010. Von der Massengesellschaft zur Mediengesellschaft: Antworten der Kommunikationswissenschaft auf die Frage: „Wie ist Gesellschaft möglich?". In *Wer die Vergangenheit kennt, hat eine Zukunft. Festschrift für Jürgen Wilke,* Hrsg. von Carsten Reinemann und Rudolf Stöber, 35–61. Köln: Halem.

Weber, Max. 1985a. Die „Objektivität" sozialwissenschaftlicher und sozialpolitischer Er-
kenntnis. In *Max Weber. Gesammelte Aufsätze zur Wissenschaftslehre*, Hrsg. von
Johannes Winckelmann, 146–214. Tübingen: Mohr.
Weber, Max. 1985b. Wissenschaft als Beruf. In *Max Weber. Gesammelte Aufsätze zur
Wissenschaftslehre*, Hrsg. von Johannes Winckelmann, 582–613. Tübingen: Mohr.

Zentrale Begriffe einer Ethik der mediatisierten Welt

4

An unseren Notationen ist zwar etwas willkürlich, aber *das* ist nicht willkürlich: Dass, *wenn* wir etwas willkürlich bestimmt haben, dann etwas anderes der Fall sein muss.
Ludwig Wittgenstein, *Tractatus logico-philosophicus*, 3.342

Im Folgenden[1] wollen wir einigen zentralen Begriffen nachgehen, die für das bisher hier vorgestellte Verständnis einer anthropologisch begründeten und *epochal gewussten* Medienethik von Bedeutung sind. Allgemein-ethische Grundbegriffe, wie z. B. der ebenfalls für ein Verständnis der Ethik als philosophische Disziplin heute aktuelle und zentrale Begriff der Verantwortung (vgl. hierzu Jonas 1984; Rath 1988c; Schleißheimer 2003) werden nicht thematisiert – nicht weil sie nicht interessant wären, sondern weil sie nicht medial spezifisch sind. Eine sozial verfasste mediatisierte Welt braucht definitiv mehr Begriffe als die hier vier thematisierten, aber sie braucht sie „nur" insofern sie eine *soziale* Welt ist. Für eine Orientierung des Menschen und sein Handeln in einer mediatisierten Welt sind diese Begriffe (ebenfalls) notwendig, aber nicht hinreichend.

---

[1] Diesem Kapitel liegen unter anderem folgende eigene Beiträge des Verfassers zu Grunde:

- Wahrhaftigkeit. In *Neues Handbuch philosophischer Grundbegriffe*. Bd. 3, Hrsg. von Armin Wildfeuer, und Petra Kolmer, 2389–2397. Freiburg, München: Alber 2011.
- Authentizität als Eigensein und Konstruktion – Überlegungen zur Wahrhaftigkeit in der computervermittelten Kommunikation. In *Echtheit, Wahrheit, Ehrlichkeit. Authentizität in der Online-Kommunikation*, Hrsg. von Martin Emmer, Alexander Filipović, Jan-Hinrik Schmidt, und Ingrid Stapf, 16–27. München: Juventa 2013.
- „Medienqualität" – medienethische Anmerkungen zu einer Chimäre. *Communicatio Socialis* 46 (3–4/2013): 297–305.
- Normativ-ethische Begründungsleistungen für die Kommunikations- und Medienwissenschaft – Beispiel „Medienkompetenz". *In Die Normativität in der Kommunikationswissenschaft*, Hrsg. von Matthias Karmasin, Matthias Rath, und Barbara Thomaß, 443–466. Wiesbaden: VS 2013.

M. Rath, *Ethik der mediatisierten Welt*,
DOI 10.1007/978-3-658-05759-6_4, © Springer Fachmedien Wiesbaden 2014

Vier Begriffe scheinen mir besonders interessant: *Authentizität, Medienqualität, Medienkompetenz* und *Wahrhaftigkeit.* Alle vier Begriffe zeichnet aus, dass sie in ihrem gängigen Verständnis zu einer Aporie führen: Sie sind entweder grundsätzlich der Erfahrung und Erkenntnis nicht zugänglich oder sie werden ohne ausreichende normative Grundlegung benutzt oder sie sind – anders als in der Tradition – eher als Kompetenzen an die Rezipient_innen zu binden denn als Eigenschaften an die medialen Angebote selbst. Inhaltlich stellen alle vier Begriffe spezifische Aspekte medialen Handelns in den Vordergrund, die für eine Ethik der mediatisierten Welt berücksichtigt werden müssen.

- *Authentizität* wie *Medienqualität* sind gängige normative Forderung an rezipierte Medialität, Authentizität in Bezug auf ein Kommunikationsangebot, Medienqualität in Bezug auf ein Medienprodukt. Diese Forderung lässt sich aber m. E. nicht widerspruchsfrei einlösen. Vielmehr stellt sich heraus, dass beide Begriffe missverstanden sind, wenn man sie als ethische Forderung am je anderen medialen Akteur (dem kommunikativen Gegenüber) oder am medialen Objekt der Rezeption festmacht. Authentizität wie Medienqualität sind Leistungen des *Rezipierenden.*
- Als Leistungen der Medienrezipient_innen führen Authentizität wie Medienqualität daher notwendig zur Frage nach der Kompetenz der medial Agierenden. Obwohl der Begriff der *Medienkompetenz* häufig zunächst als ein pädagogischer Begriff verstanden wird, hat er vorpädagogische normative Implikationen, die ethisch einzuholen sind.
- Zum Schluss schließlich wird der normative Grundbegriff menschlicher Kommunikation schlechthin thematisiert, *Wahrhaftigkeit,* und auf den Aspekt der Medialität hin fokussiert.

4.1   Authentizität

Dies über alles: Sei dir selber treu,
Und daraus folgt, so wie die Nacht dem Tage,
Du kannst nicht falsch sein gegen irgendwen.
Hamlet, 1. Aufzug, 3. Szene, *Polonius* zu *Laertes*

Mit diesem bekannten Ratschlag des *Polonius* an seinen Sohn *Laertes* aus Shakespeares *Hamlet* beginnt Paddy Scannell (2001) seinen Beitrag zu *Authenticity and Experience.* Scannell begegnet in diesem Text dem Einwand, Fernsehangebote wären grundsätzlich „notoriously inauthetic" (Scannell 2001, S. 406), mit einer

Diskussion der grundsätzlichen Theatralität medialer und nicht medialer Inszenierungen, deren Authentizität-Defizit nur verständlich sei, wenn man Authentizität als Begriff „older notions of the ‚real and genuine'" (Scannell 2001, S. 410) verstünde. Dem setzt Scannell einen Begriff von „authentic experience" entgegen, der eben immer dem Subjekt zukäme, unabhängig von der Theatralität, Inszeniertheit oder, wie wir vielleicht zuspitzen können, intentionalen Falschheit medialer Angebote. Die Erfahrung ist authentisch, weil sie *my* experience" (Scannell 2001, S. 409) ist.

> The authentic now does not regress to a subject. It is no longer a subjective thing. It has become sociable. The world, through television, becomes available for anyone for experience, yet each encounters it as an aspect of their own life and experience. (Scannell 2001, S. 410)

Diese geschickte Wendung, der *older notion* von Authentizität eine Subjektivität eigener Erfahrung entgegenzuhalten, die diese, unabhängig von der jeweiligen Echtheit, Wahrheit, Wahrhaftigkeit oder Richtigkeit medialer Angebote, als authentisch ausweist, umgeht jedoch das ethische Problem in der Frage nach der Authentizität von Kommunikation. Sie umgeht das Problem, weil sie zwei wichtige Aspekte eines Urteils über die Authentizität von medialer Realität hinaus definiert, die *Intention* des Kommunikators ebenso wie die *Realitätsadäquatheit* der Botschaft im Prozess der, bei Scannell massenmedialen, Kommunikation. Authentizität wird zu einer Erlebniskategorie, die als Basis sozialer Kommunikation der Rezipienten über diese „authentische Erfahrung" dient. Zwar bedarf „authentische Erfahrung" eines äußeren Anlasses, bei Scannell des medialen „*events*", aber sie genügt sich dann selbst. Der Anlass wird zum medialen *Ding an sich*, das wir denken, aber nicht erkennen müssen, weder epistemologisch in Bezug auf sein Sein, noch ethisch in Bezug auf sein Sollen.

Shakespears *Polonius* als Ratgeber des *Laertes* mag da nicht wirklich passen. Rät er dem Sohne vor dessen langer Reise nach Frankreich doch explizit, als Kommunikator „er selbst" zu bleiben, weil daraus dann eine moralische Qualität erwachse, nämlich „nicht falsch" gegen *irgendwen*, den potentielle Rezipienten zu sein. Das Problem, das Scannell zu lösen versucht, ist jedoch weniger das des potentiellen Kommunikators *Laertes* als das des potentiellen Rezipienten *irgendwen*. Die Frage, wie der Rezipient mit der ungeklärten Authentizität des (massen-)medialen Angebots umgehen könnte, beantwortet Scannell mit der phänomenologisch korrekten, aber ethisch irrelevanten Feststellung, dass zumindest unser Bewusstseinsinhalt, also unsere Erfahrung als innerpsychisches Phänomen, authentisch sei. Insofern zeigt die soziale Subjektivierung von Authentizität bei Scannell, wie schwierig es ist, dem grundsätzlichen Vertrauensvorschuss ethisch Herr zu werden, den uns jede Kommunikation – die individuelle mehr noch als die massenmediale – abverlangt.[2] Dieses Vertrauen setzt erfahrungsunabhängig jeder Kommunikation *nolens volens* bestimmte Geltungsansprüche voraus, die Jürgen Habermas (1981, Bd. 1, S. 439) in seiner *Theorie des kommunikativen Handelns* in die drei Kategorien (propositionelle) *Wahrheit*, (normative) *Richtigkeit* und (subjektive) *Wahrhaftigkeit* differenziert. Als vierte Kategorie nennt er noch die *Verständlichkeit* als universalen Sinnanspruch, den ich aber hier im Folgenden außen vor lassen möchte. Wenn wir Authentizität in den Blick nehmen wollen, ist hierbei *Wahrhaftigkeit* die maßgebliche Kategorie der Habermasschen Geltungsansprüche. Habermas selbst stellt diese Verbindung her, wenn auch eher indirekt, indem er feststellt, dass im Falle der Selbsttäuschung der sich wahrhaftig ausdrückende Handelnde eben zugleich nicht-authentisch sein könnte (vgl. Habermas 1981, Bd. 1, S. 139).

Im Folgenden möchte ich in drei Punkten den Grundbegriff Authentizität angehen: Zunächst werde ich drei mögliche und gängige Bedeutungen der Authentizität kurz beleuchten, *Wahrheit, Eigentlichkeit* und *Wahrhaftigkeit*. Im zweiten Teil werde ich der gängigen These nachgehen, Authentizität wäre etwas, was wir als ethisch zu fordernde Leistung dem Kommunikator[3] abzuverlangen hätten – „Sei authentisch bzw. wahrhaftig!" Hier wird ein ethisches Problem deutlich, das aber in Kommunikationsprozessen generell (auch nicht technisch vermittelten) vorliegt. Es lässt sich – das ist meine These – nur *ex negativo* einlösen, d. h. in Formen der Kommunikationsverweigerung. Zwei Formen werde ich kurz anreißen. Abschließend schließlich möchte ich vorschlagen, eine andere Deutung der Authentizität zu erwägen. Dabei werde ich eine interessante medientheoretische Abhandlung Immanuel Kants ins Gedächtnis rufen.

---

[2] Beispielhaft lässt sich das am *Youtube*-Skandal *Lonelygirl15* nachvollziehen. Von 2006 bis 2008 erzeugte ein erfundener *Youtube*-Videoblog den Eindruck der medialen Teilnahme am Leben des 16jährigen Teenagers *Bree*. Zuletzt stellte sich dieser Blog aber als Marketing-Instrument heraus. Zweifelsohne hatten alle User der Clips von *Lonelygirl15* ein authentisches Erlebnis, aber die quasi-individualisierte Nähe unterstellte zugleich Authentizität der Protagonistin. Die Enttäuschung, das „Bedürfnis nach einer als echt empfundenen Seherfahrung" (Näser 2008) verfehlt zu haben, verweist eben doch auf eine moralische Erwartung an das Gegenüber, die mit dem Vertrauen auf seine Authentizität einher geht.

[3] Im Folgenden werde ich der Einfachheit halber die Unterscheidung zwischen einem Kommunikator und einem Rezipienten aufrechterhalten. Allerdings ist dies ein sehr vereinfachtes Modell.

4.1.1 Wahrheit, Eigentlichkeit, Wahrhaftigkeit

Die von Scannell so genannten *older notions* weisen *Authentizität* dem Objekt der Betrachtung zu, hier dem Kommunikator oder dem massenmedialen Medienangebot. Dies geht aber an der Sache vorbei. Einen ersten Zugang dazu gibt uns die Sprache.

Der Begriff kommt aus dem Griechischen *authentēs*, der Urheber, aber auch Gewalthaber, und griechisch *authentía*, die Selbstherrschaft. Über das Lateinische wird *authenticus* und *auctoritas* im 18. Jahrhundert zur Bezeichnung für die Feststellung der wirklichen Urheberschaft, z. B. einer Urkunde. Das Authentische einer Urkunde ist demnach nicht die Urkunde selbst, ist keine Eigenschaft des Gegenstands, sondern meint die *Wahrheit* einer *Zuschreibung*, z. B. in der Kopfzeile einer Handschrift die so genannte *Intitulatio*, die Auskunft des Ausstellers über sich selbst und seine Stellung gibt.

Authentizität ist demnach eine Aussage *über* eine Zuschreibung, also eine *Zuschreibung zweiter Ordnung*. Diese Zuschreibung beschreibt nicht ein Objekt, sondern charakterisiert den Zusammenhang zwischen dem Gegenstand und seiner Bewertung. Dieser Zusammenhang wird als Sachverhalt ausgegeben, mit anderen Worten, wir charakterisieren diesen Zusammenhang als *wahr*.

Authentizität hebt also auf eine Polarität ab: Sie bezieht sich nicht auf das So-Sein einer medialen Aussage und auch nicht auf den Wortlaut, den semantischen Sinn dieser medialen Aussage, sondern auf ein Dazwischen: auf die Bedeutung oder den Verweis eines medialen Gegenstands auf das, was er meint, was er bedeutet. Authentizität ist, mit Funk und Krämer (2011, S. 9) gesprochen, eine „black box", die ein diskursives Dazwischen nahelege, „zwischen Essenz und Performanz" (Funk und Krämer 2011, S. 10), „zwischen Wirklichkeit und Fiktion/Repräsentation" (Funk und Krämer 2011, S. 11).[4]

Fragen wir nach Authentizität im ethischen Sinne, dann ist nicht ein Sachverhalt, sondern eine Praxis thematisiert. Hier kommt Authentizität in den Bedeutungen von *Eigentlichkeit* und *Wahrhaftigkeit* zum Tragen. Sie qualifizieren eine Praxis als Lebensvollzug und Handlungszusammenhang.

---

[4] Für die Frage nach Bildauthentizität ist dieser Aspekt reicht diskutiert (vgl. Roselstorfer 2009). Bilder, v. a. journalistische Bilder, gelten als konventionell authentisch, d. h. es gibt einige Professionalitätskriterien, die für die Produktion eines Pressefotos als Authentizitätsindex dienen (vgl. Grittmann 2003) und sich daher für die professionalitätsethische Untersuchung eignen (vgl. Pannier und Pannier 2012). Überhaupt scheint Authentizität in professionalitätsethischen Kontexten eine besondere Faszination auszuüben, bis hin zum Versuch, einen Test als „Gewissensspiegel" zu entwerfen, der dem einzelnen Medienakteur helfen soll, seine Authentizität zu wahren (vgl. Baker und Martinson 2001).

Dem Verständnis von Authentizität als *Eigentlichkeit* liegt der Gedanke zugrunde, sich im Vollzug seiner selbst zu verwirklichen. Als läge dem eigenen Sein ein Wesen, eine Seinsmöglichkeit zugrunde, die noch zu aktualisieren, zu realisieren wäre. Gegenbegriff wäre hier die Uneigentlichkeit, das Verfallensein an das „Man", wie Martin Heidegger (1979) schreibt. Diese bezieht sich natürlich nur auf den Kommunikator, dieser zeigt sich in der medialen Selbstdarstellung als eigentlich, abgehoben von einem nur Üblichen oder Gängigen.[5]

Wenden wir uns nun einer anderen Deutung von Authentizität zu, nämlich Wahrhaftigkeit. Dieser Begriff wird in einem späteren Kapitel noch ausführlich besprochen (vgl. dazu Kap. 4.4), daher hier nur eine kurze Überlegung: Authentizität, verstanden als *Wahrhaftigkeit* ist nicht, wie Wahrheit, ein ontologischer bzw. semantischer Sachverhalt. Wahrhaftigkeit bezeichnet vielmehr eine Handlungspräferenz, d. h. die Praxis eines Menschen. Erst in einem mittelbaren Sinne kann man von einem Sachverhalt sprechen: Die vollzogene Praxis, vorsätzlich zumindest keine unwahren Aussagen zu machen, kann als moralische Qualifizierung einem Menschen als Eigenschaft zugewiesen werden. Wahrhaftigkeit meint dann die Haltung, Wahrheit aussagen zu wollen. Sie bezeichnet die (erschlossene, aus der Praxis verallgemeinerte) Intention und Neigung, vorsätzlich zumindest keine unwahren Aussagen zu machen. Damit entspricht Wahrhaftigkeit dem, was Aristoteles als „Tugend" bezeichnet, und gehört zu den Haltungen, die durch Gewohnheit und Übung erworben werden und eine Verhaltensbereitschaft meinen.

Aus dem für Wahrhaftigkeit Gesagten folgt jedoch, dass uns die ethische Kategorie der Wahrhaftigkeit vor ein Beurteilungsproblem stellt. Denn Wahrhaftigkeit ist eine subjektive Geneigtheit, die sich zwar *idealiter* in wahren Sätzen verwirklicht, jedoch nicht mit der Wahrheit der Sätze identisch ist. Ja, es sind Konstruktionen denkbar, bei denen die Kategorien Wahrheit, Falschheit und Lüge im Widerspruch zur Wahrhaftigkeit stehen. Daraus folgt, dass die Wahrheit eines Satzes irrelevant ist für die Wahrhaftigkeit eines Sprechers.

Die Besonderheit der *Authentizität* als Wahrhaftigkeit ist der Selbstbezug der unterstellten oder beanspruchten Wahrhaftigkeit. Authentizität ist eine besonde-

---

[5] Es lassen sich auch andere Autoren benennen, so z. B. Theodor W. Adorno, der vor allem im Rahmen seiner Musiksoziologie von einer eigentlichen, authentischen Musikkunst spricht, die den gesellschaftlichen Zwängen eine eigentliche, „wahre" Kunst gegenüber stellt. Gegenbegriff wäre die *Entfremdung* (vgl. Hardt 1993). Auch hier steht eine Praxis im Mittelpunkt, zunächst natürlich die Praxis der Musik selbst (daraus erklärt sich Adornos Ablehnung der Musikaufzeichnung) und die Praxis des Musikhörens, das, je nach Reflexion des Hörers, unterschiedlich „authentisch" sein kann (vgl. Rath 1988a). Diese Bedeutung des Authentischen als angemessene Repräsentation im Medium und die angemessene Form der Rezeption dieses Mediums (vgl. Amrein 2009; Wortmann 2003) wird uns später noch beschäftigen.

re Form der Wahrhaftigkeit, da sie sich nicht auf den Inhalts der Aussage eines Kommunikators bezieht, sondern auf seinen Selbstbezug, auf die beanspruchte Urheberschaft bzw. die Behauptung einer bestimmten Identität als Urheber. Authentisch ist ein Kommunikator dann, wenn er wahrhaftig über sich als Urheber seiner Kommunikationsangebote Auskunft gibt.

Erst in diesem Kontext bekommt die von *Polonius* formulierte These kommunikationstheoretisch einen Sinn: Der sich selbst treue Kommunikator ist im Prozess der Kommunikation gegen niemanden falsch – zumindest nicht über sich als Urheber seines Kommunikationsangebots und seine Identität. Damit ist freilich noch nichts über die Wahrhaftigkeit des Kommunikators in Bezug auf die von ihm kommunizierten Inhalte gesagt. Aber das ist eine andere Frage (vgl. Kap. 4.4).

4.1.2 Authentizität als Tugend des Kommunikators

Welche Möglichkeiten haben wir, uns dieser Form der Authentizität als Wahrhaftigkeit zu versichern? Habermas (1995, S. 139) betont, dass Wahrhaftigkeit im Gegensatz zu Wahrheit und Richtigkeit ein „Versprechen" sei, das wir nur in „Handlungszusammenhängen" als gültig erfahren können – in von ihm so genannten „Interaktionserfahrungen". Wahrhaftigkeit als Postulat einer jeden Kommunikationssituation (vgl. Habermas 1995, S. 179) gehört damit zu den Gewissheiten der Kommunikation, die wir aber erst aus dem Erlebnis mit „wahrhaftigen" Kommunikationspartnern ziehen.

Das heißt aber auch, dass wir in diesen Interaktionssituationen aus der Kommunikation selbst keine Sicherheit über die Wahrhaftigkeit der Kommunikatoren ziehen können – weder im Hinblick auf die von ihnen kommunizierten Inhalte noch in Bezug auf ihre Identität. Wir sind auf Indikatoren angewiesen, die es uns erlauben, den anderen in beiderlei Hinsicht als wahrhaftig einzuschätzen. Solche Indikatoren sind – einmal abgesehen von der post hoc Erfahrung gelungener oder misslungener Kommunikation – z. B. nonverbale, körpersprachliche Hinweise, Veränderungen in Mimik und Sprachduktus, aber auch die Zeugenschaft anderer, die uns der Wahrhaftigkeit eines Sprechers versichern, und formale Insignien wie hierarchischer Rang, sozialer Status bzw. soziale Stellung. Doch immer bleiben diese Hinweise Krücken – Hilfskonstruktionen oder Verschiebungen des Problems. Denn die Wahrhaftigkeit des Kommunikators wird beschieden von unsicheren, selbst wieder der Interpretation bedürftigen Zeichen und Zeugnissen.

Dies zeigt einen interessanten Aspekt in Bezug auf die mediale Kommunikation: In der vermeintlich sichereren face-to-face-Kommunikation ist es keineswegs leichter, Wahrhaftigkeit und Authentizität festzustellen. Uns stehen zwar Zeichen und Hinweise im wahrsten Sinne „direkt vor Augen", aber sie sind in keiner Weise sicher. Mit anderen Worten: Mediale Kommunikation ist der direkten Kommunikation nicht unterlegen, sondern sie sind beide gleich unsicher. Damit aber fällt eine Vorannahme in Bezug auf mediale Kommunikation weg, die vermeintlich selbstverständlich das medienethische Grundproblem der Medialität ausmacht: Der medialen Kommunikation fehle es an „Authentizitätsgaranten" (vgl. Greis 2001, S. 226), so vor allem die „personale Kopräsenz des Gegenübers" und daraus resultierend die nonverbalen Signale. Greis (2001) ist in dieser Besonderheit zuzustimmen, die „personale Kopräsenz des Gegenübers" fehlt. Doch wir haben gesehen, dass aus ihr keineswegs so etwas wie ein Garant der Authentizität des Sprechers resultieren würde. Es besteht in Bezug auf mediale Kommunikation zwar das ethische Problem des medialen Kommunikators, seine Authentizität „nachweisen" zu müssen – er teilt sich dieses Problem jedoch mit dem personal „kopräsenten" Kommunikator der face-to-face-Kommunikation. Es gibt keine Sicherheit, es bleibt die Hoffnung auf eine Tugend der Wahrhaftigkeit des Kommunikators. Auf diese, so das ernüchternde Fazit der Medienethik, müssen wir vertrauen.

Zwei Beispiele will ich zumindest kurz anführen, die es mir allerdings als wenig aussichtsreich erscheinen lassen, auf diese Tugend der kommunizierenden Medienakteure zu vertrauen. Denn noch weit mehr als face-to-face-Kommunikation wäre mediale Kommunikation in besonderer Weise auf die Vertrauenswürdigkeit der sich authentisch gebenden Kommunikationspartner angewiesen.

Zum einen wird dies daran deutlich, wie schon Vilém Flusser (1991) am Beispiel des Telefons gezeigt hat, dass in medial gestalteter Kommunikation nicht nur unwahrhaftig kommuniziert werden kann, sondern *idealiter* jederzeit durch die Unterbrechung des Kommunikationskanals die Kommunikation beendet werden kann – und zwar so, dass die betroffenen Kommunikationspartner keine Möglichkeit mehr haben, diese Unterbrechung/Verweigerung selbst zu kommunizieren. Flusser nennt dies die Geste des Telefonierens (Flusser 1991, S. 190):

> Die technische Struktur des Telefonnetzes erlaubt eine Geste, die kein anderes dialogisches Medium gestattet: Man kann dem anderen das Wort abschneiden, indem man den Hörer auflegt. Die Brutalität dieser Geste ist um so wirkungsvoller, als es sich um eine neue und somit noch unausgeschöpfte Geste handelt.

Mit anderen Worten: die mediale Kommunikation erteilt jedem Kommunikator die vollkommene Souveränität über die Kommunikationssituation – das völlige Gegenteil eines herrschaftsfreien, allein dem zwanglosen Zwang des Arguments verpflichteten Diskurs'.

Zum anderen ist Kommunikation, wie Harry G. Frankfurt (2006) gezeigt hat, auf einen grundsätzlichen Kommunikationswillen angewiesen, der bei einer impliziten

Verweigerung den Kommunikationspartner instrumentalisiert. Aber es gibt auch eine Form der Kommunikation, die zwar in gewisser Weise der Wahrheitssuche widerspricht, jedoch auf radikalere Art als die Lüge. Frankfurt hat diese Form der Kommunikation mit dem englischen Ausdruck „Bullshit" belegt. Sie zeichnet sich dadurch aus, dass es den Kommunikatoren nicht um die Inhalte der Rede, des Textes, des Medieninhalts geht, sondern um sie selbst. Die Frage nach der Authentizität wird in diesem Kontext vom Kommunikator überhaupt nicht in den Blick genommen, nicht einmal ablehnend. Frankfurt charakterisiert damit Kommunikationsformen, die allein der Profilierung des Sprechers, der Selbstinszenierung dienen.[6]

4.1.3 Authentizität als Kompetenz des Rezipienten

Massenmediale Angebote haben längst schon, mit Claudia Gerhards (2005) gesprochen, „Authentizitätsstrategien" entwickelt, um eine „Fiktion der Authentizität" (Hiddemann 1996) aufrecht zu erhalten. *Big Brother, Dschungelcamp, Scripted Reality*-Formate oder vermeintlich authentische Beratungsangebote wie *Domian* sind Beispiele für diese Formen eines inszenierten „Rahmenirrtums", wie dies Rainer Winter (2000) genannt hat.

Angesichts dieser medial normalisierten Authentizitätsvermutung scheint mir ein Verständnis der Authentizität, das am Sprecher/Kommunikator ansetzt, wenig hilfreich, zumindest nicht, wenn Authentizität eine für den Rezipienten relevante Bedeutung haben soll. Scherer und Wirth z. B. definieren Authentizität als „größtmögliche Übereinstimmung zwischen Selbstdarstellung und der eigenen, wahrgenommenen Identität" (2002, S. 342). Ihre Untersuchung zu Identität und Selbstdarstellung in virtuellen Kommunikationssituationen delegiert die Frage nach der Authentizität an das Selbsterleben des Sprechers – an wen auch sonst, wenn unsere bisherigen Befunde stimmen.

Wenn eine so verstandene Authentizität im Endeffekt als empirisch nicht überprüfbare Basiskategorie von kommunikativer Wahrhaftigkeit ebenso wie von

---

[6] Schicha (2007, S. 64) spricht daher zu Recht von der Authentizität als einer „Wahrhaftigkeit in eigener Sache" – auf die freilich in medialen Selbstinszenierungen wieder nur vertraut werden kann. Benkel (2012, S. 7) weist am Beispiel von *Facebook* diesem inszenatorischen „Darstellungswunsch" eine eigene Wahrhaftigkeit zu, die er als „Authentizität zweiter Ordnung" beschreibt. Allerdings kann dies für den Rezipienten nur ein schwacher moralischer Trost sein, geht es ihm doch um die Authentizität erster Ordnung, also die Zusage des Soseins, wie man sich zeigt, nicht um die Zusage, „sich im Kontext der Plattform auf eine spezifische Weise, nämlich am Leitfaden einer individuell eingerichteten *Präsentationsideologie* genau so zu ‚veröffentlichen', wie man es eben tut" (Benkel 2012, S. 7).

ästhetischer Stimmigkeit angenommen werden muss, wie Bernhard Debatin (1995, S. 72) für Habermas festgestellt hat – was bleibt uns dann ethisch jenseits eines Appells zu tun?

Zum Abschluss und Ausblick soll kurz auf eine Untersuchung hingewiesen werden, die sich am Beispiel eines klassischen Medienformats des Konzepts der Authentizität neu und anders annimmt. Ich spreche von Immanuel Kant und seiner Abhandlung *Der Streit der Facultäten* (AA VII)[7] aus dem Jahre 1798.

Ich will den dahinter liegenden aufklärerischen Impetus der Schrift gegen Zensur und Bevormundung der Wissenschaft hier nicht eigens erläutern. Ich möchte nur auf einen Abschnitt Bezug nehmen, in dem er ein grundlegendes Medienformat in den Blick nimmt und danach fragt, wie wir bei der Interpretation zu einem möglichst klaren Urteil über die „Authenticität" des Medienangebots kommen könnten. Er spricht dabei über das klassische Printmedienangebot *Bibel*. Wie können wir, angesichts der sicher zu vermutenden, positiven moralisch-praktischen Wirkungen der Bibel, zu einem Authentizitätserweis kommen, der auch die Laien überzeugt?

Schon früh in seinen Ausführungen weist er einen Authentizitätserweis über die Verfasser der Bibel zurück: Wenn er auch eine vorsätzliche Täuschung oder nur „fiktive Authentizität" nicht wirklich ins Auge fasst, so weist Kant doch, wie Habermas in Bezug auf die Authentizität der Gefühle und Wünsche des Menschen, auf die grundsätzliche Fehlbarkeit der menschlichen Schreiber hin, die selbst bei der wahrhaftigen Überzeugung, es mit dem Wort Gottes zu tun zu haben, irren könnten.

Zwei Weisen der Auslegung der Bibel unterscheidet Kant (AA VII, 66): die *authentische* und die *doctrinale*. Die authentische Auslegung zielt darauf, „was der heilige Verfasser mit seinen Worten für einen Sinn verbunden haben mag" (AA VII, 67). Die doctrinale Auslegung hingegen „was die Vernunft (a priori) in moralischer Rücksicht bei Veranlassung einer Spruchstelle als Text der Bibel für eine Lehre unterlegen kann". Gerade im Hinblick aber auf die Intention desjenigen, der die *Bibel* zu interpretieren hat, in unserem Sinne also der Medienrezipient, fallen die beiden Auslegungsarten zusammen:

> In Absicht auf die Religion eines Volks, das eine heilige Schrift zu verehren gelehrt worden ist, ist nun die doctrinale Auslegung derselben, welche sich auf sein (des Volks) moralisches Interesse – der Erbauung, sittlichen Besserung und so der Seligwerdung – bezieht, zugleich die authentische: d. i. so will Gott seinen in der Bibel geoffenbarten Willen verstanden wissen. [. . .] weil Religion eine reine Vernunftsache ist. (AA VII, 67)

---

[7] Die Schriften Kants (2013) werden nach der *Akademie-Ausgabe* der Preußischen Akademie der Wissenschaften, Berlin, zitiert (AA Band, Seite), die auch online zur Verfügung steht.

Jenseits eines Gottesglaubens bzw. Bibelglaubens ist die Wendung, die Kant seiner
medialen Interpretationslehre gibt, erhellend: Wenn er auch analytisch „authentische" und „doctrinale" Interpretation unterscheidet (ganz im Sinne der von uns
bisher angelegten Deutung von Authentizität), weist Kant darauf hin, dass bei der
grundsätzlichen Frage nach den gewünschten, intendierten Folgen der Medien-
interpretation die authentische mit der doctrinalen zusammenfällt: Der Rezipient
misst den Authentizitätsanspruch der Kommunikators an der ihm zu *unterstellen-
den* Intention: hier der vernünftigen (weil göttlichen) moralischen Orientierung.
Gemessen an dieser *unterstellten* Grundintention deutet der Rezipient die mediale
Nachricht.

▶   Authentizität wird damit von einer Leistung des Kommunikators zu ei-
        ner Kompetenz des Rezipienten. Er setzt die Intention voraus, an der er
        den Inhalt der Kommunikation misst.

So irritierend dies vielleicht auf den ersten Blick scheinen mag, wir gehen zumindest in narrativen Kommunikationsangeboten genau so vor. Knut Hickethier
(1997) betont, dass die Authentizität der Fernsehnachrichten eine Leistung des
Rezipienten sei, gespeist aus der Fähigkeit, sie als Narration zu verstehen. Karin
Wetschanow (2005) macht die gleiche Kompetenz im Rahmen ihrer Untersuchung
zur diskursiven Struktur von Medienangeboten aus. Auf der Basis der Diskursana-
lysen von Martin Montgomery (2001) charakterisiert Wetschanow die Beurteilung
„authentischer Gespräche" als „Bewertungsparameter" (Wetschanow 2005, S. 4)
des Rezipienten. Und Nicola Döring (2001, S. 334) stellt in ihrer Studie zu persönlichen Homepages fest, dass keine objektiven Faktoren, sondern allein „subjektive
Authentizitätsbewertungen der Besitzer und Besucher der Seite" als Indikatoren
für Authentizitätsgrad einer Website anzusehen sind. Mit anderen Worten, die Authentizität ist abhängig von den „Nutzungsmotiven und Aneignungskompetenzen"
(Döring 2001, S. 335) der Nutzer, Leser und Rezipienten.

    Die Intention des Rezipienten in der Interpretation des medialen Kom-
munikationsangebots als Maß der Authentizitätsunterstellung gegenüber dem
Kommunikator – diese Wendung löst natürlich die grundsätzliche Problematik
der Authentizität medialer und speziell computervermittelter Kommunikation
nicht auf. Aber sie eröffnet eine andere, keineswegs neue, ethische Perspektive auf den Kommunikationsakt. Denn Authentizität oder Wahrhaftigkeit sind,
als ethische Kategorien verstanden, in gewisser Weise aporetisch: Der Kommunikator ist alleiniger Herr seiner Authentizität, der Rezipient muss auf diese
Authentizitätsunterstellung vertrauen. Aber verstanden als Leistung des Rezepti-
onsaktes, wird aus der Authentizität als Schicksal eine Kompetenzleistung, nämlich

die Fähigkeit, Kommunikationsprozesse gemäß meiner, des Rezipienten eigener Kommunikationsintention zu interpretieren und letztlich zu gestalten.

Damit kommt ein Aspekt in den Blick, der häufig in medienethischen Diskursen übersehen wird: Medienhandeln bedarf, wie jedes Handeln, einer Kompetenz. Ich halte es angesichts der großen medialen Handlungsmöglichkeiten und zugleich der zunehmenden medialen Abhängigkeiten des Einzelnen für ein ethisches Gebot, diese Kompetenz immer wieder anzumahnen, nicht nur als technisch-kreative Gestaltungskompetenz, sondern vor allem als aufgeklärte Medienkritik. Medienkritik schützt uns freilich nicht vor der „Geste des Telefonierens" und nicht vor „Bullshit", aber sie kann den medialen Menschen davor bewahren, zum unkritischen Opfer der Inszenierung zu werden.

Damit ist der Bogen geschlagen zum zweiten, großen Grundbegriff der Medienethik im hier verstandenen Sinne, zur Medienkompetenz.

4.2 Medienkompetenz

Eine empirische Wissenschaft vermag niemanden zu lehren,
was er *soll*, sondern nur, was er *kann* und – unter Umständen –
was er *will*. (Max Weber)

Medienkompetenz ist ein „Fahnenwort" (vgl. Hermanns 1994) des Medienzeitalters, zusammen mit anderen so genannten „Kernkompetenzen". „Fahnenwort" darum, weil es nicht einfach ein Schlagwort ist, sondern sich in ihm zugleich ein „Parteistandpunkt in plakativer Weise" (Hermanns 1994, S. 19) ausspricht, nämlich der Standpunkt, dass Medien weder an sich verwerflich und gefährlich[8], noch dass sie völlig unproblematisch[9] wären, sondern, wie alle Technologien einer bestimmten Einführung bedürftig sind, die auf dem Wege der Mediensozialisation zu vermitteln ist und einen „guten", „gelingenden" oder „zuträglichen" Umgang mit Medien zum Ziel hat. Was das dann freilich meint, ein Medienumgang sei „gut", „gelingend" oder „zuträglich", bleibt, wie häufig bei Fahnenwörtern, offen.

---

[8] Diese Position entspricht der auch heute noch anzutreffenden „Medienmoralisierung" (vgl. Kap. 1), die sich als grundsätzliche Gefährdungsunterstellung gegenüber neuen Medien seit der Antike nachweisen lässt (vgl. Rath 2000b).

[9] Dieser Optimismus durchweht auch so manchen medienpädagogischen Text (vgl. Jenkins 2006b), wo *digital natives* sich digitale Medien in intuitiver Weise erschlössen und damit Partizipation, Emanzipation und Bildung sich quasi von alleine einstellt. Vgl. zu einer realistischen Einschätzung der erzieherischen Bedeutung von Medien für die nachwachsende Generation Rath und Marci-Boehncke (?).

Doch auch als wissenschaftlicher Begriff ist Medienkompetenz schillernd. Medienkompetenz scheint auf den ersten Blick etwas zu sein, was normativ-teleologisch der Medienerziehung und der Medienbildung zugehört, bei dessen wissenschaftlicher Erforschung auch methodisch auf Forschungsverfahren zurückgegriffen wird, die auch in den Kommunikations- und Medienwissenschaften vertreten werden, und was als maßgebliche intrinsische (und damit nicht unmittelbar beobachtbare) Struktur mediales Handeln und die dieses Handeln bestimmenden Präferenzen determiniert.

4.2.1 Medienkompetenz als pädagogischer Leitbegriff

Es ist nun naheliegend, Medienkompetenz an die Medienpädagogik und nur an die Medienpädagogik zu binden (vgl. zum Folgenden Marci-Boehncke und Rath 2009). Als Grundlage eines konstruktiven medienpädagogischen Verständnisses – und das heißt weder der Bewahrpädagogik einer allgemeinen Medienfeindlichkeit aufzusitzen noch allzu optimistisch mögliche Fehlentwicklungen in der Mediennutzung zu unterschätzen – sind im deutschsprachigen Bereich immer noch die vier Dimensionen der Medienkompetenz nach Dieter Baacke (1996, S. 120) maßgebend: „Medien-Kritik, Medien-Kunde, Medien-Nutzung, Medien-Gestaltung". Baacke (1996, S. 120) beschreibt diese vier Dimensionen näher als Ausdifferenzierungen des einen Begriffs der Medienkompetenz:

> ,Medienkompetenz' [umfasst, M. R.] zum einen Medienkritik, und dies in dreifacher Weise: 1) *Analytisch* sollten problematische gesellschaftliche Prozesse (z. B. Konzentrationsbewegungen) angemessen erfaßt werden können. 2) *Reflexiv* sollte jeder Mensch in der Lage sein, das analytische Wissen auf sich selbst und sein Handeln anzuwenden. 3) *Ethisch* schließlich ist die Dimension, die analytisches Denken und reflexiven Rückbezug als sozial verantwortet abstimmt und definiert.
> Neben die Medien-*Kritik* tritt sodann die Medien-*Kunde*, die das Wissen über heutige Mediensysteme umfaßt: 1) Die *informative* Dimension umfaßt klassische Wissensbestände (was ist ein ,duales Rundfunksystem', wie arbeiten Journalisten, welche Programmgenres gibt es, wie kann ich auswählen, wie kann ich einen Computer für meine Zwecke effektiv nutzen etc.). 2) Die *instrumentell-qualifikatorische* Dimension meint hingegen die Fähigkeit, die neuen Geräte auch bedienen zu können, also z. B. das Sich-Einarbeiten in die Handhabung einer Computer-Software, das Sich-Einloggen-Können in ein Netz etc.
> Medien-Kritik und Medien-Kunde umfassen die Dimension der *Vermittlung*. Die Dimension der *Zielorientierung* liegt im Handeln der Menschen. Auch diese können wir doppelt ausfalten: 1) *rezeptiv, anwenden* (Programm-Nutzungskompetenz), 2) *interaktiv, anbieten* (auch antworten können, vom Tele-Banking bis zum Tele-Shopping oder zum TeleDiskurs.

Der vierte Bereich ist schließlich der der Medien-*Gestaltung*: Sie ist zu verstehen als 1) *innovativ* (Veränderungen, Weiterentwicklungen des Mediensystens) [sic!] und als 2) *kreativ* (ästhetische Varianten, über die Grenzen der Kommunikationsroutine hinausgehen).

Weiterentwicklungen hat dieser Ansatz von verschiedenen Seiten erfahren (vgl. Tulodziecki 2007; Schill 2008; Moser 2006; Aufenanger 2006 u. a.). Terminologisch wird diese Bemühung, den Prozess eines Medienkompetenz-Erwerbs zu gestalten, aus unterschiedlichen Perspektiven unterschiedlich gefasst. Medienbildung und Medienerziehung, Medienpädagogik (im nicht disziplinären Sinne) und Mediendidaktik sowie Medienkompetenzvermittlung sind sich darin einig, zur Befähigung des Individuums beitragen zu wollen, mit einem konvergenten Medienangebot konvergent selbstbestimmt umzugehen (vgl. Tulodziecki 2010). Insofern sind aktuelle handlungstheoretische Forschungen, Konzepte der Medienbildung, der Mediendidaktik im engeren Sinne, schulische Medienerziehung usw. dem Konzept der *Medienkompetenz*vermittlung systematisch (und in Ermangelung einer terminologischen Alternative, vgl. Groeben 2002a) verpflichtet.

So weit, so gut, Medienkompetenz wäre also ein pädagogischer Begriff, dem es um die sozialisatorisch erworbene „Fähigkeit, in die Welt aktiv aneignender Weise *auch* alle Arten von Medien für das Kommunikations- und Handlungsrepertoire von Menschen einzusetzen" (Baacke 1996, S. 119, Herv. i. Orig.). Es wäre allerdings fatal, daraus abzuleiten, dass Medienkompetenz eine originärer und exklusiver „Leitbegriff" (vgl. Moser et al. 2011) der Pädagogik wäre. Vielmehr lassen sich m. E. zumindest zwei Gründe[10] benennen, diesen Begriff für andere als allein medienpädagogische Kontext zu nutzen:

• Baackes Medienkompetenzbegriff ist rückgebunden an philosophische Kontexte.
• Der moderne systematische Kompetenzbegriff kommt aus der Bildungsforschung und umfasst terminologisch den Medienkompetenzbegriff von Baacke.

4.2.2 Philosophische Theoriegebundenheit der Medienkompetenz

Zunächst zur *philosophischen Theoriegebundenheit des Medienkompetenzbegriffs* bei Baacke (und damit der momentanen Medienkompetenzdiskussion in der Me-

---

[10] Auch wissenschaftssystematisch ließe sich zeigen, dass Medienkompetenz über die Medienpädagogik hinausweist – wie übrigens die Medienpädagogik selbst als eine Disziplin gedacht werden muss, die sich sowohl als Pädagogik wie auch als Kommunikations- und Medienwissenschaft versteht (vgl. Marci-Boehncke und Rath 2009, 2013b).

dienpädagogik zumindest deutschsprachiger Provenienz generell), die hier nur angerissen werden kann: Baacke – und dies klingt in seiner eben zitierten Definition der Medienkompetenz als Teil der *Weltaneignung* an – schöpft seinen Medienkompetenzbegriff *formal* zwar aus der klassischen Bildungsphilosophie der Pädagogik (vgl. Rath 2012a), hier konkret des Bildungsbegriffs bei Humboldt von 1793 (vgl. Humboldt 1980). *Inhaltlich* jedoch wird Medienkompetenz bei Baacke aus einem sozialphilosophischen Kontext entwickelt – übrigens ganz in der Tradition der deutschen Erziehungswissenschaft nach 1945 und in Abgrenzung von den erziehungswissenschaftlichen Theoriebeständen anderer europäischer Nationen (vgl. Keiner 2006, auch Keiner und Schriewer 2000) –, den Tenorth (1986, S. 52) die „liberal-aufklärerische Konsenszone" der Erziehungswissenschaft genannt hat. Es geht dabei vor allem um die Sozial- und Kommunikationstheorie von Jürgen Habermas, auf die sich Baacke, und das wird häufig in der Lektüre der kanonischen Texte Baackes übersehen, explizit bezieht.

Baacke (z. B. 1996) konstatiert Anfang der 1990er Jahre eine Konzentration auf den Medienkompetenzbegriff, die über die grundsätzliche Problematik einer Kommunikationskompetenz, die nötig sei, um mit der grundsätzlichen (nicht nur bildungstheoretisch gefassten), d. h. anthropologisch gegebenen Aufgabe der Weltaneignung durch den Menschen ernst zu machen, hinausweist. Habermas habe zurecht darauf hingewiesen, dass diese Weltaneignung nicht nur durch „Arbeit" (idealistisch *sensu* Hegel und materialistisch *sensu* Marx), sondern ebenso zentral durch „Kommunikation" je individuell zu leisten sei.[11]

Mit Habermas (und Bourdieu) schließt Baacke damit auf die anthropologisch angelegte und sozialphilosophisch zu fordernde *Gebotenheit* von Kommunikationskompetenz. Aus diesem Zusammenhang wird klar, warum Baacke *Medienkompetenz* von *Medienerziehung* und *Medienbildung* (als in seinem Verständnis originär pädagogische Begriffe) durch den Aspekt der *Vermittlung* (vgl. Baacke 1996, S. 121) abgrenzt: Die Medienkompetenz ist eine kommunikative Zielkategorie, die aber nicht originär pädagogisch als Prozess der Medienkompetenzvermittlung gedeutet werden darf (vgl. ausführlicher Marci-Boehncke und Rath 2013a, S. 22 ff.). Vielmehr bezeichnet Medienkompetenz eine *Kompetenz* (das soll jetzt hier als Tautologie stehen bleiben, siehe unten), Medien in einer „guten",

---

[11] Wir können diesen Gedanken erweitern und eine kommunikative Weltaneignung *per se* als eine mediale Weltaneignung verstehen, die nicht nur die *Weltvermittlung* als eine symbolische (vgl. Rath 2001), sondern die *Aneignung* als eine eigens zu leistende *Kompetenz der Dekodierung* solcher medial vermittelter Weltbilder konzipiert – auf der Basis eines erweiterten Medien- und Textbegriffs können wir diese grundlegende Weltaneignungskompetenz dann auch als *Lesen* bezeichnen (vgl. Rath 2004).

„gelingenden", auf jeden Fall als Soll-Wert charakterisierbaren Weise im weitesten Sinne ‚zu nutzen'. Diese inhärente Normativität des Medienkompetenzbegriffs wird uns jetzt zu interessieren haben.

4.2.3 Das aktuelle Kompetenzmodell der Bildungsforschung

Daher nun zur *umfassenden Bedeutung eines aktuellen Kompetenzbegriffs*: Kompetenz kann als ein Zustand oder als ein Prozess verstanden werden. Die aktuelle Diskussion in der Medienpädagogik (vgl. Moser et al. 2011) musste sich dahingehend erst noch klar werden. Im Folgenden soll Kompetenz nicht prozessual verstanden werden (das entspräche der eben genannte Medienkompetenzvermittlung), sondern als eine Zustandsbeschreibung, die ihrerseits wieder normativ einem Prozess als Zielkategorie vorgeben werden kann. Dazu eignet sich ein nicht an der Pädagogik, sondern an der Psychologie orientierter Kompetenzbegriff, wie ihn Weinert 2001 definiert hat: *Kompetenz* meint

> die bei Individuen verfügbaren oder durch sie erlernbaren kognitiven Fähigkeiten und Fertigkeiten, um bestimmte Probleme zu lösen, sowie die damit verbundenen motivationalen, volitionalen und sozialen Bereitschaften und Fähigkeiten, um die Problemlösungen in variablen Situationen erfolgreich und verantwortungsvoll nutzen zu können. (Weinert 2001, S. 27 f.)

Diese Definition entspricht der aktuellen Kompetenzdiskussion im Nachgang zu den großen nationalen und internationalen Schulleistungsvergleichstests und ist nach Klieme (2004, S. 12) inzwischen zum „Referenzzitat" avisiert. Sie zeichnet aus, dass sie entlang grundsätzlich operationalisierbarer Aspekte (nämlich einem bestimmten Problemlösungshandeln) plausible Theorieannahmen zu den Realisierungsbedingungen solchen Handelns macht.

Kompetenzen sind demnach *Kenntnisse* im Sinne von abrufbaren und überprüfbaren Wissensbeständen, *Fertigkeiten* oder *Fähigkeiten* und schließlich *Haltungen* oder, wie Kant dies nannte, Maximen. Wir können auch schlagwortartig sagen, Kompetenzen umfassen die Aspekte

- des Kennens,
- des Könnens und
- des Wollens.

Diese Trias hat unter der Perspektive einer sich radikal werturteilsfrei verstehenden empirischen Sozialwissenschaft ihre Tücken, denn nur die Aspekte des Kennens und Könnens sind operationalisierbar und damit empirisch zu beschreiben und zu messen (vgl. Rath 2007a, 2012a). Zugleich ist nicht ernsthaft zu bezweifeln, dass der Aspekt des Wollens handlungstheoretisch unabdingbar ist, wenn wir Kompetenz nicht als eine evolutiv präfigurierte Anlage, sondern als eine aus realem oder real möglichem Handeln erschlossene und auf dem Wege der Sozialisation erworbene und ausgeprägte Befähigung verstehen.[12] Mit anderen Worten, da Handeln nichts ist, was man ohne die Performanz des Handelnden wahrnehmen kann, bedarf es zu ihr des Willens des Kompetenten. Damit schleicht sich in einen grundsätzlich beschreibbaren und der Normativität unbedürftigen Zusammenhang ein – mit Weinert gesprochen – „volitionaler" Aspekt ein, der nicht einfach zufällig, sondern an normativen Grundüberzeugungen, Haltungen und Einstellungen orientiert ist. Und dieser handlungsermöglichende und steuernde Willensakt ist radikal intern, der Beobachtung nicht zugängig.

4.2.4 Bezug zu Kommunikations- und Medienwissenschaften

Wie ist nun der Bezug des normativen Kompetenzbegriffs zur Kommunikations- und Medienwissenschaften zu denken?[13] Diese Frage wird deutlicher, wenn wir in der kommunikations- und medienwissenschaftlichen Forschung Beurteilungskriterien in den Blick nehmen. Diese ergeben sich, wenn das empirisch

---

[12] Ich will jetzt nicht eigens diskutieren, wie die Rückbindung der Medienkompetenz bei Baacke an den Kompetenzbegriff Chomskys, der Kompetenz in Abgrenzung von Performanz nicht nur als Sozialisationsergebnis, sondern auch als Anlage (*potentia* in der klassischen philosophischen Tradition) konstruiert, zu bewerten ist. Auf jeden Fall ist für unsere Thematik nicht relevant, inwieweit der anthropologischen Notwendigkeit der medialen Weltaneignung (als anthropologisch grundgelegte Medienkompetenzbedürftigkeit) eine eigene anthropologisch angelegte Medienkompetenzfähigkeit entspricht (vgl. Rath 2001, 2002a, 2003c, 2004). Allerdings ist m. E. eine Verwendung des Kompetenzbegriffs in diesem Sinne nicht hilfreich, da Kompetenz als Performanzermöglichungsgrund die bei Weinert unterschiedenen und von Baacke im Prinzip schon vorausgesetzten Teilaspekte Kennen, Können und Wollen nicht bereits umfassen, sondern den Aufbau solcher Kompetenzbereiche nur ermöglichen kann. Mit anderen Worten, eine Fähigkeit als Können und eine Fähigkeit als Befähigung, Können aufzubauen, ist zweierlei.

[13] Disziplinär ist die Medienkompetenzvermittlung auch eine Frage der Integration der Medienpädagogik und Medienbildung in die Kommunikations- und Medienwissenschaft, was hier nicht weiter entfaltet werden kann. Vgl. dazu Marci-Boehncke und Rath (2009, 2013b).

erhebbare mediale Geschehen darauf hin befragt wird, inwieweit es einem Ideal kommunikativer und medialer Realität entspricht.[14]
Als Beispiel soll die so genannte „Wissenskluft"-Forschung dienen. Jäckel (2011) beschreibt diesen Zusammenhang sehr klar am Anfang seines Lehrbuch-Kapitels zu diesem Themenfeld:

> Massenmedien gewährleisten durch ihre Arbeitsweise die Bereitstellung von Informationen und leisten einen Beitrag zur politischen Willensbildung. Das idealtypische Bild eines mündigen Bürgers ergänzt diese Sichtweise. (Jäckel 2011, S. 325)

Die Infragestellung eben dieser Idealvorstellung durch die Realität, so macht Jäckel deutlich, ist Funktion und Aufgabe der Wissenskluft-Forschung. Bonfadelli (2006, S. 317) weist darauf explizit hin:

> Von gesellschaftlicher Brisanz ist die These [die Wissenskluft-Perspektive, M. R.], insofern sie den gesellschaftlichen Aufklärungsanspruch der Massenmedien und die Vorstellung vom ‚mündigen Bürger', der sich umfassenden informiert, um sich am politischen Geschehen zu beteiligen, infrage stellt, aber auch überzogene Erwartungen hinsichtlich der Einführung der neuen Informations- und Kommunikationstechnologien relativiert.

Eine solche Forschung wäre jedoch ohne die Idealvorstellung nicht aufgenommen worden. Auch eine dem allein deskriptiven und vermeintlichen werturteilsfreien Wissenschaftsideal verpflichtete Forschung setzt in ihrer Forschungsauswahl und in ihrer Beurteilung bzw. Bewertung der Ergebnisse normative Annahmen voraus.

Für uns interessant – und damit gehen wir wieder über einen einzelnen kommunikations- und medienwissenschaftlichen Forschungsstrang hinaus – sind diese Annahmen im Hinblick auf ein Ideal des selbstbestimmt und frei agierenden Medienakteurs. Dieser Akteur ist letztlich nur als ein *kompetenter* Mediennutzer

---

[14] Die kommunikations- und medienwissenschaftliche Forschung umgeht den Begriff der Medienkompetenz weitgehend, aber die mit der Kompetenz benannte und normativ ausgestaltete mediale Weltaneignung wird ihrerseits mit einem handlungstheoretisch zunächst einmal deskriptiv beschreibbaren Konzept der „Medienaneignung" (Göttlich 2008) bzw. der „Domestizierung" (Hartmann 2008) in den Blick genommen. Der dabei mit thematisierte Aspekt der eigene Zwecksetzung im Prozess der Aneignung bzw. Domestizierung von Medien wird zwar unter den Kategorien „Kreativität" (Göttlich 2008) bzw. einer effizienten Normativität („moral economy", vgl. Silverstone 1991; Silverstone et al. 1992) in den Blick genommen – die normative Basis jedoch, d. h. also die kategoriale Einordnung der Zwecksetzung als sittliches Vermögen, das auf Freiheit fußt und im Kantischen Sinne „Selbstgesetzgebung" ist, die verallgemeinerbare Prinzipien formuliert, kann dabei nicht analysiert werden. Zwar wird auch in medienpädagogischen Kontexten von „Medienaneignung" gesprochen, dies impliziert aber bereits die normativen Zielvorgaben pädagogischer Begriffsbildung generell (vgl. Marci-Boehncke und Rath 2009).

denkbar. Er hat die Kenntnisse, Fertigkeit und die Haltungen, die notwendig sind, um Medien souverän zu nutzen. Und genau darauf hebt auch Weinert ab, wenn der kompetente Problemlöser diese Problemlösungskompetenz nicht nur „erfolgreich", sondern auch „verantwortungsvoll" nutzen kann.

Dies gilt jedoch nicht nur bei Forschungsrichtungen der Kommunikations- und Medienwissenschaft, die explizit den einzelnen Mediennutzer in den Blick nehmen, sondern trifft auch auf Forschungsrichtungen zu, die auf die Meso- und Makroebene abheben. Denn diese Ebenen der Institutionalisierung der Medienformen wie auch der Mediensysteme sind medienpraktisch relevant, beschreiben sie doch die Rahmenbedingungen der Medienpraktiken. Man kann sie als die Ebenen der *Ermöglichungsbedingungen* von medienkompetentem Handeln charakterisieren. Zur Illustration ließe sich dies z. B. an einer international vergleichenden Journalismusforschung deutlich machen, wenn in ihr nach partizipativen und emanzipativen Strukturen gefragt wird, die in einer Gesellschaft vorliegen (oder eben nicht) – ein Stichwort wäre die „Pressefreiheit". Auch bei einer Beschränkung auf die Beschreibung eines Sachverhalts (Art, Form und Ausmaß der Kontrolle journalistischen Handelns) bleibt der Begriff selbst normativ aufgeladen, da Handeln (in Abgrenzung von Verhalten) „Freiheit" immer als Bedingung und als utopisch-idealen Begriffskern umfasst.

Mit anderen Worten, die wissenschaftliche Erforschung medialer Handlungen und Handlungsfelder fragt stets nach einer Ausprägung dieses Handelns bzw. der handlungsermöglichenden Bedingungen, die selbst normativ sind (vgl. Thomaß 2007, S. 33 ff.): entweder *explizit*, indem unter einem normativen Anspruch (z. B. in der genannten vergleichenden Medien- und Journalismusforschung) der Emanzipation, der Partizipation, der Informiertheit oder der Medienfreiheit die Ergebnisse systematisiert werden, oder *implizit*, indem bestimmte Begriffe verwendet werden, die ihrerseits normativ aufgeladen sind. Vielmehr aber noch ist die *Forschungsfrage selbst* normativ bestimmt und normativ geladen: Die Tatsache, dass ein Thema wissenschaftlich erforscht wird, hat bereits normative Implikationen (vgl. Weßler 2008, S. 219).

4.2.5 Zur Normativität der Medienkompetenz

In allen normativitätsbegründenden Zusammenhängen wird die maßgebende disziplinäre Expertise die der (philosophischen) Ethik sein müssen (vgl. Rath 2000a). Sie leistet eine Reflexionsfunktion auf die Normativität als prinzipiengestützten Anspruch und hält dabei an der grundsätzlichen Differenz von Sein und Sollen (vgl. Karmasin 2000; Rath 2000a) fest, also jener Differenz, die notwendig ist, will man nicht der Humeschen Distinktion bzw. dem naturalistischen Fehlschluss aufsitzen.

Tab. 4.1 Beziehung der Kompetenzbegriffe von Weinert und Baacke

	Kenntnisse	Fertigkeiten	Haltungen
Medienkunde	X	X	
Mediennutzung		X	
Mediengestaltung		X	
Medienkritik	X	X	

Medienkompetenz, verstanden als das komplexe Ensemble von Kenntnissen, Fertigkeiten und Haltungen, wie sie Weinert beschrieben hat, und differenziert nach den Bereichen Mediengestaltung, Mediennutzung, Medienkunde und Medienkritik von Baacke, lässt sich im Hinblick auf diese beiden Systematisierungen formal (Weinert) und inhaltlich (Baacke) aufeinander beziehen (vgl. Tab. 4.1). Allerdings stellt man bei einer Zuweisung der drei formalen Kategorien Weinerts auf Baacke fest, dass Baacke zwar normative Kategorien, wie sie für motivationale und volitionale Zusammenhänge typisch sind, benennt, er setzt sie jedoch voraus, ohne sie zu begründen und zu differenzieren – selbst sein Teilaspekt Medienkritik umfasst „problematische gesellschaftliche Prozesse" (s. o.), gibt aber nicht an, was darunter zu verstehen wäre.

Mit anderen Worten, die Medienkompetenz der Medienpädagogik ist auf dem normativen Auge blind, d. h. sie geht von normativen Implikationen der Medienkompetenzvermittlung aus, lässt sie aber inhaltlich unausgeführt. Die formal richtige Definition Weinerts, der auf die hier „Haltungen" genannte intrinsische Handlungsdeterminante verweist, wird pädagogisch nicht eingeholt.[15]

Dies plausibilisiert nochmals die oben ausgeführte philosophische Abhängigkeit des Medienkompetenzbegriffs und verweist die Kompetenz auf eine eigene, philosophisch-ethische Begründung, nicht in Ergänzung der Medienkompetenz als implizite und/oder explizite Zielkategorie der kommunikations- und medienwissenschaftlichen Forschung, sondern als notwendige Bedingung eines adäquaten Medienkompetenzbegriffs überhaupt.

4.2.5.1 Der Kompetenzbegriff als Imperativ

Der Kompetenzbegriff, wie wir ihn bisher verwendet haben, enthält indirekte, normative Vorstellungen von der anzuzielenden Handlungsfähigkeit des medial

---

[15] Zugleich wird der Medienkritik medienpädagogisch eine besondere Bedeutung zuerkannt. Aufenanger (2006) weitet im Nachgang zu Baacke die Bedeutung der Medienkritik nämlich noch aus, indem er darauf hinweist, dass alle Bereiche der Medienkompetenz der Medienkritik bedürfen, von ihr durchzogen sind. Allerdings kann er dies auch nur konstatieren, ohne eine Begründungsleistung für diese grundsätzliche Normativität der kritischen Medienkompetenz zu bieten.

agierenden Menschen. Die *Kenntnisebene* zielt auf eine kognitive Durchdringung der technischen und sozialen, vor allem der ökonomischen sowie der politischen Bedingungen medialer Praxis. Diese Durchdringung ist dabei sowohl analytisch als auch reflexiv zu verstehen, als eine Anbindung an Wissensbestände ebenso wie die Wahrnehmung von Abhängigkeiten, Interessen und sozialen Erwartungen. Der Imperativ, der diese Zielkategorie durchzieht, lautet in etwa:

▶ Kenntnisse: Sofern jemand Medien welcher Art auch immer nutzen will, muss er/sie diese Kenntnisse erworben haben bzw. noch erwerben.[16]

In gleicher Weise lässt sich dies für die *Fertigkeitsebene* bestimmen. Sie zielt auf eine instrumentell-technische, in gewisser Weise handwerkliche, ästhetische als auch interaktive und damit letztlich kommunikative Praxis ab und umfasst dabei alle möglichen Gruppen medialer Akteure, die Anbieter ebenso wie die Rezipienten bzw. ihre Hybridisierungen im Web 2.0, die so genannten „Produtzer" (Bruns 2009a, vgl. auch 2006). Dabei ist zu beachten, dass die kommunikative Praxis – unabhängig, welchen Medienbegriff man zugrunde legt[17] – nicht wie andere Praxen gewählt werden kann, sondern den Menschen notwendig auszeichnet. Menschen sind kommunikative und als solche mediale, Symbolsysteme nutzende Lebewesen (vgl. Rath 2001). Auch dieser Zielkategorie liegt ein Imperativ zugrunde, der in etwa so formuliert werden kann:

▶ Fertigkeiten: Sofern jemand eine bestimmte Form der medialen Kommunikation anstrebt, unabhängig, welche das ist, so muss er/sie diese Fertigkeiten der instrumentell-technischen, ästhetischen, interaktiven und kommunikativen Beherrschung von Medien erworben haben bzw. noch erwerben.

---

[16] Dieser Aspekt der „Erwerbung" deutet bereits einen biographischen Prozess an, der nicht nur pädagogisch relevant ist, sondern auch öffentlichkeits- und medientheoretisch eingeholt werden kann, nämlich als Bedingung von „Privatautonomie", die ihrerseits als Bedingung bürgerlicher Öffentlichkeit zu verstehen ist (vgl. Habermas 1990, S. 157).

[17] Vgl. hierzu die Unterscheidung nach primären, sekundären und tertiären Medien bei Pross (1972) sowie die Erweiterung um so genannte „quartäre" Medien, die sich aber nicht durch Digitalisierung (vgl. Faulstich 2004) auszeichnen und abgrenzen, sondern durch eine technische Praxis, nämlich die Mediennutzer-Rollen aufhebende (Bruns 2009a) und konvergente (Jenkins 2006a; Marci-Boehncke und Rath 2009), auf partizipative Mediennutzung (Jenkins 2006b; Bruns 2009b) abhebende Interaktivität und Produktivität (vgl. Marci-Boehncke und Rath 2007b, S. 23 f.).

Beide Bereiche, Kenntnisse und Fertigkeiten, führen zu bestimmten Imperativen, also normativen Regeln, die den Erwerb dieser Kenntnisse bzw. Fertigkeiten als „gesollt" vorstellen. Mit ihnen sind die von Baacke genannten Kompetenzfelder der Medienkompetenz (und im Prinzip auch der medienpädagogisch an ihn anschließenden Autorinnen und Autoren) abgedeckt. Nicht berücksichtigt sind die von Weinert genannten „motivationalen" und „volitionalen" Aspekte, die wir als Haltungen oder Wollen charakterisiert haben. Diese Haltungen setzen nämlich eine ethisch anders zu fassende Form des Imperativs voraus. Um das zu entfalten, müssen wir kurz in die praktische Philosophie Immanuel Kants einsteigen.

4.2.5.2   Kants Konzept normativer Imperative unterschiedlicher Reichweite

Immanuel Kant differenziert in seiner Schrift *Grundlegung zur Metaphysik der Sitten* von 1785 die möglichen Formen, die handlungsleitende Imperative annehmen können. Ausgangpunkt ist die Feststellung des Menschen als ein Vernunftwesen, das im Gegensatz zu den anderen ,Dingen der Natur' das „Vermögen" hat, „nach der Vorstellung der Gesetze, d. i. nach Principien, zu handeln" (AA IV, 412). Kant hat bereits zu Beginn seiner Schrift dieses Vermögen als *Wille* definiert und ihn als den eigentlichen und einzigen Träger von Moralität oder Sittlichkeit eingeführt – in einer Formulierung, die mitunter Irritation hervorruft:

> Es ist überall nichts in der Welt, ja überhaupt auch außer derselben zu denken möglich, was ohne Einschränkung für gut könnte gehalten werden, als allein *ein guter Wille* [. . .] [der] das ganze Princip zu handeln berichtig und allgemein = zweckmäßig mache (AA IV, 393, Herv. MR)

Kant macht hier deutlich, dass für die sittlich-moralische Beurteilung menschlichen Handelns nicht inhaltlich-bestimmte Ziele, sondern eine grundlegend-formale „volitionale" (Weinert) Fähigkeit notwendig ist, das Anstreben dieser inhaltlichen und individuellen Ziele des Einzelnen als „allgemein-zweckmäßig", also für alle, auch ein „unparteiischer Zuschauer" (AA IV, 393), als zustimmungsfähig auszuzeichnen. Allerdings, und auch das kommt in diesem Zitat Kants zum Ausdruck, es geht nicht um die konkreten Entscheidungen des Menschen, sondern die Prinzipien des Handelns. Diese Prinzipien sind nicht notwendig allgemeingültig. Vielmehr sind es Handlungsoptionen, die das Individuum als Orientierung seines Handelns erworben hat. Kant nennt dieses subjektive Prinzip des Handelns *Maxime*.

> Maxime ist das subjective Princip zu handeln und [. . .] enthält die praktische Regel, die die Vernunft den Bedingungen des Subjects gemäß (öfters der Unwissenheit oder auch den Neigungen desselben) bestimmt, und ist also der Grundsatz, nach welchem das Subject handelt (AA IV, 420 f.).

Für uns Menschen ist zugleich zur Vernunftnatur charakteristisch, dass wir zwar allgemeine vernünftige Argumente für unser Handeln finden können, die Vernunft unser Handeln aber nicht vollständig leitet – unser Wille also nicht immer „gut" ist. Vielmehr bestimmt

> aber die Vernunft für sich allein den Willen nicht hinlänglich, [...] [dieser ist] noch subjectiven Bedingungen (gewissen Triebfedern) unterworfen, die nicht immer mit den objectiven übereinstimmen. (AA IV, 412 f.).

Kant betreibt mit dieser Charakterisierung der „Triebfedern" keine asketische Schelte, vielmehr meint er damit die individuellen Neigungen, Strebungen, Zielsetzungen, ohne sie zunächst zu bewerten. Sie sind subjektiv, zufällig und damit nicht verallgemeinerbar.

Für unseren Zusammenhang interessant ist seine Folgerung, die er aus dieser Bestimmung des menschlichen Willens zieht. Der Mensch handelt also nicht an sich gut, sondern er muss sich dafür handlungsleitende Prinzipien geben. Sie entsprechen den „motivationalen, volitionalen und sozialen Bereitschaften und Fähigkeiten, um die Problemlösungen [Kenntnisse und Fertigkeiten] in variablen Situationen erfolgreich und verantwortungsvoll nutzen zu können" (Weinert 2001, S. 27 f.). Wir können diese *Maximen* also in die Kategorie der von Weinert in seiner Definition der Kompetenz beschriebenen *Haltungen* einordnen. Allerdings – und hier ist der Übergang von einer rein zweckrationalen Zielbestimmung (vgl. Göttlich 2008) zu einer ethisch verallgemeinerbaren Bewertung vollzogen – sind neben effizienten Maximen bei Weinert auch Fähigkeiten genannten, die eine „verantwortungsvolle" Nutzung der Kenntnisse und Fertigkeiten ermöglichen. Verantwortung zielt auf ein allgemeines Prinzip, vor dem eine Handlung als gerechtfertigt gelten kann (vgl. Rath 1988c). Hier können wir wieder bei Kant anschließen.

Kant spezifiziert diese Prinzipienorientierung des menschlichen Willens als eine „Nötigung" der Vernunft, deren Form er „Imperativ" nennt (AA IV, 413). Imperative drücken sich nach Kant durch ein Sollen für den Willen aus.

> Sie sagen, daß etwas zu thun oder zu unterlassen gut sein würde, allein sie sagen es einem Willen, der nicht immer darum etwas thut, weil ihm vorgestellt wird, daß es zu thun gut sei. Praktisch gut ist aber, was vermittelst der Vorstellungen der Vernunft, mithin nicht aus subjectiven Ursachen, sondern objectiv, d. i. aus Gründen, die für jedes vernünftige Wesen als ein solches gültig sind, den Willen bestimmt. (AA IV, 413)

An diese Bestimmung anschließend lassen sich mit Kant unterschiedliche Formen von Imperativen unterscheiden. Zunächst differenziert Kant zwischen Imperativen, die „hypothetisch" oder „kategorisch" gebieten (AA IV, 414). Der Unterschied zwischen diesen beiden Formen liegt in der Zweckorientierung, die der Imperativ der Handlung gibt.

Wenn nun die Handlung bloß wozu anderes, als Mittel gut sein würde, so ist der Imperativ hypothetisch; wird sie als an sich gut vorgestellt, mithin als nothwendig in einem an sich der Vernunft gemäßen Willen, als Princip desselben, so ist er kategorisch. (AA IV, 414)

Im weiteren Verlauf der Differenzierung unterscheidet er nochmals den hypothetischen Imperativ danach, inwieweit die durch den Imperativ bestimmte Handlung des Menschen „zu irgend einer möglichen oder wirklichen Absicht gut sei. Im ersten Falle ist er ein problematisch =, im zweiten ein assertorisch = praktisches Princip" (AA IV, 414 f.). Die beiden hypothetischen Imperative sind also „wenn-dann"-Prinzipien. Sie unterliegen einer vorausgesetzten Zwecksetzung, nicht einem den Handlungen selbst inhärenten Zweck. Verdeutlichend nennt Kant die problematischen hypothetischen Imperative auch „Regeln der Geschicklichkeit" bzw. „technisch" (AA IV, 416), die irgendwelchen, im moralischen Sinne positiv wie negativ beurteilbaren, also letztlich beliebigen Zwecken dienen können, und die assertorischen hypothetischen Imperative als „Rathschläge der Klugheit" bzw. „pragmatisch" (AA IV, 417), die man um der eigenen „Glückseligkeit" bzw. „zu seinem eigenen größten Wohlsein" (AA IV, 416) verfolgt.[18] Diesen hypothetischen Imperativen stellt Kant einen Imperativ gegenüber,

der, ohne irgend eine andere durch ein gewisses Verhalten zu erreichende Absicht als Bedingung zum Grunde zu legen, dieses Verhalten unmittelbar gebietet. Dieser Imperativ ist kategorisch. Er betrifft nicht die Materie der Handlung und das, was aus

---

[18] Ich kann hier nicht ausführen, inwieweit dieser Unterscheidung hypothetischer Imperative eine eigene Anthropologie der Praxis zugrunde liegt. Kant unterstellt hier auf jeden Fall, dass es vielfältige mögliche, zufällige Zwecksetzungen geben kann, die nicht vorhersehbar sind, daneben aber auch eine „wirkliche" Zwecksetzung angenommen werden muss – diese ist nicht zufällig, sondern für den Menschen quasi praktisch notwendig, nämlich seine eigene Glückseligkeit. Zwar sind beide Imperative rational, nämlich als Gebot der Vernunft, allerdings ist diese zweckrationale Vernunft unterschiedlich. Die Zweckrationalität problematischer Imperative ist nur formal auf das Zweckziel als Verwirklichung der möglichen Absicht gerichtet, ohne diesen Zweck selbst rational begründen zu müssen. Anders die Zweckrationalität assertorischer Imperative: sie streben einen Zweck an, der „wirklich" Absicht eines jeden Menschen ist, nämlich sein eigenes „Wohlsein". Dieser Zweck ist zwar nicht verallgemeinerbar (denn sonst müsste jeder andere *mein* Wohlsein als Zweck *seines* Handelns akzeptieren, was nicht zu erwarten ist), aber er ist als Absicht für mich individuell notwendig zweckrational. Nur im Hinblick auf dieses anthropologische Konzept der wirklichen Handlungsorientierung am eigene Wohlergehen kann ein grundsätzlicher Handlungsökonomismus angenommen werden, wie er dem „uses and gratifications"-Ansatz zugrunde liegt. Diese Position fasst den Mediennutzer letztlich als *homo oeconomicus*, der Gratifizierungsentscheidungen fällt, deren Zielkomponente im unmittelbar einsichtig (evident) vor Augen steht (vgl. Rath 2003c). Die „rational choice"-Theorie wie auch der „uses and gratifications"-Ansatz heben auf assertorische hypothetische Imperative ab.

ihr erfolgen soll, sondern die Form und das Princip, woraus sie selbst folgt, und das Wesentlich = Gute derselben besteht in der Gesinnung, der Erfolg mag sein, welcher er wolle. Dieser Imperativ mag der der Sittlichkeit heißen. (AA IV, 416)

Dieser Imperativ, den Kant auch als „*moralisch*" bezeichnet (vgl. AA IV, 417), stellt ein Gesetz dar, dem „gehorcht, d. i. auch wider Neigung Folge geleistet werden muß" (AA IV, 416). Hier liegt der Zweck im Handeln selbst begründet, es ist notwendig „gut" und verallgemeinerbar. Er gilt ohne Bedingung, weder in Bezug auf den individuellen Zweck (problematisch), noch in Bezug auf die Verwirklichungs- oder Realisierungsumstände (assertorisch), sondern in jedem Fall, notwendig, eben „unbedingt", „kategorisch".

Machen wir uns noch einmal kurz den Zusammenhang zu den oben bereits eingeführten *Maximen* klar. Maximen sind subjektive Prinzipien, nach denen das Subjekt individuell handelt. Es sind keine Imperative (also Vernunftgebote), sondern Verhaltensbereitschaften, Neigungen und Grundsätze, bestimmte Handlungen zu vollziehen. Imperative hingegen formulieren Normen für die Maximen. Sie sind also *Maximenpräferenzregeln*. Sie bestimmen den Willen, welcher Maxime gemäß er sich zu Handlungen entscheiden soll. Dies hängt, je nach Imperativ-Typ, von unterschiedlichen Normsetzungen ab. *Hypothetische* Imperative sind in ihrem Inhalt, also in ihrem Gebot, vollständig von den Bedingungen des Handelns, wie sie in der Maxime formuliert wird, abhängig. Sie entsprechen am ehesten noch dem, was wir z. B. in Ratgeberliteratur finden (vgl. Marci-Boehncke und Rath 2007a). Sofern ich weiß, was ich will oder können möchte, dient das hypothetische Gebot der Realisierung dieses Zweckes.

Der *kategorische* Imperativ hingegen ist in seiner notwendigen Allgemeingültigkeit vollständig definiert, er ist eindeutig und unabhängig noch vor jeder Anwendung formulierbar. Genau genommen ist der kategorische Imperativ ein Verfahren, die Notwendigkeit, d. h. die moralische Gebotenheit einer Maxime zu überprüfen, unabhängig davon, wie diese Maxime inhaltlich bestimmt ist oder unter welchen Bedingungen sie verwirklicht werden kann. Mit anderen Worten, der kategorische Imperativ ist ein Prüfverfahren für die normative Verallgemeinerbarkeit oder Verantwortbarkeit einer Handlungsbereitschaft bzw. Maxime. Die erste[19] und gemeinhin als gängige Formulierung des kategorischen Imperativs zi-

---

[19] Im eigentlichen Sinne handelt es sich um einen Singular, da es ja keiner inhaltlichen Differenzierung der zu überprüfenden Maxime bedarf, es also keine unterschiedlichen kategorischen Imperative geben kann. Dennoch formuliert Kant mehrere Fassung dieses Imperativ, jeweils nach den unterschiedlichen Aspekten intersubjektiver Verallgemeinerbarkeit. Die hier zitierte ist die allgemeinste Form, die so genannte Universalisierungsformel (vgl. auch Kants *Kritik der praktischen Vernunft* von 1788, AA V, 30), daneben kennt er noch Fassungen in

tiert Fassung lautet (AA IV, 421): *„handle nur nach derjenigen Maxime, durch die du zugleich wollen kannst, daß sie ein allgemeines Gesetz werde".*
Mit dieser Unterscheidung lassen sich jetzt auch die Reichweiten der Imperative bestimmen. *Technische* oder problematisch-hypothetische Imperative sind sehr kurzfristig in ihrer Geltung, sie zielen nur einen letztlich zufälligen Zweck an, der sich auch jederzeit, je nach Neigung, ändern kann. *Pragmatische* oder assertorisch-hypothetische Imperative sind längerfristig, ihnen geht es um eine anthropologisch angelegte, nicht zufällige Zwecksetzung, nämlich das eigene Wohlgehen des Handelnden. Der *moralische* oder kategorische Imperativ hingegen ist grundsätzlich, ihm geht es um die Verallgemeinerbarkeit und Zustimmungsfähigkeit aller vernünftigen Wesen zu einer Handlungsmaxime. Prüfen die hypothetischen Imperative nur die Realisierungs- und Verwirklichungsbedingungen von Zwecken, die der Handlung in der Maxime unbefragt voraus- oder vorgesetzt werden – die Handlung dient also lediglich als Mittel –, prüft der kategorische Imperativ die Zustimmungsfähigkeit zur Maxime einer Handlung selbst.

Was heißt dies nun vor dem Hintergrund unserer bisherigen Diskussion des Medienkompetenzbegriffs? Inwieweit kann uns Kants Differenzierung der Imperative als Gebote des vernünftigen Handelns auch im Hinblick auf das kommunikations- und medienwissenschaftliche Forschungsfeld dienen?

4.2.5.3 Normativität der Medienkompetenz als kategorischer Imperativ

Weinert hat die Kompetenz als Ensemble von Kenntnissen, Fertigkeiten und Haltungen beschrieben. Medienkompetenz, wie sie in Variationen seit Baacke differenziert wird, hat zwar eine normative Komponente, nämlich die Medienkritik, bei der Interpretation dieses medienpädagogischen Medienkompetenzbegriffs vor der Folie der Weinertschen Trias *Kennen, Können, Wollen* wurde aber deutlich, dass keine der vier Baackeschen Kompetenzaspekte zum Kriterium der Haltungen bzw. des Wollens durchstößt. Gleichzeitig haben wir festgestellt, dass die Kommunikations- und Medienwissenschaft in ihren Forschungszugriffen auf den Menschen als Medienakteur immer einen Medienkompetenzaspekt implizit und selten explizit voraussetzt. Dieser Kompetenzaspekt ist selbst normativ. Die Frage ist nun, wie diese Normativität zu verstehen ist.

Ansehung der Maxime als verallgemeinerbares Naturgesetz (z. B. AA IV, 421), der Formel, sich und andere jederzeit auch als Selbstzweck zu behandeln (z. B. AA IV, 429), und der Formel, als „gesetzgebendes Glied im allgemeinen Reiche der Zwecke" (AA IV, 438) zu agieren. All diesen unterschiedlichen Formeln ist jedoch die grundlegende Charakteristik der Verallgemeinerbarkeit für alle vernünftigen Wesen eigen.

Kant gibt uns mit seiner Systematik hypothetischer (technische und pragmatische) Imperative, die nur bedingt gelten, und dem kategorischen (moralischen) Imperativ, der unbedingt gilt, eine Unterscheidung an die Hand, die es erlaubt, die Matrix von Baacke und Weinert im Hinblick auf die von Baacke angelegte Normativität und die volitativen Aspekte bei Weinert (*Haltungen*) aufeinander zu beziehen.

Wir hatten oben zwei Imperative formuliert, um die beiden Aspekte *Kenntnisse* und *Fertigkeiten* bei Weinert normativ zu fassen:

▶ Kenntnisse: Sofern jemand Medien welcher Art auch immer nutzen will, muss er/sie diese Kenntnisse erworben haben bzw. noch erwerben.

▶ Fertigkeiten: Sofern jemand eine bestimmte Form der medialen Kommunikation anstrebt, unabhängig, welche das ist, so muss er/sie diese Fertigkeiten der instrumentell-technischen, ästhetischen, interaktiven und kommunikativen Beherrschung von Medien erworben haben bzw. noch erwerben.

Wir können diese beiden Imperative (deren Sollen, wie im hypothetischen Imperativ Kants auch, implizit im bedingten Müssen als „wenn-dann"-Regel mitzudenken ist) nun im Kantischen Sinne charakterisieren als *hypothetische* Imperative. Und zwar entspricht der Imperativ der *Kenntnisse* einem *technischen* bzw. einem *problematisch*-hypothetischen Imperativ und der Imperativ der *Fertigkeiten* entspricht einem *pragmatischen* bzw. einem *assertorisch*-hypothetischen Imperativ. Die „verantwortbaren" und über die Effizienz hinausgehenden Wollenshandlungen bzw. Haltungen bei Weinert hingegen zielen eine allgemeine, zustimmungsfähige Normativität an, die wir mit dem *kategorischen* Imperativ abbilden können.

▶ Haltungen: Handle nur nach derjenigen Maxime, durch die du zugleich wollen kannst, dass sie ein allgemeines Gesetz werde.

Besonders interessant ist dabei – und das gibt der Ausweitung der Baackeschen *Medienkritik* als Querschnittskompetenz über alle Teilkompetenzen bei Baacke durch Aufenanger (2006) überhaupt erst eine argumentative Grundlage –, dass der kategorische Imperativ nicht nur der Baackeschen *Medienkritik* eine normative Basis gibt, die es erlaubt, sie auch pädagogisch als allgemeines Erziehungs- und Bildungsziel zu formulieren. Der kategorische Imperativ erlaubt auch die anderen Teilkompetenzen *Medienkunde, Mediengestaltung* und *Mediennutzung* normativ zu orientieren, denn es ist inhaltlich nicht gleichgültig, *wie* ich medial agiere bzw. *was* ich medial weiß. Als Bedingungen kommunikativen Handelns legitimieren sie sich, in der Sprache Habermas' (1981, Bd. 1, S. 439), durch *Wahrheit* (Medienkunde),

Tab. 4.2 Zuweisung der Kantischen Imperative auf die Kompetenzbegriffe Weinerts und Baackes

	Kenntnisse	Fertigkeiten	Haltungen
Medienkunde	Problematisch-hypothetisch	Assertorisch-hypothetisch	Kategorisch
Mediennutzung		Assertorisch-hypothetisch	Kategorisch
Mediengestaltung		Assertorisch-hypothetisch	Kategorisch
Medienkritik	Problematisch-hypothetisch	Assertorisch-hypothetisch	Kategorisch

Richtigkeit (Mediennutzung, Mediengestaltung und natürlich Medienkritik) und *Wahrhaftigkeit* (Mediennutzung).

Tragen wir die drei Imperative Kants in die Matrix von Baackes Medienkompetenz-Begriff und Weinerts Kompetenzbegriff ein (vgl. Tab. 4.2):

Mit anderen Worten: Sofern Medienkompetenz kommunikations- und medienwissenschaftlich als Kategorie implizit oder explizit mitgedacht bzw. vorausgesetzt wird, lässt sich die inhärente Normativität kommunikativen Handelns als *verallgemeinbare Maxime* – und das heißt in der Sprache Kants: eine Maxime, *die du zugleich wollen kannst* – legitimieren.

▶   Normativität in der kommunikations- und medienwissenschaftlichen Forschung ist empirisch nicht begründbar, aber ethisch (und das heißt wissenschaftlich-philosophisch) als begründet rekonstruierbar.

4.2.6   Medienkompetenz als normativ-deskriptives Brückenprinzip

Medienkompetenz als Begriff einer gelingenden medialen Kommunikation stellt eine eigene, nicht auf die Medienpädagogik festgeschriebene, Kategorie dar, die die implizite Normativität medialen Handelns sowie die implizite Normativität des Erforschens medialen Handelns und seiner Rahmenbedingungen zu beschreiben und zu legitimieren erlaubt. Damit kann Medienkompetenz den Charakter eines „Brücken-Prinzips" (Albert 2011, S. 126) einnehmen, das zwischen den

deskriptiven Aussagen der empirischen Sozialwissenschaft[20] und den normativen
Aussagen der Ethik vermittelt.

Diese Vermittlung jedoch, und da ist über die einschränkende Position Alberts
hinaus zu gehen, dient nicht der „kognitive[n] Kritik an Wertüberzeugungen" (Albert 2011, S. 126), das wären *Maximen* im Sinne Kants, sondern es geht um eine
explizit philosophisch-ethische *Kritik an den normativen Implikation des Kompetenzbegriffs*, die zugleich der Kommunikations- und Medienwissenschaft den
Überstieg von einer moralisch geprägten Medienpraxis zu einer normativ reflektierten Antizipation medialer Realität (Praxis, Institutionen und Rahmenbedingungen)
auf der Basis empirischer Medienforschung erlaubt (vgl. Rath 2012b).

Medienkompetenz stellt eine Herausforderung an die Medienpraxis dar, die empirisch erfassbar ist, auch in ihren Begrenzungen. Zugleich impliziert Medienkompetenz einen normativen Anspruch an die Medienakteure, sofern sie der Medialität
nicht entgehen können und im kommunikativen Handeln auf andere Medienakteure angewiesen sind. Damit tut sich für eine allein empirisch verstandene
Kommunikations- und Medienwissenschaft ein Dilemma auf, weil sie die real existierenden Mediennutzerinnen und Nutzer eben immer auch am utopischen Prinzip des souverän, selbstbestimmt und partizipativ agierenden Medienakteurs misst.

Das Motto, das diesem Kapitel vorangestellt ist, der bekannte und den werturteilsfreien Sozialwissenschaften mantrahaft voran getragene Satz von Max Weber
(1985a, S. 151) aus dem Jahre 1904, bekommt so eine besondere Pointe: Die These
Webers ist auf der moralischen, also der tradierten Ebene sozialer Verhaltenserwartungen und „Erwartungserwartungen" (Luhmann 1994, S. 139), richtig: Aus
Seinsaussagen sind keine Sollensaussagen ableitbar (vgl. Rath 2000a). Auf der Ebene
der reflexiven Begründung von normativen Erwartungen jedoch ist die philosophische Rückbindung von Normativität an die Verallgemeinerbarkeit kommunikativer
Akte (die solche normativen Erwartungen immer darstellen, also *Maximen* im Sinne Kants) auch für eine empirische Disziplin argumentativ nachvollziehbar. Ja mehr
noch, eine empirische Sozialwissenschaft, die jemanden lehren kann, was er will,
kann ihn als rationales Argumentationssystem auch lehren, ob er es wollen kann,
dies zu wollen.

Haben wir mit der Medienkompetenz den Rezipienten und Mediennutzer in
den Blick genommen und danach gefragt, was die ethisch zu fordernde Eigenschaft

---

[20] Groeben (2002b) mahnt diese Brückenprinzip-Funktion der Medienkompetenz für die
Medienpädagogik an und stellt dabei den normativen pädagogischen Kompetenzbegriff einer
empirischen (Medien-)Erziehungswissenschaft gegenüber. Allerdings geht er über Hume
insofern hinaus, als er – ganz im Stile der gängigen Weber-Deutung – für die empirische
Wissenschaft nur die Möglichkeit sieht, Realisierungsbedingungen der Medienkompetenz
selbst wieder empirisch zu beschreiben.

des medialen Menschen wäre, so wollen wir uns jetzt dem Rezipierten und Genutz-
ten zuwenden, nicht en détail, sondern im Hinblick auf eine allgemeine Kategorie
zur Bewertung der Medienangebote bzw. „der Medien" überhaupt, die Medienqualität. Dabei werde ich zeigen, dass dieser vermeintlich selbstverständliche Begriff
der Medienbewertung selbst äußerst unklar ist und nur als Medienkompetenz der
Rezipient_innen und Nutz_innen sinnvoll genutzt werden kann.

4.3   Medienqualität

Die Kulturgeschichte kennt viele imaginierte Mischwesen, die in sich widerstrei-
tende Eigenschaften vereinen (vgl. Tori und Steinbrecher 2013). Hier soll, in einer
gewissen medien- und kommunikationsethischen Tradition, vgl. Saxer (1988), eine Chimäre des Medienzeitalters beleuchtet werden – die „Medienqualität". Denn
dieser Standardwert der Medienerziehung und der Medienprofession wird zwar
wie selbstverständlich angerufen, was er aber meint und für die Praxis bedeutet,
ist häufig unklar. Begriffsgeschichtlich geht Qualität auf *qualitas* zurück, was meist
mit „Beschaffenheit" übersetzt wird. Dieser Ausdruck ist ein philosophischer Neo-
logismus, seinerseits eine Übersetzung des griechischen Begriffs *poiótēs*, der von
Platon stammt (vgl. ausführlich hierzu Blasche 1989): Er meint in der klassischen
Philosophie ein abstraktes Allgemeines, das die charakteristische Beschaffenheit
des konkreten Einzeldings beschreibt. Für uns interessant: Qualität ist philosophisch gesehen also selbst keine Eigenschaft, sondern eine Beschreibungskategorie,
gehört also quasi auf die Metaebene der Empirie. Qualität ist das, was wir als abstrakte Kategorie in Anschlag bringen, um ein Konkretes unter ein Allgemeines zu
bringen.

    In der alltäglichen Verwendung dieses Ausdrucks hingegen bleibt meist un-
klar, ob es sich um eine individuelle Charakteristik handelt, die das Einzelne als
Individuum auszeichnet, oder um eine artencharakterisierende Kategorie, die das
Einzelne unter eine Klasse mit anderen Individuen subsumiert. Aus dieser auf den
ersten Blick rein begriffsgeschichtlichen Reflexion folgt, dass die Kategorie „Qualität" notgedrungen einer eigenen normativen Argumentation bedarf, wenn man sie
nicht deskriptiv, sondern bewertend für die Beurteilung medialer Angebote oder
medialer Praktiken nutzen will. Mit anderen Worten: Die Forderung nach „mehr"
oder „höherer" Medienqualität bleibt so lange hohl, solange man keine Kriteri-
en benennen kann, um diese Qualitätsforderung zu spezifizieren. Gängig ist eine
praxisbezogene Moralverallgemeinerung, die allerdings m. E. nicht ausreicht.

4.3.1 „Qualität" als Moralverallgemeinerung

Qualität als Moralverallgemeinerung meint die Übernahme von Qualitätskriterien aus einer vorfindlichen normativen Praxis. Professionalisierungserwartungen, die in einem Medienfeld vorherrschen, werden für die Beurteilung von Medienqualität herangezogen. Das können z. B. Selbstverpflichtungen sein wie die Kodizes der verschiedenen Medienprofessionen (vgl. Baum et al. 2005). Das Maß dieser Regulierungen ist dabei meist der vermutete öffentliche, viel öfter aber „nur" der erreichte interne Konsens. Allerdings haben z. B. Journalistinnen und Journalisten sehr wohl individuelle Wertüberzeugungen, die sie ihrem Handeln zugrunde legen (vgl. z. B. Karmasin 2005, 2006; zuletzt Kaltenbrunner et al. 2013). Diese sind aber, wie die Selbstkontrollregelungen, nicht allgemein verbindlich. Die empiriegestützte Verallgemeinerung des je schon Akzeptierten mag zwar pragmatisch den Gegebenheiten der Praxis gerecht werden, geht an der Frage nach normativ begründeter und inhaltlich differenzierter Medienqualität vorbei. Qualität bezeichnet also ein Konstrukt, das zwar der Empirie bedarf, aber seine normative Bedeutung aus einer philosophischen Reflexion schöpft.

4.3.2 „Qualität" als deskriptiv-abstraktes Charakteristikum

Qualität ist eine deskriptive Kategorie. Sie beschreibt die Beschaffenheit eines Einzelnen so, dass dieses mit anderen Einzelnen verglichen und unter dieser Qualität zusammengefasst werden kann. Ein Beispiel sind so genannte „Qualitätszeitungen". Verschiedene Einzeltitel werden unter eine gemeinsame Beschaffenheit subsumiert. Nur insofern die Qualität (Beschaffenheit) eines Einzelnen als eine allgemeine normative Bestimmung verstanden wird, kann einem Einzelnen diese Beschaffenheit als Ziel, als Norm oder als Wert vorgestellt und vorgeschrieben werden. Erst als ein Allgemeines wird Qualität zu einer normativen Erwartung. Die ist aber deskriptiv nicht einholbar. Das zeigt z. B. das Stichwort „Qualitätszeitungen" im „Lexikon Kommunikations- und Medienwissenschaft". Hier kommen als qualitative Merkmale nämlich allein quantitative Größen ins Spiel, regionale Verbreitung und Auflage sowie bestimmte je regionalspezifische Anteile und Redaktionsbeilagen (vgl. Raabe 2006). Im Vordergrund stehen also deskriptive bzw. im engeren Sinne die von Haller (2010) problematisierten betriebswirtschaftlichen Bezugsgrößen.

4.3.3 Medienqualität als implizites „Ranking"

Anders als in der Kommunikations- und Medienwissenschaft verwenden wir im öffentlichen Diskurs den Ausdruck „Medienqualität" allerdings explizit normativ. Und zwar in doppelter Weise. Zum einen wird Medienqualität als Ausdruck des per se Wahren, Guten und Schönen und damit als Zielgröße von Medienangeboten verwendet. Zum anderen ist mit Medienqualität zugleich ein implizites Ranking verbunden – Medien, die für sich Medienqualität beanspruchen können, sind an sich besser, d. h. sie müssen diese Auszeichnung nicht mehr explizit legitimieren, sie „sind" die Medienqualität, beispielsweise gilt dies für die bereits erwähnte „Qualitätspresse" und den öffentlich-rechtlichen Rundfunk, dessen Aufgabenfelder Information, Bildung, Unterhaltung und inzwischen auch Beratung im Rundfunkstaatsvertrag (vgl. 15. RStV, § 11, Abs. 1) verbrieft sind. Die aus USA über Großbritannien zu uns gekommene Diskussion um *Public Value* (vgl. Rath 2010b, 2011a; zum europäischen Vergleich Karmasin et al. 2010) hat gezeigt, dass der öffentlich-rechtliche Rundfunk in Deutschland die Frage nach dem normativen Wert, der dieser Konstruktion eines gebührenfinanzierten Rundfunks zugrunde liegt, gar nicht mehr stellt. Nicht die Realisierung der Medienqualität wurde und wird diskutiert, sondern die betriebswirtschaftliche Effizienz und das marktkonforme Auftreten der Rundfunkanstalten (vgl. beispielhaft Trappel und Hürst 2009).

Medienqualität ist also eine Charakterisierung, die nur vermeintlich eine normative Orientierung für Medienprodukte (und Medienhandeln) bietet. Vielmehr ist Medienqualität (wie Qualität überhaupt) eine deskriptive Kategorie, die eine abstrakte Beschaffenheit beschreibt, unter die Einzelnes (was sehr vage ist, es können konkrete Produkte, Formate oder Medienpraxen sein) zu fassen ist. Wollen wir Medienqualität als normative Kategorie einführen, müssen wir Kriterien benennen, die diese Qualität näher (und das heißt operational) bestimmen.

4.3.4 „Medienqualität" als empirio-normative Chimäre

Vor allem der letzte Punkt ist jedoch die eigentliche Schwierigkeit. Denn je nach dem, wie man diese Kategorisierung (oder diese Indikatoren) konstruiert, wird sie unterschiedlich tragfähig als normative Orientierung. Ein Beispiel: Das schweizerische Bundesamt für Kommunikation lässt seit 2008 die Programmqualität des schweizerischen Rundfunks untersuchen. Heinz Bonfadelli hat diese Studien federführend durchgeführt und stellt zusammen mit seinem Koautor im Abschlussbericht 2012 fest:

> Die Diskussion um die Qualität von Medieninhalten wird in der Regel normativ geführt. Aus gesetzlichen Rahmenordnungen und Stellungnahmen der Wissenschaft werden Kriterien abgeleitet, anhand derer das Angebot der Fernseh- und Radioprogramme untersucht wird. Letztlich wird das Programm aber für die Nutzer

gemacht und nicht nur, um normative Anforderungen des Gesetzgebers zu erfüllen. Daher steht in dieser Ergänzungsstudie die Bewertung der Radiohörer und Fernsehzuschauer im Vordergrund. (Bonfadelli und Fretwurst 2012, S. 5)

Bonfadelli und Fretwurst (2012, S. 7) differenzieren für ihre Studie daher aus bestehenden Diskursen verschiedene, als qualitätsrelevant angesehene Kriterien („Relevanz", „Ausgewogenheit", „Aktualität", „Glaubwürdigkeit", „das Verantwortungsbewusstsein der Journalisten" und „Unterhaltsamkeit") und fragen diese repräsentativ für die Schweiz als Maßstab der Programmqualität des Schweizer Rundfunkangebots bei Nutzern ab. Medienqualität ist also eine subjektive Einschätzung des Nutzers.

Zwei Probleme treten bei solchen empirischen Vorgehensweisen auf. Zum einen wird in der Befragung über die konkrete Beschaffenheit der Angebote nichts ausgesagt. Es wird ein Programmanbieter bewertet, keine Qualitätseinschätzung der konkreten Programme eruiert. Gewichtiger ist jedoch das zweite Problem, nämlich die operationalen Beurteilungsfaktoren der *Befragten*. Denn die genannten Kriterien sind in dieser Allgemeinheit inhaltlich quasi eine Blackbox, die Befragten können zwar sagen, ob sie die Programmangebote für relevant, aktuell, glaubwürdig usw. halten, es wird aber nicht deutlich, woran sie konkret „Relevanz", „Ausgewogenheit", „Aktualität" oder „Glaubwürdigkeit" festmachen.

Die *Qualität* des Medienangebots kommt also nur insofern in den Blick, als die Befragten eine bestimmte Qualitätsvorstellung haben, die das Produkt oder die Dienstleistung aufweisen muss, um überhaupt konsumiert zu werden. Ob der Zweck selbst, unter dem das Produkt steht (von Produzentenseite) bzw. der dem Produkt unterstellt wird und das Konsumverhalten bestimmt (von Nutzerseite), ethisch begründbar ist, bleibt dabei jedoch offen. Ein normativer Qualitätsbegriff ist also selbst auslegungsbedürftig – über die Akzeptanz der Rezipienten hinaus, am Produkt selbst, wenn Medienqualität als Beschaffenheit des Medienangebots verstanden wird. Wollte man aber das Produkt an sich, unabhängig von der Rezeption, normativ beurteilen, müsste man etwas tun, das sich für eine angewandte Ethik verbietet: Man müsste das Produkt in seinem – philosophisch gesprochen – „Sosein" auszuzeichnen und nicht an den Wirkungen, die es für den Rezipienten in seiner Rezeption entfaltet. Das ist aber nicht Medienethik, sondern entweder spekulative Metaphysik oder geschmäcklerisches Feuilleton.

Angewandte Ethik ist empiriegestützter Konsequentialismus. Sie fragt danach, was Medien in ihrer Nutzung für die Nutzenden bringen und bedeuten. Ihre Realisierung finden diese Bewertungen der Medien – zumindest in einem marktlich organisierten Mediensystem – über die Nutzungs- und Rezeptionsentscheidungen der Rezipienten und Nutzer. Sie stehen am Ende der medienwirtschaftlichen Handlungskette. Aber anders als die Medienökonomie fragt Medienethik nach der *moralischen* Qualität der Nutzungsentscheidung. Und das verweist uns ethisch auf *Medienkompetenz*, eine über technische Anforderungen hinausgehende Fähigkeit, Medienangebote, Produkte wie Dienstleistungen, in ihrer weltvermittelnden Bedeutung zu erfassen, zu verstehen und kritisch zu reflektieren. Mit anderen Worten, es geht um die Fähigkeit der Rezipierenden, gängige Kategorien der Medienethik (Wahrheit, Freiheit, Gleichheit, Gerechtigkeit, vgl. hierzu Wunden 1994, 1996, 1998) zu realisieren – in der Nutzung von Medien.

Fassen wir zusammen: „Medienqualität" ist ein Mischwesen, halb empirische Beschaffenheitsbeschreibung, halb normative Zielvorgabe für Medienproduktion und Medienhandeln. Diese Chimäre erfreut sich im öffentlichen Diskurs großer Beliebtheit, ist aber als belastbares Kriterium für eine normativ gefasste Akzeptanz medialer Angebote und Praxen ungeeignet. Denn als empirische Kategorie ist sie normativ *blind*, als medienethische (und professionsmoralische) Zielbeschreibung ist sie inhaltlich *leer*. Positive oder „hohe" Medienqualität muss sich an operationalisierbaren Indikatoren beweisen und an ethisch plausibilisierten Prinzipien legitimieren. Dieser Ausweis gelingt aber nicht „an sich", sondern nur in der *Rezeption* bzw. *Nutzung* von Medienangeboten. Damit erweist sich „Medienqualität" als Missverständnis. Ein normativer Begriff von Medienqualität muss nach der normativ legitimierbaren „Medienkompetenz" der Nutzer ebenso wie der Produzenten fragen. Der Imperativ „Sei medienkompetent!" fordert nicht (nur) eine pädagogische, sondern vor allem eine explizit ethische „Tugend" (vgl. Rath 2013a) der Mediennutzerinnen und Mediennutzer.

4.3.5   Medienqualität als Medienkompetenz

Medienqualität hängt damit als Bestimmung eines Medienprodukts von der Kompetenz der Rezipienten ab, das Angebot als qualitativ „wertvoll" zu rezipieren. Dies irritiert. Denn wäre dann nicht alles, was goutiert wird, auch gut?

Nein, denn die Rezipienten rezipieren nicht immer und nicht immer *nur* auf dem Niveau der Produkte und Angebote. Sogar mit auf den ersten (pädagogischen) Blick industriell hergestelltem Medien-Fastfood wie z. B. Soaps kann ethisch reflexive Rezeption gelingen. Obwohl Intention und handwerkliche Machart auf den schnellen Konsum ausgerichtet sind, ist doch das angebotene Wertegefüge in Soaps beeindruckend breit. Realisiert werden diese Wertangebote aber erst in der Rezeption der Nutzerinnen und Nutzer – und im Diskurs über Medienangebote werden dann sogar Wertkategorien entwickelt, die im Medienangebot selbst nicht thematisiert wurden (vgl. z. B. Hubbuch 2010). Mit anderen Worten, es zeigt sich, dass es einer ethischen (im Sinne von moralreflektierenden) Medienkompetenz bedarf, um normativ verargumentierbare Urteile über mediale Angebote zu fällen.

Deskriptiv messbar ist diese Kompetenz als Stufe der moralischen Entwicklung, normativ als plausibel rekonstruierbar sind diese Urteile über eine philosophisch-ethische Begründung der jeweiligen Bewertung (vgl. Marci-Boehncke und Rath 2005b, 2006b; Rath 2009). Diese Begründung setzt aber nicht beim Produkt an, sondern an der Medienkompetenz der Nutzer. Sie sind dahin zu untersuchen, inwieweit ihre Medienpraxis ethisch verallgemeinerbar und argumentativ plausibilisierbar ist. D. h., eine so verstandene Medienkompetenz stellt die eigentliche Herausforderung an die Medienpraxis dar, denn das Produkt erhält seinen qualitativen Wert erst in der Rezeption. Das impliziert zunächst, wie oben festgestellt, einen normativen Anspruch an die Medienakteure (produzierende, distribuierende und rezipierende), daraus folgt aber auch der normative Anspruch an (Qualitäts-) Medien, den Rahmen abzugeben, in dem ein medienkompetenter Nutzer seine Kompetenz entfalten kann. Medienqualität erweist sich somit als abgeleitete, am Rezipienten festgemachte Normativität: Medien sind nicht hoch qualitativ „an sich", sondern sofern sie in ihrem Angebot die real existierenden Mediennutzerinnen und Nutzer immer auch am utopischen Prinzip des souverän, selbstbestimmt und partizipativ agierenden Medienakteurs messen.

Damit ist der Boden bereitet für eine Qualitätsdiskussion, die über die Themenfelder „Information" und „Bildung" hinausgeht und auch „Unterhaltung" (vgl. Hausmanninger 1992, 1994) und „Beratung" (Marci-Boehncke und Rath 2005a, 2007a) in den Blick nimmt. Die im Qualitätsdiskurs mitschwingende Normativität speist sich aus der normativen Tragfähigkeit eines nicht-pädagogischen Kompetenzbegriffs, der – ganz im Sinne von Kants „kategorischem Imperativ" – ein anthropologisches und sozialethisches Ideal als Zieldimension medialer Praxis ausweist.

▶ Nicht alles, was rezipiert wird, ist qualitativ hochstehend, sondern das ist qualitativ hochwertig, das kompetent rezipiert und genutzt werden kann.

Haben wir mit dem Begriff der „Medienqualität" vor allem die Medienangebote im Blick gehabt, so wollen wir zum Abschluss die Medienkommunikation allgemeiner in den Blick nehmen und nach einer ethischen Grundcharakteristik fragen, die zu den gängigen Wertvorstellungen von Medienqualität gehört, die Wahrhaftigkeit. Dieser Grundbegriff ist, obwohl gängig, komplex. Es wird daher notwendig sein, diesen Grundbegriff etwas ausführlicher zu referieren, um ihn dann auf Medien anwenden zu können.

4.4   Wahrhaftigkeit

Wahrhaftigkeit gehört, wie *Wahrheit*, zu den fundamentalen Anforderungen an ethisch akzeptable Medienpraxis. Allerdings unterlag und unterliegt dieser Begriff tiefen Wandlungen. Zunächst soll also eine knappe historische Einordnung dazu Klarheit verschaffen und dann der Begriff systematisch erhellt werden.

4.4.1   Kurzer historischer Abriss

In der Antike und Spätantike (vgl. Szaif 2004) vollzog sich ein Wandel der Bedeutung der Wahrhaftigkeit von einer „Charakterdisposition" hin zu einer rigoristischen „Willensdisposition" (bei Augustinus), die Lüge radikal ablehnt. Interessant ist die Wendung, die diese Spannung zwischen Neigung und Intention im Mittelalter (Szaif 2004, S. 43) erfährt. Albertus Magnus beschreibt Wahrhaftigkeit u. a. als *„civilis virtus"*, als bürgerliche Tugend. Er hebt damit schon auf die kommunikative Funktion der Wahrhaftigkeit ab. Thomas von Aquin schließlich qualifiziert sie als ein nur sittlich Geschuldetes (*debitum morale*), die nur ein Teilmoment der Gerechtigkeit ausmache.

In der Neuzeit wird der subjektiv-soziale Aspekt verstärkt in den Blick genommen (vgl. Thurnherr 2004). Die Frage, ob es eine Wahrhaftigkeitspflicht gäbe, steht im Vordergrund. Descartes' These vom wahrhaftigen Gott, der uns nicht täuschen könne, weist in diese Richtung. Zugleich macht Descartes damit aber das Feld auf für die Erkenntnis, dass die Wahrheit unserer Aussagen über die Welt („was der Fall ist") brüchig ist. Die Wahrhaftigkeit als Neigung, die Wahrheit zu sagen, wird damit mehr und mehr von einem abgeleiteten Wert (Wahrhaftigkeit ist an der Wahrheit zu messen) zu einem begründenden Wert (Wahrhaftigkeit ist die Zusicherung der Verlässlichkeit). Die Vertreter einer unbedingten (z. B. Kant) wie auch einer bedingten Wahrhaftigkeitspflicht (z. B. Wolff) sind nicht so sehr als Antagonisten denn als Aufklärer zu verstehen, die die Grenzen der Erkenntnis der Wahrheit zum Anlass nehmen, nach den Grenzen des guten Handelns zu fragen (vgl. Annen 1997).

Christian Wolff relativiert die Wahrhaftigkeitspflicht mit dem Hinweis auf einen höheren Zweck, z. B. Nutzen oder Schutz vor Schaden. Diese „utilitaristische" Wendung bei Wolff geht von einer natürlichen oder vertraglichen Verpflichtung Schaden abzuwenden und Nutzen anzustreben aus (vgl. Annen 1997, S. 43 f.). Allerdings sieht Wolff noch nicht die Pflicht des Menschen gegen sich selbst, die Kant dann gegen Wolff stark machen wird. In einer kleinen Schrift vor allem, *Über ein vermeintes Recht, aus Menschenliebe zu lügen* (1797), entfaltet Kant sein rigoroses

Lügenverbot, dass die Nützlichkeitserwägungen Wolffs völlig verwirft. Der Zufall einer nützlichen oder schädigenden Wirkung unwahrhaftiger Rede ist ethisch irrelevant.

> Jeder Mensch aber hat nicht allein ein Recht, sondern sogar die strengste Pflicht zur Wahrhaftigkeit in Aussagen, die er nicht umgehen kann: sie mag nun ihm selbst oder anderen schaden. Er selbst thut also hiemit dem, der dadurch leidet, eigentlich nicht schaden, sondern diesen verursacht der Zufall. (Kant, AA VIII, 428)

In der *Kritik der praktischen Vernunft* setzt er diese Unterscheidung noch radikaler an, resultierend aus der Frage, inwieweit das Ergebnis einer Handlung Folgen für die Verallgemeinerung einer Pflicht hat:

> [...] diese Unterscheidung des Glückseligkeitsprinzips von dem der Sittlichkeit ist darum nicht so fort Entgegensetzung beider, und die reine praktische Vernunft will nicht, man solle die Ansprüche auf Glückseligkeit aufgeben, sondern nur, so bald von Pflicht die Rede ist, darauf gar nicht Rücksicht nehmen. Es kann sogar in gewissem Betracht Pflicht sein, für seine Glückseligkeit zu sorgen; teils weil sie (wozu Geschicklichkeit, Gesundheit, Reichtum gehört) Mittel zu Erfüllung seiner Pflicht enthält, teils weil der Mangel derselben (z. B. Armut) Versuchungen enthält, seine Pflicht zu übertreten. Nur, seine Glückseligkeit zu befördern, kann unmittelbar niemals Pflicht, noch weniger ein Prinzip aller Pflicht sein. Da nun alle Bestimmungsgründe des Willens, außer dem einigen reinen praktischen Vernunftgesetze (dem moralischen), insgesamt empirisch sind, als solche also zum Glückseligkeitsprinzip gehören, so müssen sie insgesamt vom obersten sittlichen Grundsatze abgesondert, und ihm nie als Bedingung einverleibt werden [...]. (Kant, AA V, 94)

Beide Positionen, so verschieden sie scheinen mögen, haben gemeinsam, dass sie eine säkulare, von einem absoluten Wahrheitsbegriff (über die Erkenntnis von Welt) ebenso wie von einem absoluten (göttlichen) Wahrhaftigkeitsbegriff freie, rationale Erörterung wahrheitsbezogener Handlungen ermöglichen.[21]

Ohne die Geschichte der Wahrhaftigkeit als philosophischen Begriff hier weiter verfolgen zu wollen, soll doch auf die systematische Einordnung der Wahrhaftigkeit in die verschiedenen Formen „sozialen Handelns" (Weber 1913) bei Habermas hingewiesen werden. Habermas (1995) ordnet die Wahrhaftigkeit neben die Verständlichkeit (pragmatischer Aspekt), Wahrheit (propositionaler Aspekt) und Richtigkeit (normativer Aspekt) als Bestimmungsstücke einer vernünftigen Aussage ein. Im Gegensatz zur Verständlichkeit, die in jedem praktisch gelingenden Gespräch unmittelbar als eingelöst gelten kann und damit zu den Bedingungen

---

[21] Dass es sich hierbei um eine breite Diskussion handelte, die über die beiden Protagonisten hinaus reicht, zeigen z. B. die historischen Analysen bei Annen (1997), Dietz (2002), Dietsch (1998) sowie Schockenhoff (2000, S. 80–105).

der Kommunikation zu zählen ist, und den beiden Bestimmungen Richtigkeit und Wahrheit, die diskursiv eingelöst werden müssen, ist *Wahrhaftigkeit* ein „Versprechen", dass wir nur in „Handlungszusammenhängen" als gültig erfahren können („Interaktionserfahrung", Habermas 1995, S. 139). Wahrhaftigkeit als Postulat einer jeden Kommunikationssituation (vgl. Habermas 1995, S. 179) gehört damit zu den Gewissheiten der Kommunikation, die wir aber erst aus dem Erlebnis mit „wahrhaftigen" Kommunikationspartnern ziehen. Hier zeigt sich, dass die Charakterisierung der Wahrhaftigkeit als „Haltung" oder „Tugend" durch die Philosophiegeschichte durchgehalten wurde. Williams (2003, S. 149) hat diese Bedeutung der Wahrhaftigkeit mit einem Rekurs auf einen fiktiven Naturzustand als Aufrichtigkeit nochmals betont: Sie sei eine „Neigung, die dafür sorgt, daß die Behauptungen einer Person deren wirkliche Überzeugungen ausdrücken".

4.4.2   Zur Systematik der „Wahrhaftigkeit"

Wahrhaftigkeit ist die Abstraktbildung zu wahrhaft und wahrhaftig und meint die „aufrichtigkeit, bestreben die wahrheit zu reden, namentlich als ein dem menschen anhaftender charakterzug: veracitas, worhaftikeit, waarhaftigkeit" (Grimm 2004, S. 836). Es ist zurückführbar auf das ahd. *wâr* und ist quasi die subjektive (und in der normativen Bewertung moralische) Rückseite der Wahrheit, wird ausgesagt von einem, „der die warheit liebt" (Grimm 2004, S. 815). Diese auch etymologische Nähe wird uns noch beschäftigen, soll aber jetzt eher ausgeblendet bleiben, denn als moralische Charakterisierung eines Menschen muss Wahrhaftigkeit von Wahrheit unterschieden werden.

Wahrheit ist ein nur vermeintlich ethisch hoch angesetzter Wert. Denn der Sachverhalt der Wahrheit ist kein praktischer, sondern ein ontologischer oder zumindest semantischer, den Thomas von Aquin (*de Veritate*, q. 1, a. 1) in eine griffige Formel gebracht hatte: *veritas es adaequatio rei et intellectus*, die (wie auch immer zu fassende) Übereinstimmung eines Satzes mit einer durch den Satz beschriebenen Realität. Das Gegenteil ist „Falschheit". Die Wahrheit kommt also dem Satz zu, genauer dem im Satz ausgesprochenen Urteil. Nur in diesem Sinne kann man sagen, das Gegenteil der Wahrheit sei die Lüge: Lüge als „vorsätzlich" falsch formuliertes Urteil, das dadurch zur Lüge wird, dass der Sprecher im Urteil über einen Sachverhalt etwas behauptet, von dem er weiß, dass dies nicht „der Fall" ist, wie es Wittgenstein 1918 im *Tractatus logico-philosophicus*, Satz Nr. 1, formuliert hat (vgl. Wittgenstein 1984). Wir können daher sagen, der Wert, der in der Wahrheit Verwirklichung findet, das Wahre, ist im eigentlichen Sinne ein logischer Wert.

Ethisch relevant werden das Wahre und die Wahrheit, sofern wir von Menschen fordern, die Wahrheit auszusagen.[22] Die Verwendung des Ausdrucks Wahrheit zielt also auf eine ontologische oder semantische Bedingung, nicht auf die Qualifizierung einer Praxis.

Wahrhaftigkeit hingegen ist keine ontologischer bzw. semantischer Sachverhalt: Wahrhaftigkeit bezeichnet eine *Handlungspräferenz*, d. h. die *Praxis* eines Menschen. Erst in einem mittelbaren Sinne kann man von einem Sachverhalt sprechen: die vollzogene Praxis, vorsätzlich zumindest keine unwahren Aussagen zu machen, kann als moralische Qualifizierung einem Menschen als Eigenschaft zugewiesen werden. Wahrhaftigkeit meint dann die Haltung, Wahrheit aussagen zu wollen. Es bezeichnet die (erschlossene, aus der Praxis verallgemeinerte) Intention und Neigung, vorsätzlich zumindest keine unwahren Aussagen zu machen. Damit entspricht Wahrhaftigkeit dem, was Aristoteles als „Tugend" (aretē) bezeichnet und gehört zu den Haltungen, die durch Gewohnheit und Übung erworben werden und eine Verhaltensbereitschaft meinen.

Diese erste Annäherung zeigt bereits, wie komplex die Wahrhaftigkeit gedacht werden muss. Sie ist moralische Qualifizierung und zugleich ethischer „Grundbegriff". Sie hebt auf eine Neigung, Tugend, Haltung ab, die aus beobachtbarem Verhalten erschlossen, aber selbst nicht im eigentlichen Sinne beobachtet werden kann.

4.4.2.1 Wahrhaftigkeit und Wahrheit

Bei aller Unterscheidung von Wahrheit und Wahrhaftigkeit sind beide jedoch nicht losgelöst voneinander zu denken. Wer Wahrhaftigkeit fordert, setzt einen irgendwie gearteten Begriff von Wahrheit voraus. Obwohl vor allem neuzeitliche und moderne Wahrheitstheorien (vgl. Habermas 1995) deutlich zeigen, dass der antike und mittelalterliche, ja noch frühneuzeitliche Optimismus, in einer absolut gedachten Realität den festen Grund zu finden, auf dem die Wahrheit des Satzes fußt, mehr und mehr korrodiert wurde, ist der Anspruch auf die Wahrheit des Satzes nicht aufgegeben.

Die für das abendländische Wahrheitsverständnis grundlegende Bestimmung durch Thomas von Aquin wird durch die Relativierungen der Moderne nicht wirklich obsolet. Allerdings ist nicht abzuleugnen, dass die Kenntnis der „wahren" Verhältnisse, dessen, was unabhängig von unseren Meinungen „der Fall" ist, uns

---

[22] Wir sind es jedoch gewohnt, Wahrheit auch anders zu verwenden. Der Satz „Er ist ein wahrer Freund" z. B. sagt etwas über einen Menschen aus, nicht über einen Satz. Der Satz meint, der mit „er" bezeichnete Mensch entspräche dem, was das Wort „Freund" meint, im vollen Sinne.

anscheinend nicht ohne weiteres gelingt. Immanuel Kants „Kopernikanische Wende" in der Vorrede zur zweiten Auflage der *Kritik der reinen Vernunft* spricht in
ihrer Gelassenheit aus, wie zumindest eine Interpretation der thomasischen *Adaequatio*-Formel ins Wanken gerät, die Sicherheit einer sich selbst unverstellt zur
Sprache bringenden Wirklichkeit:

> Bisher nahm man an, alle unsere Erkenntnis müsse sich nach den Gegenständen rich-
> ten; aber alle Versuche über sie a priori etwas durch Begriffe auszumachen, wodurch
> unsere Erkenntnis erweitert würde, gingen unter dieser Voraussetzung zunichte. Man
> versuche es daher einmal, ob wir nicht in den Aufgaben der Metaphysik damit bes-
> ser fortkommen, daß wir annehmen, die Gegenstände müssen sich nach unserem
> Erkenntnis richten, welches so schon besser mit der verlangten Möglichkeit einer
> Erkenntnis derselben a priori zusammenstimmt, die über Gegenstände, ehe sie uns
> gegeben werden, etwas festsetzen will. (AA III, 11 f.)

Was für Metaphysik zu gelten hat, gilt für alle Wahrheitsansprüche: sofern sie aufrechterhalten werden sollen, müssen sie *a priori*, vor aller Erfahrung gelten. Diese
Wendung von der Wahrheit als *veritas* zum Wahrheitserweis als Intersubjektivität
(vgl. Rath 1996) führt allerdings nicht in die Beliebigkeit. Unser Alltagsverständ-
nis bringt es zum Ausdruck: Die Aufforderung „Sag' die Wahrheit!" wäre sinnlos,
würde man diese Wahrheit als letztlich beliebig annehmen. Aber so allgemein betrachtet bleibt Wahrhaftigkeit auf (eine) Wahrheit verwiesen: Wahrhaftig spricht
der, der ausspricht, was er als wahr anerkennt, also für wahr hält, als Wissen für sich
beansprucht. Ein Verständnis von Wahrheit kann als Voraussetzung für Wahrhaftigkeit angenommen werden. Damit ist über das konkrete Wahrheitsverständnis
nichts gesagt.

Aber selbst ein weit von Realitätsannahmen entfernter Wahrheitsbegriff erlaubt
einem Sprecher, zwischen wahren und nicht wahren Aussagen zu unterscheiden.
Selbst wenn man annähme, nur das wäre wahr, was durch eine sozial anerkannte
Autorität als wahr ausgezeichnet ist (z. B. durch einen Weisen oder einen Philosophen), also ohne einen direkten Bezug auf eine Realität, wäre es möglich, für sich
zu entscheiden, wahrhaftig zu sprechen: Eben das zu sagen, von dem man überzeugt ist (z. B. weil es die Autorität bestätigt), dass es wahr ist. Damit ist zugleich
festgehalten, worauf Habermas bereits hingewiesen hat: Wir können als Hörer
und Gesprächspartner den Anspruch auf Wahrhaftigkeit nur konstatieren. Die
Einlösung ist nur in Handlungszusammenhängen möglich. D. h.: Wahrhaftigkeit
ist nicht die Bezeichnung für ein *eingelöstes* Wahrhaftigkeit-Versprechen. Denn
selbst wenn wir an einem naiven Verständnis der *Adaequatio*-Formel festhalten, so
würde die Prüfung und Feststellung, ein Satz entspräche der durch ihn ausgesprochenen Realität/Wirklichkeit, uns nicht berechtigen, dem Sprecher Wahrhaftigkeit
zu unterstellen. Die Wahrheit eines Satzes ist irrelevant für die Wahrhaftigkeit des

Sprechers dieses Satzes. Aber dennoch ist für die Bedeutung des Begriffs Wahrhaftigkeit ein positives Konzept von Wahrheit konstitutiv. Die radikale Skepsis im erkenntnistheoretischen Sinne macht hingegen die Wahrhaftigkeit als ethische Kategorie hinfällig.

4.4.2.2 Wahrhaftigkeit und ihre(e) Gegenteil(e)

Damit wird zugleich deutlich, dass *Falschheit* nicht als Gegenbegriff für die Wahrhaftigkeit geeignet ist. Es muss zwar für einen Hörer möglich sein, einen Satz für falsch zu halten oder gar als falsch zu erweisen. Die Falschheit[23] des Satzes sagt jedoch nichts über die Wahrhaftigkeit des Sprechers aus. Wenn die Überzeugung, das zu sagen, was man selbst als Sprecher für wahr hält, Wahrhaftigkeit ist, dann ist der Gegenbegriff der Wahrhaftigkeit (trivialer Weise) die *Unwahrhaftigkeit*. Wie steht es dann aber mit der *Lüge*? Entgegen manchen Diskussionen innerhalb der ethischen und erkenntnistheoretischen Literatur (vgl. Dietz 2002, S. 65–68) gilt auch hier, wie schon bei der Wahrhaftigkeit, dass Lüge ohne ein Konzept von Wahrheit nicht möglich ist. Eine Lüge liegt dann vor, wenn der Sprecher eines Satzes von der Falschheit seines Satzes überzeugt ist *und* ihn mit dem Anspruch ausspricht, er sei von der Wahrheit des Satzes überzeugt. Damit wird deutlich, dass die Lüge eine dreifache kognitive Komponente hat: Der Sprecher muss zunächst entscheiden können, ob seine Satz wahr ist. Dann muss er im Stande sein, die Falschheit eines möglichen Satzes zu konstruieren. Für beides bedarf es eines irgendwie gedachten positiven Konzepts von Wahrheit. Schließlich muss es der Intention, diesen falschen Satz aussprechen, in sich gewahr werden. Dann erst folgt die Umsetzung, die Lüge.

Damit ist zum einen deutlich, dass die Lüge die Folge eines bestimmten, nicht ausschließlich[24] kognitiven Prozesses ist, jedoch nicht mit diesem Prozess identisch gesetzt werden darf. Sie ist die *Folge* dieses Prozesses. Die Umsetzung dieses Prozesses in die Lüge bedarf jedoch noch eines Entschlusses, der selbst wiederum in einer Neigung fußt, der Neigung, in bestimmten Situationen oder gar generell falsche Sätze auszusprechen – was nichts anderes heißt, als etwas mit dem Anspruch zu

---

[23] Wir verwenden im Alltag sehr viel häufiger den Ausdruck „Unwahrheit" statt Falschheit, um einen nicht-wahren Satz zu charakterisieren. Ich bleibe hier jedoch bei dem etwas sperrigeren Ausdruck „Falschheit", um zunächst einmal auf die epistemische, erkenntnistheoretische Frage abzuheben, ob ein Satz wahr ist oder nicht. Dies entspricht auch der logischen Tradition (vgl. Bocheński 1996, S. 467 u. ö.). Unwahrheit ist jedoch immer schon moralisch belegt, enthält die Wertung eines vorsätzlich falschen Satzes, eben einer Lüge.

[24] Nicht ausschließlich kognitiv ist dieser Prozess, weil die Intention volitiver Natur ist, also ein Willensakt.

sagen, es sei wahr und wahrhaftig ausgesprochen. Falschheit ist also eine postulierte Eigenschaft eines Satzes, Unwahrhaftigkeit ist das Gegenteil der Wahrhaftigkeit, Lüge ist der Vollzug der Unwahrhaftigkeit.

Blicken wir zurück, so wird deutlich, dass die ethische Kategorie der Wahrhaftigkeit uns vor ein Beurteilungsproblem stellt. Denn Wahrhaftigkeit ist eine subjektive Geneigtheit, die sich zwar *idealiter* in wahren Sätzen verwirklicht, jedoch nicht mit der Wahrheit der Sätze identisch ist. Ja, es sind Konstruktionen denkbar, bei denen die Kategorien Wahrheit, Falschheit und Lüge gänzlich im Widerspruch zur Wahrhaftigkeit stehen oder sogar für das Urteil der Wahrhaftigkeit irrelevant sind. So ist es denkbar, dass ein Sprecher von der Wahrheit seines Satzes überzeugt ist und ihn mit diesem Anspruch ausspricht, sich dieser Satz jedoch als falsch erweist. Dies ist der Fall im Irrtum, der Unwissenheit oder der Weitergabe einer Täuschung. In diesen Fällen kann zwar ethisch noch nach anderen Wertvorstellungen gefragt werden, z. B. nach der Gewissenhaftigkeit, der Genauigkeit, der Diskretion, dennoch kann im konkreten Kommunikationsakt Wahrhaftigkeit vorliegen. Ebenso denkbar ist es, dass jemand einen Satz als wahr ausspricht, von dem er überzeugt ist, er wäre falsch, und es sich herausstellt, das der Satz doch wahr war. In diesem Fall wäre der Sprecher dennoch unwahrhaftig gewesen und man könnte von einer Lüge sprechen. In einem anderen Fall schließlich, der in die Diskussion um die Wahrhaftigkeit als *„reservatio mentalis"* eingegangen ist, kann der Sprecher unausgesprochen Vorbehalte seinen Aussagen gegenüber geltend machen oder sprachliche Uneindeutigkeiten verwenden, die im Nachhinein eine andere als die vom Hörer unterstellte Bedeutung möglich machen. In diesen Fällen der *reservatio mentalis* ist zwar vermeintlich der Sachverhalt der Lüge nicht gegeben (eine falsche Aussage wurde ja vermieden), dennoch ist die Wahrhaftigkeit nicht gewahrt – die einschränkenden Vorbehalte blieben vorsätzlich ungenannt und die verwendeten Äquivokationen sollten ein Verständnis der eigentlichen Intentionen des Sprechers vermeiden.

4.4.2.3 Gewissheit in der Wahrhaftigkeit

All diese Grenzbereiche zeigen, dass Wahrhaftigkeit zwar der Wahrheit bedarf, jedoch nicht an ihr entschieden werden kann, und dass die Wahrhaftigkeit letztlich festgemacht werden muss an der subjektiven Gewissheit des Sprechers in Bezug auf die Wahrheit seiner Aussagen. Diese Gewissheit des Sprechers stellt zugleich einen Anspruch an den Sprecher. Wie in den eben genannten Beispielen ist die Einlösung dieser Gewissheit selbst wieder eine normative Forderung. Neben kognitive und epistemische Kategorien wie die Irrtumsvermeidung, die Folgerichtigkeit des Denkens oder die Genauigkeit der Satzkonstruktion treten Aspekte des Selbstbezugs, die mit der Unterscheidung zwischen einer inneren und einer äußeren Wahrhaftigkeit näher beschrieben werden können.

Die „innere Wahrhaftigkeit" hebt auf Selbsterkenntnis ab, auf die möglichst klare Erkenntnis seines eigenen Wesens, seiner Neigungen und Interessen – eine Forderung, die zu den ältesten Imperativen der Philosophie zählt. Die Bereitschaft, sich selbst unverstellt zu erkennen, dient auch der Aufklärung über Intentionen und Strebungen, die die Wahrnehmung von „Verbiegungen" der Wahrheit verhindern. Neuzeitlich können z. B. die Tiefenpsychologie und die Psychoanalyse als methodische Reflexe auf diesen Imperativ gelten. Diese Form der Wahrhaftigkeit bleibt immer unabgeschlossen, da wir nie sicher sein können, ob wir alle unsere unterschwelligen („unbewussten") Vorbehalte kennen (vgl. Habermas 1995, S. 182 f.). Die „äußere Wahrhaftigkeit" hingegen meint die von uns entfaltete Bereitschaft, Wahrheit auszusprechen, Kommunikation wahrhaftig zu gestalten.

4.4.3 Medien als Wahrhaftigkeitsträger

Bisher haben wir das Individuum, den einzelnen Sprecher als Träger der Wahrhaftigkeit in den Blick genommen. In gewisser Weise ist dies auch ausreichend, gehören Tugenden doch eindeutig in den Bereich der Individualethik, in den Bereich des einzelnen Menschen als Handelnden. Aber es ist auch sinnvoll, die Perspektive auf die soziale Ebene auszuweiten, vor allem, wenn man den Aspekt der Wahrhaftigkeit auf mediale Kommunikation zuspitzt. Unter Medien verstehe ich im Folgenden, die schon weiter oben dargestellte Systematik Bonfadellis (2002) aufgreifend, keinen technischen oder zeichentheoretischen, sondern einen *sozial-institutionellen Medienbegriff*, der auf organisationssoziologische Aspekte der Medien, also unterschiedliche Unternehmen, Berufe und Tätigkeitsfelder abhebt. Danach geht es um die Kommunikation, die in der medial geprägten Gesellschaft von Medien ausgeht (z. B. von Zeitungen, Sendern, Verlagen, Journalisten). Medien gehören, wie oben erwähnt Berger und Luckmann (1995, S. 59) festgestellt haben, zu den „intermediären Institutionen", die als Vermittlungsinstanz „zwischen dem einzelnen und den in der Gesellschaft etablierten Erfahrungs- und Handlungsmustern" (Berger und Luckmann 1995, S. 57) treten. Diese Vermittlung ist in unserer fragmentierten Mediengesellschaft von besonderer Relevanz, weil sie *de facto* als Welterklärung fungiert:

Ein Wort zu den Medien der Massenkommunikation vom Verlagswesen bis zum Fernsehen: Wie schon oft – und richtig – bemerkt wurde, spielen diese Institutionen eine Schlüsselrolle in der modernen Sinnorientierung – genauer gesagt: in der Sinnverteilung. Sie vermitteln zwischen kollektiver und individueller Erfahrung, indem sie typische Deutungen für als typisch definierte Probleme anbieten. Was immer andere Institutionen an Wirklichkeitsdeutungen und Werten produzieren, die Medien wählen aus, organisieren (,verpacken') diese Produkte, verändern sie meistens im Lauf dieser Prozesse und entscheiden über die Formen der Verbreitung. (Berger und Luckmann 1995, S. 57)

Damit kommt der Wahrheit in diesen Kommunikationsprozessen besondere Bedeutung zu. Wie aber lassen sich die Wahrheitsgehalte medialer Aussagen kontrollieren? Nicht nur haben wir die epistemischen Probleme, die uns bisher bereits beschäftigten, es kommen noch zwei zusätzliche Faktoren hinzu: zum einen die rein räumlichen und zeitlichen Distanzen zu dem prämedialen Faktum und zum anderen die Interessen medialer Akteure. Zunächst sind wir bei medialen Angeboten in besonderer Weise vom wie auch immer zu denkenden Geschehen, über das medial berichtet oder kommuniziert wird, entfernt. Informationsmedien bringen uns Berichte aus allen Erdteilen und unterschiedlichen Zeiten. Eine Überprüfung „mit eigenen Augen" ist meist nicht möglich. Darüber hinaus haben Medien Interessen. Die so genannte „Ökonomie der Aufmerksamkeit" (Franck 1998) der Medien zwingt zu Präsentationsformen, die einzelne Angebote aus der Fülle der Konkurrenz und der Vielfalt des Informationsgewitters herausragen lassen.

Schon 1978 hat Hans Sachsse (1978, S. 258 ff.), allerdings bezogen auf die Technik, angesichts der zunehmenden Komplexität unserer gesellschaftlichen Subsysteme den Verlust der Kontrolle über die Teilbereiche konstatiert und als einzige – nicht nur zu wünschende, sondern realistischer Weise *allein mögliche* – soziale Sicherungsform „Vertrauen" gefordert. Vertrauen kann jedoch nicht im Hinblick auf eine Wahrheit im Sinne der *Adaequatio*-Formel gefordert werden. Sätzen kann man nicht vertrauen. Vertrauen ist nur in Personen bzw. in von Personen geführten Institutionen möglich. Wie ist das Vertrauen in die Wahrhaftigkeit der Medien dann zu denken?

Die Bereitschaft, überhaupt Medien zu nutzen, fußt auf diesem Vertrauen in die grundsätzliche Wahrhaftigkeit der Medien. Dabei kann nicht übersehen werden, dass Medien Interessen haben, individuell z. B. Interessen der einzelnen Journalisten, strukturell z. B. über Vorgaben der Eigentümer. Ich will nur drei Gruppen herausgreifen, für die diese Wahrhaftigkeit gefordert werden kann: die Medienunternehmer, die Journalisten und die Mediennutzer oder Rezipienten. Dabei wird sich herausstellen, dass vor die äußere Wahrhaftigkeit die innere zu treten hat.

Im Rahmen angewandter Ethik wie der Medienethik müssen ethische Forderungen möglichst weit an die Handlungsrealität herunter gebrochen werden. Für Wahrhaftigkeit heißt das u. a., die zentralen Intentionen und Wertkriterien eigenen Handelns zu erfragen und damit zu operationalisieren (vgl. Rath 2006b): Für das Medienunternehmen und den Medienunternehmer als ökonomisches Subjekt ist dies die Frage nach dem ökonomischen Kalkül, für den Journalisten ist dies die Frage nach den Kriterien professioneller Recherche und für den Leser die Frage nach den eigenen Qualitätsansprüchen. Auch diese Fragen lassen sich noch zuspitzen: Ökonomisches Kalkül meint „Woher kommen die ökonomischen Ressourcen?", für die Recherche „Woher kommt die Nachricht?" und für Qualität „Welche Erwartung haben Rezipienten an ihr Medium, z. B. die Zeitung?" Wahrhaftigkeit als Haltung heißt hier, diese Fragen im Sinne einer Transparenz der Interessen zu beantworten. Antworten werden sich auf verschiedene Interessenbereiche konzentrieren.

Das Medienunternehmen sollte offen legen, welchen politischen bzw. ökonomischen Gruppierungen es sich zugehörig fühlt, welche ökonomischen Abhängigkeiten bestehen (und in welchen ökonomischen Verwertungsketten sich das Medium eingebunden sieht) bzw. welche politischen Leitlinien verfolgt werden. Der Journalist hätte zu klären, welche Kriterien er für die Entscheidung, eine Meldung, einen Bericht zu verfassen, anlegt (politische Tragweite, soziale Bedeutung, Emotionalisierung oder Skandalisierung), wie mit der zunehmenden Komplexität der Medienthemen umgegangen wird (weiß der Journalist noch, worüber er schreibt? Welche Abhängigkeiten von Experten bestehen?) und welche Quellen inzwischen die eigene Recherche ersetzt haben (Bedeutung der PR-Arbeit für den berichtenden Journalismus). Der Rezipient schließlich sollte sich und den Medien Rechenschaft darüber ablegen, welche Komplexität der Berichterstattung er wünscht, welchen Unterhaltungsanspruch er an das Medium stellt und inwieweit er statt Aufklärung Bestätigung eigener Positionen fordert.

Die Wahrnehmung (und damit Bestätigung) von Wahrhaftigkeit erfolgt, wie im allgemeinen Teil im Nachgang zu Habermas schon formuliert, durch die Erfahrung von Handlungszusammenhängen. Die Komplexität des Mediensystems erlaubt keine effiziente Kontrolle mehr. Wahrhaftigkeit zeigt sich in Produkten, die von den Medien selbst auf ihre Angemessenheit (Wahrheit oder Richtigkeit) hin zu überprüfen sind. Dafür gibt es Institutionen der Selbstkontrolle wie den Presserat oder die Selbstkontrolle Fernsehen. Die Journalisten realisieren Wahrhaftigkeit als professionelle „Tugend" vor allem über die Journalistenausbildung. Die Rezipienten hingegen sind weitgehend abgeschnitten von einer inhaltlichen Arbeit an der Wahrhaftigkeit. Rezipienten- oder Nutzerverbände gibt es zumindest im deutschsprachigen Raum nicht.

Für alle diese medienethischen Überlegungen zur Wahrhaftigkeit ist, wie für Wahrhaftigkeit allgemein, ein Konzept von Wahrheit notwendig. Aber auch das reicht noch nicht ganz hin. Es bedarf auch einer auf Wahrheit oder Falschheit gehenden Intention. Ein Aspekt der Wahrhaftigkeit (und implizit auch der Unwahrhaftigkeit) ist die generell Orientierung an der Wahrheit, die Wahrheitssuche. Medien unterstellen diese für sich als Grundwert. Aber auch jeder Wahrheitsanspruch in der Kommunikation fußt auf dieser, den Kommunikationspartnern unterstellten Intention. Selbst die Lüge operiert implizit mit ihr, denn nur unter der Voraussetzung der Wahrheitssuche in der Kommunikation kann die Lüge ihre Täuschung und damit Effizienz entfalten. Daher sind narrativ-fiktive Texte (im weitesten Sinne, also in allen Medienformen, z. B. Film) auch nicht als unwahrhaftig zu bezeichnen: Ihre Absicht ist nicht der Anspruch auf Wahrheit, sondern auf Richtigkeit (ob nun im ethischen oder ästhetischen Sinne). Nur in einem sehr indirekten Sinne kann man bei ihnen von einer Intention auf innere Wahrhaftigkeit der „Produzenten" (z. B. Künstler und Journalisten) sprechen.

4.4.4 Grenzen der Wahrhaftigkeit: „Bullshit"

Aber es gibt auch eine Form der Kommunikation, die zwar in gewisser Weise der Wahrheitssuche widerspricht, jedoch auf radikalere Art als die Lüge. Auch hier können wir wieder auf Harry G. Frankfurt (2006) verweisen, der diese Form der Kommunikation mit dem englischen Ausdruck „Bullshit" bezeichnet hat. Sie zeichnet sich dadurch aus, dass es den Kommunikatoren nicht um die Inhalte der Rede, des Textes, des Medieninhalts geht, sondern um sie selbst. Frankfurt charakterisiert damit Kommunikationsformen, die allein der Profilierung des Sprechers, der Selbstinszenierung dienen. In gewisser Weise ist diese Form eine radikalere Ablehnung der Wahrheit als Lüge und Unwahrheit. Diese beiden setzen Wahrheit voraus. Wenn jedoch jemand „nur noch danach fragt, ob Behauptungen ihm in den Kram passen oder nicht, kann seine normale Wahrnehmung der Realität darunter leiden oder sogar verlorengehen" (Frankfurt 2006, S. 67). Im Gegensatz zur Lüge versucht diese Form der selbstbezüglichen Rede nicht darüber hinweg zu täuschen, was der Sprecher für wahr hält, sondern sie will darüber hinweg täuschen, dass dem Sprecher die Frage nach der Wahrheit letztlich gleichgültig ist. Er will vielmehr über die Motive seiner Rede täuschen:

> Anders als der aufrichtige Mensch und als der Lügner achtet er auf die Tatsachen nur insoweit, als sie für seinen Wunsch, mit seinen Behauptungen durchzukommen, von Belang sein mögen. (Frankfurt 2006, S. 63)

Zwei wichtige Ursachen hierfür benennt Frankfurt: Die gegenwärtig immer größer werdende Notwendigkeit zu kommunizieren (z. B. und vor allem durch die Medien und ihre Angebotsvielfalt) bzw. die Notwendigkeit, über immer mehr zu kommunizieren, auch über Bereiche, zu denen die Sprecher (z. B. in der Politik) eigentlich keine adäquaten Aussagen machen können. Der Druck der „Ökonomie der Aufmerksamkeit" zwingt vermeintlich zur Kommunikation. Der zweite Aspekt ist ein aus der Kommunikationsfülle und dem darin enthaltenen „Bullshit" resultierender grundlegender Skeptizismus, der einen grundsätzlichen Zweifel an wahrhaften

Kommunikationsangeboten tief in die Gesellschaft hinein trägt. Beide Phänomene sind nicht neu, aber unter den Bedingungen einer Mediengesellschaft fatal, denn die Bedeutung der medialen Kommunikation macht eine solche Gesellschaft anfällig – nicht nur für die Lüge und die Unwahrhaftigkeit, sondern vor allem für die Sprachlosigkeit im Gewitter der Kommunikation.

Authentizität, Medienkompetenz, Medienqualität und *Wahrhaftigkeit* – mit diesen Grundbegriffen haben wir aktuelle Grundfragen der Medienethik heute als angewandte, umfassende Ethik der Medialität oder, wie wir es genannt haben, einer Ethik der öffentlichen Kommunikation 2.0 angesprochen. Die Basis dafür war die Feststellung, dass Medienethik einerseits auf einer allgemeinen, anthropologisch zu verstehenden Medialität des Menschen aufruht, andererseits aber den epochalen Gegebenheiten eines ebenso grundsätzlichen, aber historisch gewordenen Bewusstseins von dieser Medialität des Menschen unterliegt.

In den bisherigen Ausführungen ist, unabhängig von der jeweiligen Detailthematik, die doppelte wissenschaftssystematische Stellung einer Ethik der mediatisierten Welt deutlich geworden: als philosophische Ethik im Hinblick auf ihre normative Funktion und Aufgabe und als Teil umfassender zu denkender Kommunikations- und Medienwissenschaften im Hinblick auf ihre „Realitätsadäquatheit" und ihre „Phänomentreue" (vgl. Kap. 2.2).

Dieser Stand der Dinge macht deutlich, dass die Medienethik nicht nur (zumindest ethische) Normativität in die Kommunikations- und Medienwissenschaften hineinbringt (vgl. Karmasin et al. 2013a), sondern selbst nur als integrative Disziplin verstanden werden kann. Zum Abschluss soll daher dieser Gedanke aufgegriffen und im folgenden Kapitel entfaltet werden.

Literatur

Albert, Hans. 2011. *Kritische Vernunft und rationale Praxis.* Tübingen: Mohr.

Amrein, Ursula, Hrsg. 2009. *Das Authentische. Referenzen und Repräsentationen.* Zürich: Chronos.

Annen, Martin. 1997. *Das Problem der Wahrhaftigkeit in der Philosophie der deutschen Aufklärung. Ein Beitrag zur Ethik und zum Naturrecht des 18. Jahrhunderts.* Würzburg: Königshausen & Neumann.

Aufenanger, Stefan. 2006. Medienkritik. Alte und neue Medien unter der Lupe. *Computer + Unterricht* 16 (64): 6–9.

Baacke, Dieter. 1996. Medienkompetenz – Begrifflichkeit und sozialer Wandel. In *Medienkompetenz als Schlüsselbegriff,* Hrsg. Antje von Rein, 4–10. Bad Heilbrunn: Klinkhardt.

Baker, Sherry, und David L. Martinson. 2001. The TARES test: Five principles for ethical persuasion. *Journal of Mass Media Ethics* 16 (2–3): 148–175. doi:10.1080/08900523.2001.9679610.

Baum, Achim, Wolfgang Langenbucher, Horst Pöttker, und Christian Schicha, Hrsg. 2005. *Handbuch Medienselbstkontrolle.* Wiesbaden: VS Verlag für Sozialwissenschaften.

Benkel, Thorsten. 2012. Die Strategie der Sichtbarmachung: zur Selbstdarstellungslogik bei Facebook. *kommunikation @ gesellschaft* 13 Sonderausgabe). http://nbn-resolving.de/urn:nbn:de:0228-201213038. Zuegriffen: 25. Feb. 2014.

Berger, Peter L., und Thomas Luckmann. 1995. *Modernität, Pluralismus und Sinnkrise. Die Orientierung des modernen Menschen.* Gütersloh: Verlag Bertelsmann Stiftung.

Blasche, Siegfried. 1989. Qualität. I. Antike. In *Historisches Wörterbuch der Philosophie.* Bd. 7, Hrsg. v. Joachim Ritter, Karlfried Gründer, und Gottfried Gabriel, 1748–1752. Basel: Schwabe.

Bocheński, Josef Maria. 1996. *Formale Logik.* 5. Aufl. Freiburg i. Br.: Alber.

Bonfadelli, Heinz. 2002. *Medieninhaltsforschung. Grundlagen, Methoden, Anwendungen.* Konstanz: UVK.

Bonfadelli, Heinz. 2006. Wissenskluft-Perspektive. In *Lexikon Kommunikations- und Medienwissenschaft,* Hrsg. von Günter Bentele, Hans-Bernd Brosius, und Otfried Jarren, Otfried, 317. Wiesbaden: VS Verlag für Sozialwissenschaften.

Bonfadelli, Heinz, und Benjamin Fretwurst. 2012. Radio-/TV-Programme der SRG und der privaten Anbieter aus der Perspektive der Mediennutzung: Akzeptanz, Erwartungen und Bewertung. Erhebung Herbst 2011 und Frühjahr 2012. Zürich. http://bit.ly/1fTVW9t. Zugegriffen: 25. Feb. 2014.

Bruns, Axel. 2006. Towards Produsage: Futures for user-led content production. In *Proceedings: Cultural attitudes towards communication and technology 2006,* Hrsg. von Fay Sudweeks, Herbert Hrachovec, und Charles Ess, 275–284. Perth: Murdoch University. http://produsage.org/files/12132812018_towards_produsage_0.pdf. Zugegriffen: 25. Feb. 2014.

Bruns, Axel. 2009a. Vom Prosumenten zum Produtzer. In *Prosumer Revisited: Zur Aktualität einer Debatte,* Hrsg. von Birgit Blättel-Mink, und Kai-Uwe Hellmann, 191–205. Wiesbaden: VS Verlag für Sozialwissenschaften. http://snurb.info/files/Vom%20Prosumenten%20zum%20Produtzer%20(final).pdf,. Zugegriffen: 25. Feb. 2014.

Bruns, Axel. 2009b. Produtzung: Von medialer zu politischer Partizipation. In *Soziale Netze in der digitalen Welt: Das Internet zwischen egalitärer Teilhabe und ökonomischer Macht,* Hrsg. von Christoph Bieber, Martin Eifert, Thomas Groß, und Jörn Lamla. Frankfurt a. M.: Campus. http://snurb.info/files/Produtzung%20-%20von%20medialer%20zu%20politischer%20Partizipation.pdf. Zugegriffen: 25. Feb. 2014.

Debatin, Bernhard. 1995. *Die Rationalität der Metapher: eine sprachphilosophische und kommunikationstheoretische Untersuchung.* New York: de Gruyter.

Dietsch, Steffen. 1998. *Kleine Kulturgeschichte der Lüge.* Leipzig: Reclam.

Dietz, Simone. 2002. *Der Wert der Lüge. Über das Verhältnis von Sprache und Moral.* Paderborn: Mentis.

Döring, Nicola. 2001. Persönliche Homepages im WWW. Ein kritischer Überblick über den Forschungsstand. *M & K Medien und Kommunikation* 49 (3): 325–349.

Faulstich, Werner. 2004. Medium. In *Grundwissen Medien.* 5. Aufl., Hrsg. von Werner Faulstich, 13–102. München: Fink UTB.

Flusser, Vilém. 1991. *Gesten. Versuch einer Phänomenologie.* Frankfurt a. M.: Bollmann.

Franck, Georg. 1998. *Ökonomie der Aufmerksamkeit. Ein Entwurf.* München: Hanser.

Frankfurt, Harry G. 2006. *Bullshit.* Frankfurt a. M.: Suhrkamp.

Funk, Wolfgang, und Lucia Krämer. 2011. Fiktionen von Wirklichkeit – Authentizität zwischen Materialität und Konstruktion. In *Fiktionen von Wirklichkeit. Authentizität zwischen Materialität und Konstruktion,* Hrsg. von Wolfgang Funk, und Lucia Krämer, 7–23. Bielefeld: transcript.

Gerhards, Claudia. 2005. Die Realität des Fernsehfakes. Kleine Geschichte zur Inszenierung von TV-Wirklichkeiten. In *TV-Skandale,* Hrsg. von Claudia Gerhards, Stephan Borg, und Bettina Lambert, 281–297. Konstanz: UVK.

Göttlich, Udo. 2008. Zur Kreativität des Handelns in der Medienaneignung: Handlungs- und praxistheoretische Aspekte als Herausforderung der Rezeptionsforschung. In *Theorien der Kommunikations- und Medienwissenschaft. Grundlegende Diskussionen, Forschungsfelder und Theorieentwicklungen,* Hrsg. von Carsten Winter, Andreas Hepp, und Friedrich Krotz, 383–399. Wiesbaden: VS Verlag für Sozialwissenschaften.

Greis, Andreas. 2001. *Identität, Authentizität und Verantwortung. Die ethischen Herausforderungen der Kommunikation im Internet.* München: Kopäd.

Grimm. 2004. Deutsches Wörterbuch von Jakob und Wilhelm Grimm. Der digitale Grimm. Trier. http://www.dwb.uni-trier.de. Zugegriffen: 27. Feb. 2014.

Grittmann, Elke. 2003. Die Konstruktion von Authentizität. Was ist echt an den Pressefotos im Informationsjournalismus? In *Authentizität und Inszenierung von Bilderwelten,* Hrsg. von Thomas Knieper und Marion G. Müller, 123–149. Köln: Halem.

Groeben, Norbert. 2002a. Anforderungen an die theoretische Konzeptualisierung von Medienkompetenz. In *Medienkompetenz. Voraussetzungen, Dimensionen, Funktionen,* Hrsg. von Norbert Groeben, und Bettina Hurrelmann, 11–22. Weinheim-München: Juventa.

Groeben, Norbert. 2002b. Dimensionen der Medienkompetenz: Deskriptive und normative Aspekte. In *Medienkompetenz. Voraussetzungen, Dimensionen, Funktionen,* Hrsg. von Norbert Groeben und Bettina Hurrelmann, 160–197. Weinheim-München: Juventa.

Habermas, Jürgen. 1981. *Theorie des kommunikativen Handelns.* 2 Bde. Frankfurt a. M.: Suhrkamp.

Habermas, Jürgen. 1990. *Strukturwandel der Öffentlichkeit. Untersuchungen zu einer Kategorie der bürgerlichen Gesellschaft. Mit einem Nachwort zur Neuauflage 1990.* Frankfurt a. M.: Suhrkamp.

Habermas, Jürgen. 1995. Wahrheitstheorien. In Jürgen Habermas, *Vorstudien und Ergänzungen zur Theorie des kommunikativen Handelns,* 127–183. Frankfurt a. M.: Suhrkamp.

Haller, Michael. 2010. Ethik und Qualität. In *Handbuch Medienethik,* Hrsg. von Christian Schicha und Carsten Brosda, 348–361. Wiesbaden: VS Verlag für Sozialwissenschaften.

Hardt, Hanno. 1993. Authenticity, communication, and critical theory. *Critical Studies in Mass Communication* 10 (1): 49–69.

Hartmann, Maren. 2008. Domestizierung 2.0: Grenzen und Chancen eines Medienaneignungskonzepts. In *Theorien der Kommunikations- und Medienwissenschaft. Grundlegende Diskussionen, Forschungsfelder und Theorieentwicklungen,* Hrsg. von Carsten Winter, Andreas Hepp, und Friedrich Krotz, 401–416. Wiesbaden: VS Verlag für Sozialwissenschaften.

Hausmanninger, Thomas. 1992. *Kritik der medienethischen Vernunft: Die ethische Diskussion über den Film in Deutschland im 20. Jahrhundert.* München: Fink.

Hausmanninger, Thomas. 1994. Grundlinien einer Ethik der Unterhaltung. In *Moral in einer Kultur der Massenmedien*, Hrsg. von Werner Wolbert, 77–96. Freiburg: Herder.

Heidegger, Martin. 1979. *Sein und Zeit*. 15. Aufl. Tübingen: Niemeyer.

Hermanns, Fritz. 1994. Schlüssel-, Schlag- und Fahnenwörter. Zu Begrifflichkeit und Theorie der lexikalischen „politischen Semantik" (Bericht Nr. 81. Arbeiten aus dem Sonderforschungsbereich 245 „Sprache und Situation", Heidelberg/Mannheim). Heidelberg: Institut für Deutsche Sprache. http://www.psychologie.uni-heidelberg.de/sfb245/SFB-81.pdf. Zugegriffen: 28. Feb. 2013.

Hickethier, Knut. 1997. Das Erzählen der Welt in den Fernsehnachrichten. Überlegungen zu einer Narrationstheorie der Nachricht. *Rundfunk und Fernsehen* 45 (1): 5–18.

Hiddemann, Frank. 1996. Talk als säkulare Beichte. Jürgen Domian mit Eins Live Talk Radio in WDR 3. *medien praktisch* 20 (4): 29–32.

Hubbuch, Sabrina. 2010. Mediale Wertvermittlung in Daily Soaps: Eine Studie zu Potentialen und Rezeption von Wertangeboten am Beispiel der Soap „Verbotene Liebe". Diss. Univ. Dortmund. http://hdl.handle.net/2003/27530. Zugegriffen: 13. Okt. 2013.

Humboldt, Wilhelm von. 1980. Theorie der Bildung des Menschen. Bruchstück. In *Humboldt Werke in fünf Bänden*. Bd. 1., Hrsg. von Andreas Flitner und Klaus Giel, 234–240. Stuttgart: Cotta.

Jäckel, Michael. 2011. *Medienwirkungen. Ein Studienbuch zur Einführung*. 5. Aufl. Wiesbaden: VS Verlag für Sozialwissenschaften.

Jenkins, Henry. 2006a. *Convergence culture: Where old and new media collide*. New York-London: New York University Press.

Jenkins, Henry. 2006b. *Fans, bloggers, and gamers. Exploring participatory culture*. New York: New York University Press.

Jonas, Hans. 1984. *Das Prinzip Verantwortung. Versuch einer Ethik für die technologische Zivilisation*. Frankfurt a. M.: Suhrkamp.

Kaltenbrunner, Andy, Matthias Karmasin, und Daniela Kraus. 2013. *Der Journalisten-Report IV. Medienmanagement in Österreich*. Wien.

Kant, Immanuel. 2013. Akademie-Ausgabe der Schriften Immanuel Kants, Online-Version. http://korpora.zim.uni-duisburg-essen.de/kant/. Zugegriffen: 20. März 2013.

Karmasin, Matthias. 2000. Ein Naturalismus ohne Fehlschluß? Anmerkungen zum Verhältnis von Medienwirkungsforschung und Medienethik. In *Medienethik und Medienwirkungsforschung*, Hrsg. von Matthias Rath, 127–148. Wiesbaden: Westdeutscher Verlag.

Karmasin, Matthias. 2005. *Journalismus: Beruf ohne Moral? Von der Berufung zur Profession. Journalistisches Berufshandeln in Österreich*. Wien: Facultas.

Karmasin, Matthias. 2006. Medienkritik als Selbst- und Fremdkritik. Anmerkungen zur ethischen Sensibilität der Journalisten am Beispiel Österreich. In *Medienkritik. Grundlagen, Beispiele und Praxisfelder*, Hrsg. von Horst Niesyto, Matthias Rath, und Hubert Sowa, 129–143. München: Kopäd.

Karmasin, Matthias, Daniela Süssenbacher, und Nicole Gonser, Hrsg. 2010. *Public Value: Theorie und Praxis im europäischen Vergleich*. Wiesbaden: VS Verlag für Sozialwissenschaften.

Karmasin, Matthias, Matthias Rath, und Barbara Thomaß, Hrsg. 2013a. *Die Normativität in der Kommunikationswissenschaft*. Wiesbaden: VS Verlag für Sozialwissenschaften.

Keiner, Edwin. 2006. Erziehungswissenschaft, Forschungskulturen und die ‚europäische Forschungslandschaft'. In *Bildungsphilosophie und Bildungsforschung*, Hrsg. von Ludwig Pongratz, Michael Wimmer, und Wolfgang Nieke, 180–199. Bielefeld: Janus.

Keiner, Edwin, und Jürgen Schriewer. 2000. Erneuerung aus dem Geist der eigenen Tradition? Über Kontinuität und Wandel nationaler Denkstile in der Erziehungswissenschaft. *Schweizerische Zeitschrift für Bildungswissenschaften* 22 (1): 27–50.

Klieme, Eckhard. 2004. Was sind Kompetenzen und wie lassen sie sich messen? *Pädagogik* 56 (6): 10–13.

Luhmann, Niklas. 1994. *Soziale Systeme. Grundriß einer allgemeinen Theorie*. Frankfurt a. M.: Suhrkamp.

Marci-Boehncke, Gudrun, und Matthias Rath. 2005a. In Sachen „Liebe" lesen: „Eheratgeber" zwischen Poesie und Sachliteratur im fächerübergreifenden Unterricht. In *Sachtexte im Deutschunterricht*, Hrsg. von Martin Fix, und Roland Jost, 192–207. Baltmannsweiler: Schneider Hohengehren.

Marci-Boehncke, Gudrun, und Matthias Rath. 2005b. Jugendliche Medienkritik zwischen Empathie und Moral. In *Medien: Kritik und Sprache*, Hrsg. von Jonas Hartmut, und Petra Josting, 217–230. München: Kopäd.

Marci-Boehncke, Gudrun, und Matthias Rath, Hrsg. 2006a. *Jugend – Werte – Medien. Der Diskurs*. Weinheim: Beltz.

Marci-Boehncke, Gudrun, und Matthias Rath. 2006b. Keine Sterne für die Stars. Was Jugendliche an ihren medialen Bezugspersonen kritisieren. In *Jugend – Werte – Medien: Der Diskurs*, Hrsg. von Gudrun Marci-Boehncke, und Matthias Rath, 95–117. Weinheim: Beltz.

Marci-Boehncke, Gudrun, und Matthias Rath. 2007a. Eltern, Kinder, Super Nannies: Ratgebertexte im interdisziplinären Diskurs. In *Intermediale und interdisziplinäre Lernansätze Jahrbuch Medien im Deutschunterricht 2006)*, Hrsg. Petra, Josting und Hartmut, Jonas, 66–82. München: Kopäd.

Marci-Boehncke, Gudrun, und Matthias Rath. 2007b. *Jugend – Werte – Medien: die Studie*. Weinheim: Beltz.

Marci-Boehncke, Gudrun, und Rath, Matthias. 2009. Wissenschaftskonvergenz Medienpädagogik. Medienkompetenz als Schnittfeld von Medienpädagogik, KMW und anderer Wissenschaften. *Medienjournal* 33 (3): 11–23.

Marci-Boehncke, Gudrun, und Matthias Rath. 2013a. *Kinder – Medien – Bildung. Eine Studie zu Medienkompetenz und vernetzter Educational Governance in der Frühen Bildung*. München: Kopäd.

Marci-Boehncke, Gudrun, und Matthias Rath. 2013b. Medienpädagogik und Medienbildung. Zur Konvergenz der Wissenschaft von der Medienkompetenz. In *Kommunikationswissenschaft als Integrationsdisziplin*, Hrsg. von Matthias Karmasin, Matthias Rath, und Barbara Thomaß, 117–133. Wiesbaden: VS Verlag für Sozialwissenschaften.

Montgomery, Martin. 2001. Defining ‚Authentic Talk'. *Discourse Studies* 3 (4): 397–405. doi:10.1177/1461445601003004004.

Moser, Heinz. 2006. Standards in der Medienbildung. ein Standardmodell aus der Schweiz. *Computer + Unterricht* 16 (63): 49–55.

Moser, Heinz, Petra Grell, und Horst Niesyto, Hrsg. 2011. *Medienbildung und Medienkompetenz. Beiträge zu Schlüsselbegriffen der Medienpädagogik*. München: Kopäd.

Näser, Torsten. 2008. Authentizität 2.0 – Kulturanthropologische Überlegungen zur Suche nach ‚Echtheit' im Videoportal YouTube. *kommunikation@gesellschaft* 9 (Beitrag 2). http://www.soz.uni-frankfurt.de/K.G/B2_2008_Naeser.pdf. Zugegriffen: 29. Juni 2012.

Pannier, Stefanie, und Jeldrik Pannier. 2012. *Bilder prägen – Eine interdisziplinäre Untersuchung der Einflüsse auf die Produktion visueller Kriegs- und Krisenkommunikation.* Ludwigsburg. http://nbn-resolving.de/urn:nbn:de:bsz:lg1-opus-30353. Zugegriffen: 18. März 2014.

Pross, Harry. 1972. *Medienforschung. Film, Funk, Presse, Fernsehen.* Darmstadt: Carl Habel Verlagsbuchhandlung.

Raabe, Joachim. 2006. Qualitätszeitungen. In *Lexikon Kommunikations- und Medienwissenschaft,* Hrsg. von Günter Bentele, Hans-Bernd Brosius, und Otfried Jarren, 236. Wiesbaden: VS Verlag für Sozialwissenschaften.

Rath, Matthias. 1988a. De gustibus est disputandum. Adornos Typen musikalischen Hörens unter den Bedingungen der Kulturindustrie. *prima philosophia* 1 (2): 203–217.

Rath, Matthias. 1988c. *Intuition und Modell. Hans Jonas' „Prinzip Verantwortung" und die Frage nach einer Ethik für das wissenschaftliche Zeitalter.* Frankfurt a. M.: Lang.

Rath, Matthias. 1996. „Intersubjektivität". *Lexikon für Theologie und Kirche.* Bd. 5, 564. Freiburg: Herder.

Rath, Matthias. 2000a. Kann denn empirische Forschung Sünde sein? Zum Empiriebedarf der normativen Ethik. In *Medienethik und Medienwirkungsforschung,* Hrsg. von Matthias Rath, 63–87. Wiesbaden: Westdeutscher Verlag.

Rath, Matthias. 2000b. Medienwirkungsforschung in Deutschland – eine Annäherung. In *Buchwissenschaft und Buchwirkungsforschung,* Hrsg. von Dietrich Kerlen, und Inka Kirste, 89–98. Leipzig: Universität Leipzig, Institut für Kommunikationswissenschaft.

Rath, Matthias. 2001. Das Symbol als anthropologisches Datum. Philosophische und medienkulturelle Überlegungen zum animal symbolicum. In *Symbol. Verstehen und Produktion in pädagogischen Kontexten,* Hrsg. von Jürgen Belgrad und Horst Niesyto, 34–45. Baltmannsweiler: Schneider Hohengehren.

Rath, Matthias. 2002a. Die Anthropologie des Medialen. Zur anthropologischen Selbstaufrüstung des animal symbolicum. In *Netzethik – Konzepte und Konkretionen einer Informationsethik für das Internet,* Hrsg. von Thomas Hausmanninger und Rafael Capurro, 79–88. München: Fink.

Rath, Matthias. 2003c. Homo Medialis und seine Brüder – zu den Grenzen eines anthropologischen Wesensbegriffs. In *Homo Medialis. Perspektiven und Probleme einer Anthropologie der Medien,* Hrsg. von Manfred Pirner und Matthias Rath, 15–28. München: Kopäd.

Rath, Matthias. 2004. Weltaneignung als Lesen: Das Animal Symbolicum und das Buch. In *Buchwissenschaft – Medienwissenschaft. Ein Symposion,* Hrsg. von Dietrich Kerlen, 61–76. Wiesbaden: Harrassowitz.

Rath, Matthias. 2006b. Wahrhaftigkeit des Journalismus: Moralanspruch oder Marktfaktor? In *Medienkritik. Grundlagen, Beispiele und Praxisfelder,* Hrsg. von Horst Niesyto, Matthias Rath, und Hubert Sowa, 117–128. München: Kopäd.

Rath, Matthias. 2007a. „Bildung machen!" – Möglichkeiten und Grenzen in einer Wissensgesellschaft. In *Lernen am Unterschied: Bildungsprozesse gestalten – Innovationen vorantreiben,* Hrsg. von Gerd Schweizer, Ulrich Iberer, und Helmut Keller, 19–35. Bielefeld: W. Bertelsmann.

Rath, Matthias. 2009. Jugendliche Wertkompetenz im Umgang mit Medien. In *Verlorene Werte? Medien und die Entwicklung von Ethik und Moral*, Hrsg. von Joachim v. Gottberg, und Elizabeth Prommer, 77–98. Konstanz: UVK.

Rath, Matthias. 2010b. Public Value oder bonum commune? Anmerkungen zu einem medienethischen Desiderat. In *Public Value: Theorie und Praxis im europäischen Vergleich*, Hrsg. von Matthias Karmasin, Daniela Süssenbacher, und Nicole Gonser, 45–56. Wiesbaden: VS Verlag für Sozialwissenschaften.

Rath, Matthias. 2011a. Public Value für die „Fernsehkinder" – zur kooperativen Bildungsverantwortung im Fernsehen. In *Kooperative Bildungsverantwortung. Sozialethische und pädagogische Perspektiven auf „Educational Governance"*, Hrsg. von Marianne Heimbach-Steins, Gerhard Kruip, und Axel Bernd Kunze, 183–197. Bielefeld: W. Bertelsmann.

Rath, Matthias. 2012a. Bildung zwischen Freiheit und Output. Zu den bildungstheoretischen Grenzen des standardisierenden Verstandes. In *Freiheit und Bildung. Schellings Freiheitschrift 1809–2009*, Hrsg. von Siegbert Peetz und Ralf Elm, 63–78. München: Fink.

Rath, Matthias. 2012b. Wider den Naturzustand – kann es ein „informationelles Selbstbestimmungsrecht" des Staates geben? In *Medien- und Zivilgesellschaft*, Hrsg. von Alexander Filipovic, Michael Jäckel, und Christian Schicha, 260–272. München: Juventa.

Rath, Matthias. 2013a. Authentizität als Eigensein und Konstruktion – Überlegungen zur Wahrhaftigkeit in der computervermittelten Kommunikation. In *Echtheit, Wahrheit, Ehrlichkeit. Authentizität in der Online-Kommunikation*, Hrsg. von Martin Emmer, Alexander Filipović, Jan-Hinrik Schmidt, und Ingrid Stapf, 16–27. München: Juventa.

Roselstorfer, Irene. 2009. *Haben Authentizität und Ethik ein Ablaufdatum? Digitale Bildmanipulation als Herausforderung für die Medienethik*. Wien: Universität Wien. http://othes.univie.ac.at/6466. Zugegriffen: 27. Feb. 2014.

Sachsse, Hans. 1978. *Anthropologie der Technik. Ein Beitrag zur Stellung des Menschen in der Welt*. Braunschweig: Vieweg.

Saxer, Ulrich. 1988. Journalistische Ethik im elektronischen Zeitalter – eine Chimäre. In *Medien ohne Moral: Variationen über Journalismus und Ethik*, Hrsg. Lutz Erbring, Stephan Ruß-Mohl und Berthold Seewald, 267–283. Berlin: Argon-Verlag.

Scannell, Paddy. 2001. Authenticity and experience. *Discourse Studies* 3 (4): 405–411. doi:10.1177/1461445601003004005.

Scherer, Helmut, Werner Wirth. 2002. Ich chatte – wer bin ich? Identität und Selbstdarstellung in virtuellen Kommunikationssituationen *M & K Medien und Kommunikation* 50 (3): 337–358.

Schicha, Christian. 2007. *Legitimes Theater? Inszenierte Politikvermittlung für die Medienöffentlichkeit am Beispiel der „Zuwanderungsdebatte"*. Berlin: Lit.

Schill, Wolfgang. 2008. Integrative Medienerziehung in der Grundschule. Konzeption am Beispiel medienpädagogischen Handelns mit auditiven Medien München: Kopäd.

Schleißheimer, Bernhard. 2003. *Ethik heute. Eine Antwort auf die Frage nach dem guten Leben*. Würzburg: Königshausen & Neumann.

Schockenhoff, Eberhard. 2000. *Zur Lüge verdammt? Politik, Medien, Medizin, Justiz, Wissenschaft und die Ethik der Wahrheit*. Freiburg i. Br.: Herder.

Silverstone, Roger. 1991. From audiences to consumers: The household and the consumption of communication and information technologies. *European Journal of Communication* 6 (2): 135–154.

Silverstone, Roger, Eric Hirsch, und David Morley. 1992. Information and communication technologies and the moral economy of the household. In *Consuming technologies. media and information in domestic spaces,* Hrsg. von Roger Silverstone und Eric Hirsch, 15–31. London: Routledge.

Szaif, Josef. 2004. Art. Wahrhaftigkeit, I. Antike und Mittelalter. In *Historisches Wörterbuch der Philosophie.* Bd. 12, Hrsg. v. Joachim Ritter, Karlfried Gründer, und Gottfried Gabriel, 41–44. Basel: Schwabe.

Tenorth, Heinz-Elmar. 1986. Transformationen der Pädagogik. 25 Jahre Erziehungswissenschaft in der „Zeitschrift für Pädagogik". *Zeitschrift für Pädagogik* (20. Beiheft): 21–85.

Thomaß, Barbara. 2007. Mediensysteme vergleichen. In *Mediensysteme im internationalen Vergleich,* Hrsg. von Barbara Thomaß, 12–41. Konstanz: UVK.

Thurnherr, Urs. 2004. Wahrhaftigkeit, II. Neuzeit. In *Historisches Wörterbuch der Philosophie.* Bd. 12, Hrsg. v. Joachim Ritter, Karlfried Gründer, und Gottfried Gabriel, 44–48. Basel: Schwabe.

Tori, Luca, und Aline Steinbrecher, Hrsg. 2013. *Animali. Tiere und Fabelwesen von der Antike bis zur Neuzeit.* Mailand/Genf.

Trappel, Josef, und Daniel Hürst, 2009. *Leitfaden für externe Gutachten zu marktlichen und publizistischen Auswirkungen im Rahmen von Drei-Stufen-Tests im Auftrag der Direktorenkonferenz der Landesmedienanstalten DLM.* Zürich: IPMZ Universität Zürich. http://www.blm.de/apps/press/data/pdf1/Leitfaden_IPMZ_20090916.pdf. Zugegriffen: 27. Feb. 2014.

Tulodziecki, Gerhard. 2007. Medienbildung – welche Kompetenzen Schülerinnen und Schüler im Medienbereich erwerben und welche Standards sie erreichen sollen. In *Standards in der Medienbildung,* Hrsg. von Jens Winkel, 9–33. Paderborn: Paderborner Lehrerausbildungszentrum Universität Paderborn.

Tulodziecki, Gerhard. 2010. Medienkompetenz und/oder Medienbildung? Ein Diskussionsbeitrag. *merz Medien + Erziehung* 54 (3): 48–53.

Weber, Max. 1913. Über einige Kategorien der verstehenden Soziologie. *Logos* 4: 253–294.

Weber, Max. 1985a. Die „Objektivität" sozialwissenschaftlicher und sozialpolitischer Erkenntnis. In *Max Weber. Gesammelte Aufsätze zur Wissenschaftslehre,* Hrsg. von Johannes Winckelmann, 146–214. Tübingen: Mohr.

Weinert, Franz E. 2001. Vergleichende Leistungsmessung in Schulen – eine umstrittene Selbstverständlichkeit. In *Leistungsmessungen in Schulen,* Hrsg. von Franz E. Weinert, 17–31. Weinheim: Beltz.

Weßler, Hartmut. 2008. Mediale Diskursöffentlichkeiten im internationalen Vergleich – ein Forschungsprogramm. In *Medien & Kommunikationsforschung im Vergleich. Grundlagen, Gegenstandsbereiche, Verfahrensweisen,* Hrsg. von Gabriele Melischek, Josef Seethaler, und Jürgen Wilke, 219–239. Wiesbaden: VS Verlag für Sozialwissenschaften.

Wetschanow, Karin. 2005. Die diskursive Aushandlung und Inszenierung von Authentizität in den Medien. *Wiener Linguistische Gazette* (72A): 1–16. www.univie.ac.at/linguistics/publications/wlg/72A2005/Wetschanow-WLG72A.pdf. Zugegriffen: 27. Feb. 2014.

Williams, Bernard. 2003. *Wahrheit und Wahrhaftigkeit. Ein genealogischer Versuch.* Frankfurt a. M.: Suhrkamp.

Winter, Rainer. 2000. Die Hoffnung auf Sex. Zur Wirklichkeitskonstruktion in Big Brother. *Texte. Sonderheft der Zeitschrift medien praktisch* (3): 61–66.

Wittgenstein, Ludwig. 1984. *Tractatus logico-philosophicus. Tagebücher 1914–1916. Philosophische Untersuchungen* (Ludwig Wittgenstein Werke, Bd. 1). Frankfurt a. M.: Suhrkamp.

Wortmann, Volker. 2003. *Authentisches Bild und authentisierende Form.* Köln: Halem.

Wunden, Wolfgang, Hrsg. 1994. *Öffentlichkeit und Kommunikationskultur.* Stuttgart: Steinkopf, GEP.

Wunden, Wolfgang, Hrsg. 1996. *Wahrheit als Medienqualität.* Stuttgart: Steinkopf, GEP.

Wunden, Wolfgang, Hrsg. 1998. *Freiheit und Medien.* Stuttgart: Steinkopf, GEP.

Ethik der mediatisierten Welt als integrative Disziplin

5

Rose is a rose is a rose is a rose.
Gertrude Stein, *Sacred Emily*
Ceci n'est pas une pipe.
René Magritte, *La trahison des images*

5.1 Ethik der medialen Welt – integrativ?[1]

Meine bisherigen Ausführungen sollten gezeigt haben, dass eine aktuelle *Medienethik* als *Ethik der mediatisierten Welt* selbstverständlich auf die Kommunikations- und Medienwissenschaften zu beziehen ist – und wieder auch nicht. Denn einerseits scheint es selbstverständlich, dass in dem Handlungsfeld, in dem sich das *animal symbolicum* wie in keinem anderen selbst thematisiert, zugleich auch die Frage nach der normativen Orientierung dieses Selbstthematisierung notwendigerweise gestellt werden und daher die Reflexion auf diese normative Orientierung

---

[1] Diesem Kapitel liegen unter anderem folgende Beiträge des Verfassers zu Grunde:
- Authentizität als Eigensein und Konstruktion – Überlegungen zur Wahrhaftigkeit in der computervermittelten Kommunikation. In *Echtheit, Wahrheit, Ehrlichkeit. Authentizität in der Online-Kommunikation*, Hrsg. von Martin Emmer, Alexander Filipović, Jan-Hinrik Schmidt, und Ingrid Stapf, 16–27. München: Juventa 2013.
- Medienethik und Kommunikationswissenschaft – Aspekte einer gegenseitigen Integration. In *Kommunikationswissenschaft als Integrationsdisziplin*, Hrsg. von Matthias Karmasin, Matthias Rath, und Barbara Thomaß, 95–115. Wiesbaden: VS 2013.
- Wider einen normativen Taylorismus – Medienethik als Teildisziplin einer normativen Kommunikations- und Medienwissenschaft. In *Theoretisch praktisch!? Anwendungsoptionen und gesellschaftliche Relevanz der Kommunikations- und Medienforschung*, Hrsg. von Susanne Fengler, Tobias Eberwein, und Julia Jorch, 317–333. Konstanz: UVK 2012.

M. Rath, *Ethik der mediatisierten Welt*,
DOI 10.1007/978-3-658-05759-6_5, © Springer Fachmedien Wiesbaden 2014

notwendigerweise auch Teil des „kommunikations- und medienwissenschaftliche Forschungsfeldes" (vgl. Wissenschaftsrat 2007) sein muss.

Zugleich scheint es andererseits noch häufig selbstverständlich zu sein, dass dieses kommunikations- und medienwissenschaftliche Forschungsfeld von einem explizit *nicht* normativen Disziplinverständnis beherrscht wird, das die von Max Weber übernommene so genannte „Werturteilsfreiheit" der Sozialwissenschaft zu ihrem wissenschaftstheoretischen Credo erhoben hat. Dieses Postulat sozialwissenschaftlicher Werturteilsfreiheit hat einige Implikationen, die sich als logisch notwendig erweisen (so z. B. die Nichtableitbarkeit normativer Sätze aus empirischen Sätzen, wie es weiter oben schon unter dem Stichwort „Humesches Gesetz" bzw. „naturalistischer Fehlschluss" ausgeführt wurde), es steht aber in einem Zusammenhang, der weiter ausholt, aber häufig nicht berücksichtigt wird. Darauf möchte ich etwas intensiver eingehen, da ich der Meinung bin, man überschätzt gemeinhin die Tragweite des Weberschen Postulats: allgemein für die Frage nach dem wissenschaftstheoretischen Stellenwert normativer Aussagen einer Medienethik und daher auch speziell für die Frage nach einer integrativen Ethik der mediatisierten Welt.

5.1.1 Medienethik und/oder Kommunikationsethik?

Wie schon bisher werde ich im Folgenden allgemein von *Medienethik* oder *Ethik der mediatisierten Welt* sprechen. Früher habe ich auch schon von einer *Ethik der öffentlichen Kommunikation* (vgl. Rath 2010c) gesprochen, man hört auch *Kommunikationsethik* (z. B. Funiok 1996; Holderegger 2000; Wunden 2006), *Informationsethik* (z. B. Hausmanninger und Capurro 2002) und ähnliche Wortbildungen. Die Beschränkung hier vor allem auf Medienethik ist aber nur in einer Hinsicht der Einfachheit geschuldet. Denn systematisch ist es komplizierter. Einerseits *umfasst* eine Medienethik eine Kommunikationsethik, zumindest wenn man einen *weiten* Medienbegriff ansetzt, der auch Phänomene als Medien denken kann, die keine explizite Medientechnologie zu ihrem Bestimmungsgrund brauchen, also auch „primäre Medien" im Sinne von Harry Pross (1972) umfasst, und der auch die semiotische und institutionellen Aspekte von „Medien" mitberücksichtigt (vgl. hierzu ausführlich die Darstellung des in diesem Band verwendeten weiten Medien- und in diesem Zusammenhang ebenfalls entfalteten Kommunikationsbegriffs in Kap. 1).

Zum anderen wird *Medienethik* schon aus ihrer eigenen Systematik als Teil der *Praktischen Philosophie* auf die *Praxis* des Menschen verwiesen, in der diese Medien kommunikativ genutzt werden, also das ethisch zu reflektierende Objekt der Medienethik im strengen Sinne nicht das Medium, sondern die mediale Praxis sowie die Rahmenbedingungen dieser Praxis sind. In diesem Sinne könnte man also auch von einer *Kommunikationsethik* statt von einer Medienethik sprechen (vgl. Wunden 2006). Ich bleibe jedoch bei der Spezifizierung „Medien" für eine Ethik der medialen Praxis, wie sie die Ethik der mediatisierten Welt darstellt. Diese Spezifik im Terminus „Medienethik" wird im deutschsprachigen Bereich hinlänglich gebraucht, vgl. hierzu z. B. die Beiträge in den von Wunden (1989, 1994, 1996, 1998), Haller und Holzey (1992), Boventer (1983), Funiok et al. (1999), Holderegger (2000), Rath (2000d), Karmasin (2002), Greis et al. (2003), Debatin und Funiok (2003), Schicha und Brosda (2010) und Filipovic et al. (2012) herausgegebenen Sammelbänden sowie die Reihe Medienethik von Capurro und Grimm (2003–2012); nur exemplarisch vgl. die Monographien von Boventer (1984), Wiegerling (1998), Leschke (2001), Funiok (2007), Heesen (2008) und Heinrich (2013). Und auch international ist *media ethics* als gängige Bezeichnung für eine Ethik der mediatisierten Welt gebräuchlich, vgl. aus der riesigen Zahl vor allem englischsprachiger Publikationen nur die letzten großen Reader *zu media ethics* von Wilkins und Christians (2009), Ward und Wasserman (2010), Fortner und Fackler (2011) und Ward (2013).

Es soll nur deutlich werden, dass diese terminologische Praxis keine Entscheidung *gegen* Kommunikationsethik ist; vielmehr steht in diesem Band „Medienethik" bzw. Ethik der mediatisierten Welt für eine philosophische[2], angewandte Ethik, die sich den besonderen Bedingungen zuwendet, unter denen Akteure medial, und zwar im Sinne der hier vertretenen Mediatisierungsthese grundsätzlich medial, kommunizieren – differenziert nach den beiden idealtypischen Bereichen *Face-to-Face-Kommunikation* („gekennzeichnet durch persönlichen Charakter, individuellen Ausdruck und Alltagsbezug, durch moralische Haltungen, durch Direktheit und Authentizität", Wunden 2006, S. 129) und *(massen-)mediale Kommunikation. Idealtypisch* ist, wie bisher deutlich geworden sein sollte, diese Differenzierung, weil auch massenmediale Kommunikation trivialerweise natürlich human ist und, weit weniger trivial, weil auch Face-to-Face-Kommunikation medial erfolgt – wenn man, wie eben schon betont, einen weiten Medienbegriff anlegt. Allerdings, und dieser Punkt wird bisher in Bezug auf das Verhältnis von Ethik und Sozialwissenschaften immer wieder z. T. kontrovers thematisiert (vgl. paradigmatisch Albert und Topitsch 1971; Adorno et al. 1989; Beck 1974; Keuth 1989; Zecha 2006), wie müsste man sich die Beteiligung der Ethik im Diskurs

---

[2] Ich werde, wie bisher schon, nicht auf explizit *theologische* Entwürfe der Medienethik eingehen, da diese Annahmen voraussetzen (vgl. z. B. Kos 1997; Derenthal 2006), die nicht verallgemeinerbar sind und daher für eine Integration von Medienethik und Kommunikations- und Medienwissenschaften zusätzliche Probleme aufwerfen.

im kommunikations- und medienwissenschaftlichen Feld vorstellen, gilt doch als quasi ausgemacht, dass empirisch arbeitende Sozialwissenschaften unter dem Postulat der Werturteilsfreiheit stehen?

5.1.2 Max Webers Postulat der „Werturteilsfreiheit"

Profanation bezeichnet einen liturgischen Akt der Katholischen Kirche, nämlich die Überführung eines bisher geheiligten Objekts in ein wieder normales, diesseitiges und innerweltliches „Ding", ohne jede transzendente Eigenschaft. Ein Beispiel dafür ist die Profanation ehemals katholischer Kirchen. Führt man sie einer weltlichen Nutzung zu, als Museum, Restaurant oder In-door-Kletteranlage, dann werden sie profaniert, „entheiligt" und wieder „Teil von dieser Welt". Sie werden also nicht abgerissen, verlieren auch nichts von ihrer architektonischen Schönheit, sondern sie verlieren vielmehr eine metaphysische Unterstellung, eine an sie heran konstruierte Aura des Besonderen, die Heiligkeit.

Und genau in diesem Sinne möchte ich im Folgenden vorschlagen, auch Max Weber zu profanieren, also zu entheiligen. Und wie die katholischen Kirchenbauten wird er dabei nichts an seiner wissenschaftstheoretischen Bedeutung und Schärfe verlieren. Mein Ziel ist vielmehr, ihn in den Augen derjenigen, die sich auf ihn berufen, wieder zu dem werden zu lassen, was er meiner Meinung nach je schon ist. Es geht mir dabei weniger um eine Reflexion auf Weber selbst als auf die Denkhaltung, die die systematischen Grenzen der Weberschen Wissenschaftstheorie übersieht und ihn zu einem Säulenheiligen stilisiert. Welche ist dies?

Ich sprechen von einer vor allem für empirische Sozialwissenschaften mantrahaft wiederholten These, Weber habe v. a. mit seiner maßgeblichen Abhandlung *Die ‚Objektivität' sozialwissenschaftlicher und sozialpolitischer Erkenntnis* von 1904 und später 1908 (vgl. Weber 1985a), aber auch in seinem eher professionstheoretischen Vortrag *Wissenschaft als Beruf* von 1919 (vgl. Weber 1985b), die Soziologie und damit die Sozialwissenschaft überhaupt als eine empirische Wissenschaft konstituiert, die sich allein Sachaussagen zum Ziel setzt, damit zugleich Werturteile als wissenschaftliche Sätze ablehnt und mithin als *werturteilsfreie* Wissenschaft verstanden werden dürfte – es geht also um das Weber zugesprochene Werturteilsfreiheitspostulat für die empirische Sozialwissenschaft. Und so kann er tatsächlich verstanden werden, wenn er schreibt: „Eine empirische Wissenschaft vermag niemanden zu lehren, was er *soll*, sondern nur, was er *kann* und – unter Umständen – was er *will*" (Weber 1985a, S. 151).

Nun ist dieses Postulat keineswegs so grundlegend in der Werturteilsverdam-
mung, wie es auf den ersten Blick scheinen mag. Denn Weber hebt damit nur
auf einen Sachverhalt ab, der weder von ihm erstmals formuliert wurde noch im
heutigen Verständnis normativer Logik ernsthaft bezweifelt wird: Das „Humesche
Gesetz" bzw. der „naturalistische Fehlschluss" Edward Moores (1970).
An anderer Stelle habe ich die Folgerungen dieser vermeintlich Normativität radikal von Empirie abgrenzenden Logik ausführlicher diskutiert (vgl. Rath
2012c). Kurz gesagt, aus der Haltung Webers folgt lediglich die (richtige) Konstatierung einer logischen Beschränkung für Wissenschaften, die sich methodisch
und in ihrem Formalobjekt allein empirisch verstehen, wie bei den empirischen
Sozialwissenschaften. Allerdings muss man zur Kenntnis nehmen, dass er *wissenschaftsmethodisch* Normativität als Objekt und normative Argumentation als
Methode von *Wissenschaft überhaupt* gar nicht in den Blick nehmen will. Denn er
fokussiert bei der Frage nach dem Stellenwert von Werturteilen in der empirischen
Sozialwissenschaft auf *Moral* bzw. subjektive Normvorstellungen und Handlungs-
präferenzen und *nicht* auf *Ethik* als wissenschaftlich-normative Reflexion über
Moral. Er formuliert es ausführlicher, wenn er in der bereits genannten Schrift zur
Objektivität sozialwissenschaftlicher Erkenntnis schreibt:

> Der wissenschaftlichen Betrachtung zugänglich ist nun zunächst unbedingt die Frage
> der Geeignetheit der Mittel bei gegebenem Zwecke. [...] Wir können weiter, *wenn*
> die Möglichkeit der Erreichung eines vorgestellten Zweckes gegeben erscheint, [...]
> innerhalb der Grenzen unseres jeweiligen Wissens, die *Folgen* feststellen, welche die
> Anwendung der erforderlichen Mittel [...] haben würde. Jene Abwägung selbst nun
> aber zur Entscheidung zu bringen, ist freilich *nicht* mehr eine mögliche Aufgabe der
> Wissenschaft, sondern des wollenden Menschen: er wägt und wählt nach seinem
> eigenen Gewissen und seiner persönlichen Weltanschauung zwischen den Werten,
> um die es sich handelt. (Weber 1985a, S. 149–150)

Hier zeigt sich eine interessante Verschränkung: Einerseits spricht er von der
Logik der wissenschaftliche empirischen Forschung, andererseits spricht er vom
wollenden Menschen mit seinen konkreten weltanschaulich durchtränkten Grundüberzeugungen. Deutlicher noch wird er in seinem Vortrag „Wissenschaft als
Beruf" von 1919 im Hinblick auf die rechte Haltung des wissenschaftlich Lehrenden:

> Nun kann man niemandem wissenschaftlich vordemonstrieren, was seine Pflicht als
> akademischer Lehrer sei. Verlangen kann man von ihm nur die intellektuelle Recht-
> schaffenheit: einzusehen, dass Tatsachenfeststellung, Feststellung mathematischer
> oder logischer Sachverhalte oder der inneren Struktur von Kulturgütern einerseits,
> und andererseits die Beantwortung der Frage nach dem *Wert* der Kultur und ihrer
> einzelnen Inhalte und danach: wie man [...] *handeln* solle, – daß dies beides ganz
> und gar *heterogene* Probleme sind. (Weber 1985b, S. 498)

Dem ist sicher grundsätzlich zuzustimmen, allerdings sieht er hier normative Inhalten gar nicht mehr als ein wissenschaftstheoretisches oder wissenschaftssystematisches Problem, sondern als ein *ideologisches*:

> Fragt er dann weiter, warum er nicht beide [Tatsachenfeststellungen und Werturteile, M. R.] im Hörsaal behandeln solle, so ist darauf zu antworten: weil der Prophet und der Demagoge nicht auf das Katheder eines Hörsaals gehören. [. . .] Ich erbiete mich, an den Werken unserer Historiker den Nachweis zu führen, daß, wo immer der Mann der Wissenschaft mit seinem eigenen Werturteil kommt, das volle Verstehen der Tatsachen *aufhört*. (Weber 1985b, S. 498)

Es geht Weber also nicht wissenschaftsmethodisch um die Gegenüberstellung empirische versus normative Methodik, sondern quasi *praxeologisch* um die Abgrenzung eines *wissenschaftlichen* von einem *nichtwissenschaftlichen* Habitus – es geht um die *Gegenüberstellung von Wissenschaft und Moral*. Sein Werturteilsfreiheitspostulat ist also entweder wissenschaftssystematisch zu verstehen (und dann nicht neu), oder ideologiekritisch oder zumindest professionsethisch (und dann selbst normativ).

Mit anderen Worten, wer Weber als Gewährsmann für normativitätsabstinente Sozialwissenschaften im Allgemeinen und Kommunikations- und Medienwissenschaften im Besonderen ansieht (und damit eine sich normativ verstehende Ethik als Teil einer Kommunikations- und Medienwissenschaft prinzipiell ausschließt), stilisiert ihn zu einem Säulenheiligen, für den Weber sich mit seiner Dichotomie von rationaler Wissenschaftlichkeit und subjektiver Wertvorstellung nicht eignet. Die vermeintlichen methodischen Epigonen Weberscher objektiver Wissenschaft übersehen die notwendige wissenschaftssystematische *Differenzierung von Moral und Ethik*, von subjektiver Haltung und verallgemeinernder Reflexion und Argumentation. Daher ist es notwendig, diese Unterscheidung zunächst noch einmal ins Gedächtnis zu rufen:

Zum einen, weil Ethik zunächst einmal *Notfallethik* ist. „Notfallethik" meint, dass Menschen immer dann nach einer Begründung für normative Handlungsorientierungen suchen, wenn diese normative Handlungsorientierung ihr Selbstverständlichkeit verloren hat: wenn die „normale", gesellschaftlich akzeptierte Moral für ein bestimmtes Handlungsfeld nicht mehr allgemein akzeptiert ist oder Probleme auftauchen, die die jeweilige Moral nicht lösen kann. In diesen Fällen sind es häufig Akteure des jeweiligen Handlungsfelds, die diesen Orientierungsbedarf konstatieren – und aus ihrer individuellen Moralität Lösungsvorschläge anbieten. Beispiele dafür sind Professionalisierungsnormen, Professionalitäts-Codizes und Standes-„Ethiken". Aber auch diese Formen der „Selbstkontrolle" bedürfen der rationalen, und das heißt wissenschaftlichen, Legitimation und sind nicht auf die als brüchig erlebte Moral einer Gesellschaft zurückzuführen.

Zum anderen, und nun spezifiziere ich auf das Handlungsfeld Medien, weil in der interdisziplinären Öffnung des „Materialobjekts" (siehe unten) der Ethik hin zur Medienethik zugleich eine Überlappung mit den Formalobjekten der kommunikations- und medienwissenschaftlichen Teildisziplinen vorliegt und die Frage der Methodik plötzlich sehr grundsätzlich werden kann. In beiden Fällen, der Neuorientierung von Moral im Hinblick auf die besonderen Gegebenheiten eines Handlungsfeldes wie auch der Legitimation der daraus abgeleiteten Spezialethik oder *applied ethics*, ist die philosophische Ethik als Wissenschaft gefragt.

Wir haben bisher gesehen, dass die Betonung auf *philosophisch* liegt, weil dies impliziert, dass diese Ethik keine Morallehre ist, sondern eine Wissenschaft, die allein rational agiert. Daher lässt sich hier abkürzend und zusammenfassend feststellen: Es geht der Ethik um die Kritik und Legitimation normativer Prinzipien und normativer Forderungen sowie die Analyse und Bewertung spezifischer Handlungszusammenhänge. Prinzipienfindung und Prinzipienanwendung sind die Funktion ethischer Theorien. Die menschliche Praxis ist jedoch sehr differenziert. Im Laufe der Geschichte haben sich unterschiedliche Handlungszusammenhänge oder Praxisfelder herausgebildet, die auch sehr unterschiedliche normative Herausforderungen für den Menschen darstellen. Klassische Felder sind Medizin, Familie, Recht, Wirtschaft. Und natürlich die Medien.

5.1.3   Medienethik als normative Bezugsdisziplin

Für spezifische Handlungsfelder muss es je spezifische Ethiken geben, die diese Handlungsbedingungen mit berücksichtigen. Andererseits ist auch das Handeln unter spezifischen Bedingungen immer noch Handeln. Die Akteure z. B. des Medienfeldes agieren immer als ganze Menschen mit ihren Präferenzen, Überzeugungen und ansozialisierten Normvorstellungen. Sie sind damit immer auch Objekte der allgemeinen Ethik und ihrer Begründungsdiskurse. Allerdings, wie wir gesehen haben, besteht ein grundlegender Unterschied der angewandten Ethik zur allgemeinen Ethik: Angewandte Ethik bezieht sich explizit auf Handeln unter z. T. sehr spezifischen Handlungs- und Rahmenbedingungen. Daher muss eine angewandte Ethik immer auch eine Expertise in diesen spezifischen Handlungszusammenhängen erwerben – wir haben dies den Empiriebedarf der Medienethik genannt. Das bedeutet nicht anders, als dass Medienethik immer *sowohl* philosophische Ethik *als auch* und *gleichberechtigt* Medien- und Kommunikationswissenschaft mit ihren Unterdisziplinen umfasst. Erst aus dem Zusammenspiel der verschiedenen deskriptiven und normativen Aspekte kann die Medienethik das Handlungsfeld Medien kompetent in den Blick nehmen.

Auf alle Bereiche dieses Medienfeldes wirken *Interessen* ein – politische, ökonomische, ästhetische usw., ebenso die verschiedenen *Wertvorstellungen* der Akteure sowie des gesellschaftlichen Werthorizonts. Alle diese Einflussfaktoren sind deskriptiv zu beschreiben. Aber in gleicher Weise haben die verschiedenen Handlungsbereiche und Handlungsebenen auch normative Implikationen – *und sind damit originäre Objekte der Medienethik*. Sie reflektiert auf die argumentative Legitimation dieser Interessen und Wertvorstellungen ebenso wie auf die Folgen medialen Handelns und leitet daraus ggf. Zieldimensionen für eine mögliche Steuerung ab (vgl. Debatin 2002). Für die Kommunikations- und Medienwissenschaften ergeben sich hieraus in zweifacher Weise ein Zugang zur Medienethik:

Zum einen, und darauf hat Hausmanninger (2002, S. 286 f.) hingewiesen, hebt die Kommunikations- und Medienwissenschaft auf *anthropologische* Grundkonzepte ab, die sie mit einer Medienethik gemein hat, nämlich im weitesten Sinne ein Verständnis des Menschen als *homo medialis* (Pirner und Rath 2003), als *animal symbolicum* (Cassirer 1996; Rath 2002a), als *homo communicans* (Schönberger und Schrappeneder 1997), also als kommunizierendes und notwendig kommunizierendes Wesen, wie wir es oben (vgl. Kap. 3) ausgeführt haben. Dies trifft sich, und insofern wäre Hausmanninger (2002) zuzustimmen, der ja explizit von einer „Rückgewinnung" der Medienethik durch die Kommunikations- und Medienwissenschaft spricht, mit der Mediatisierungsthese von Friedrich Krotz (2001, 2007).

Allerdings führt diese Argumentation aus anthropologischen Gegebenheiten auf normative Postulate – will sie nicht dem naturalistischen Fehlschluss aufsitzen – zu einer pragmatisch vorausgesetzten *Moralisierung* der Kommunikations- und Medienwissenschaften, die ihre Berechtigung aus der unausgesprochenen normativen *Implikation* der kommunikations- und medienwissenschaftlichen Forschung schöpft. Aber sie ist eben eine Reflexion auf eine Implikation, der sich empirische Kommunikations- und Medienwissenschaften auch entziehen könnten. Man kann diese Rückgewinnung daher nicht als Integration verstehen.

Zum andere, und darauf hat Debatin (2002) hingewiesen, reicht eine solche aus der anthropologischen Medialität des Menschen abgeleitete Reflexion auf geforderte praktische Moralität nicht aus. Gerade angesichts der praktisch offensichtlichen, moralischen Defizitwahrnehmungen gehe es „um eine *ethische* Ausrichtung des gesamten medialen Handlungsfeldes und seiner Akteure, nicht aber um bloße *Moralisierung*" (Debatin 2002, S. 261, Herv. nicht im Original). Die Medienethik hätte dabei vor allem die Verantwortungszuweisungen auf individueller und institutioneller Ebene zu verargumentieren und die normativen Prinzipien zu benennen, an denen sich die mediale Praxis zu orientieren hätte. Aus dieser ethischen Reflexion auf die Handlungsbedingungen medialer Akteure gewönne, so Debatin (2002, S. 262) weiter, Medienethik nicht nur eine *„Steuerungsfunktion"*, sondern sie hätte zugleich eine „*Reflexionsfunktion*" zu übernehmen, um „medienethische Normen und Werte zu begründen".

Beide Überlegungen, Medienethik über die gemeinsamen anthropologischen Grundlagen bzw. über die gemeinsamen praktischen Defizitwahrnehmungen mit den Kommunikations- und Medienwissenschaften an diese anzubinden, haben ihre Berechtigung. Aber die Rede von einer „Rückgewinnung" (Hausmanninger 2002) wie auch von einer „kommunikationswissenschaftlichen Teildisziplin" (Debatin 2002) lassen einen Spielraum offen, wie diese Ankopplungen an die Kommunikations- und Medienwissenschaften zu verstehen wären: Pointiert formuliert, ermöglicht eine solche Ableitung auch einen weiter oben beschriebenen *normativen Taylorismus*, also einer normativen Arbeitsteilung: instrumentell-funktionalistische Anwendung kommunikations- und medienwissenschaftlicher Forschung auf das Handlungsfeld Medien durch die Kommunikations- und Medienwissenschaften, normativ-ethische Reflexion und Steuerung des Handlungsfeldes Medien durch die eigenständige, externe Disziplin Medienethik. Ein integriertes Verständnis hingegen müsste die Kommunikations- und Medienwissenschaften der fachwissenschaftlichen Abwägung nicht nur instrumenteller, sondern auch normativer Alternativen öffnen. Mit anderen Worten: Es müsste die Medienethik als integraler Teil der Kommunikations- und Medienwissenschaften gedacht werden.

5.2 Methode(n) der Medienethik

Im Folgenden will ich die Grundzüge eines integrativen Methodenkonzepts für die Medienethik als Ethik der mediatisierten Welt umreißen. Methodenreflexion kann dabei generell auf zweifache Weise geschehen, in Bezug auf die Verfahren wissenschaftlichen Forschens in einem technischen Sinne (Methodik im engeren Sinne) oder in Bezug auf eine die Verfahren in ihrer Sinnhaftigkeit erst begründenden Methodenbedürftigkeit der jeweiligen Wissenschaft (Methodologie). Beide Formen der Methodenreflexion basieren jedoch auf einem grundsätzlichen Verständnis der Wissenschaft, um die es in dieser Reflexion jeweils geht. Hier ist nun der Ort, die verschiedenen Aspekte, die zu diesem Thema in den vorangegangenen Kapiteln – zum Teil auch, um sie als Einzelkapitel verständlich zu machen – genannt wurden, zu bündeln und zu differenzieren. Ein klassischer Dreischritt bietet sich daher an: Ich werde im Folgenden zunächst nochmals aus einem philosophischen, nämlich kantischen, Selbstverständnis heraus, der systematischen Frage nachgehen, mit welcher Art von Wissenschaft wir es bei der Medienethik zu tun haben. Dann werde ich eine klassische Wissenschaftssystematik vorschlagen und diese auf das kommunikations- und medienwissenschaftliche Forschungsfeld anwenden, um schließlich aus dieser Systematik die methodologischen Aspekte besonders in den Blick zu nehmen und schließlich für die Medienethik im Sinne einer medienethischen Methodik zu konkretisieren.

5.2.1 Medienethik: philosophische Ethik medialer Praxis

Medienethik, wie Ethik überhaupt, versteht sich, das haben wir oben bereits gesehen, als wissenschaftliche Disziplin, allerdings als *philosophische* Wissenschaft. Das heißt, es geht ihr als Philosophie nicht um Erkenntnis im Rahmen einer teilweisen Welterfassung, die sich von anderen wissenschaftlichen Welterfassungen im weitesten Sinn (bewusstseinsexterner wie -interner Objekte, empirischer wie historischer oder hermeneutischer Objektzugänge) *abgrenzt*, sondern als eine wissenschaftliche Reflexion, die den verschiedenen, nicht-philosophischen Einzelwissenschaften *voraus liegt*. Dies geschieht „wissenschaftlich", also reflexiv, argumentativ, systematisch und methodisch, aber nicht bezogen auf Teilbereiche der Welt bzw. des menschlichen Handelns. Vielmehr hat Philosophie jeweils die Bedingungen der Möglichkeit von Welt- und Selbsterkenntnis des Menschen im Fokus. Was heißt dies in Bezug auf Einzelwissenschaften?

Diese Frage wäre in einem ersten Zugriff historisch zu beantworten, was im Folgenden nur in systematischer Absicht und daher nur knapp geschehen kann. Bevor ich jedoch auf das geschichtlich gewordene Verständnis von Wissenschaft eingehen werde, möchte ich das Verständnis von Philosophie allgemein und von Ethik im Besonderen umreißen.

Alle Wissenschaft fängt mit Philosophie an. Insofern ist Philosophie die erste Wissenschaft, aus der sich, auf dem historischen Weg vom „Mythos zum Logos" (Nestle 1998), die Einzelwissenschaften heraus gebildet haben.[3] Dabei haben diese Einzelwissenschaften an Differenzierung in der Bestimmung ihrer Objekte gewonnen, sie haben im Gegenzug allerdings Grundfragen quasi in der Philosophie „zurückgelassen". Immanuel Kant hat diese Grundfragen in der Einleitung zu seiner *Logik* von 1800 schlagwortartig in vier Fragen gefasst: „Was kann ich wissen?", „Was soll ich thun?", „Was darf ich hoffen?" und „Was ist der Mensch?"

---

[3] Diese These ist nicht im Sinne eines Eurozentrismus zu verstehen. Zwar denke ich hier und im Folgenden in den Kategorien und auch historisch in den Positionen der westlich-abendländischen Philosophie, aber die grundsätzliche Wendung, dass reflexive und rationale Weltverstehensmodelle sich (im Gegensatz zu religiös-animistischen und religiös-mythischen Welterklärungsmodellen) auf plausibilisierbare und verallgemeinerbare (und damit jenseits von Glaubensakten zustimmungsfähige) Begründungen gehen, verstehe ich generell als „philosophisch" (vgl. zusammenfassend Kimmerle 2002).

(AA IX, 25)[4]. In diesem Abschnitt werde ich alle vier Fragen thematisieren, zum einen, um zu klären, was es *allgemein* heißt, eine Disziplin als „philosophisch" zu bezeichnen – dafür will ich zumindest kurz erläutern, was es mit den philosophischen Fragen als Fragen der Philosophie auf sich hat –, zum anderen, um zu klären was es heißt, die Medienethik *im Besonderen* sei eine philosophische Disziplin. Da der Ethik die zweite Frage Kants gewidmet ist, werde ich diese Frage etwas ausführlicher behandeln. Daher gehe ich zunächst knapp auf die drei anderen philosophischen Fragen ein und dann erst auf die im engeren Sinne ethische Frage „Was soll ich thun?".

5.2.1.1 Die Frage der Erkenntnistheorie: „Was kann ich wissen?"

Die berühmten vier Fragen Immanuel Kants können, im Gegensatz zur Intention Kants, natürlich auch einzelwissenschaftlich verstanden werden. Die erste Frage kann meinen: „Was gibt es über ein wie auch immer zu bestimmendes Objekt, Thema oder Feld unseres Erkenntnisinteresses zu wissen?" Insofern wäre diese Frage über einzelwissenschaftliche Forschung – und nur über diese – zu beantworten. Kant meint seine Frage jedoch grundlegender, nämlich als Ergebnis einer veränderten Perspektive in Bezug auf Erkenntnis überhaupt. Dies lässt sich gut und schnell nachvollziehen in der Vorrede zur 2. Auflage seines erkenntnistheoretischen Hauptwerks *Kritik der reinen Vernunft* (AA III).

Kant greift dort eine fundamentales Problem der Erkenntnisgewinnung auf, dass in der Spannung zwischen spekulativem Rationalismus und Empirismus seit den Anfängen der Philosophie deutlich geworden ist: Spekulativ sind unsere Erkenntnis über Welt nicht anschlussfähig an unsere lebensweltliche Erfahrung, empirisch (also auf dem Wege der Induktion) sind sie nicht verallgemeinerbar im Sinne „wahrer Erkenntnis". Die Einzelwissenschaften haben sich mit dieser Diskrepanz arrangiert: Formalwissenschaften behaupten nur innere oder „logische" Konsistenz als Maß ihrer Aussagen, empirische und hermeneutische Wissenschaften behaupten nur die Wahrscheinlichkeit bzw. Kohärenz ihrer Ableitungen aus Einzelerfahrungen. Quasi „forschungspraktisch" und im Konsens der Selbstdefinition von Wissenschaften hat sich diese Vorgehensweise „bewährt" – die Wissenschaften setzen Wahrheit und Wahrheitsfähigkeit ihrer Aussagen ebenso voraus wie die Existenz der Realität, über die sie sprechen, und die Funktionalität ihrer jeweiligen Methodiken. Auf die Frage der Philosophie hingegen, was eine Aussage als „wahr" auszeichnet, wie Wissenschaft zu diesen Aussagen kommt und was dies mit der Realität unserer Welt zu tun hat, kann dieses forschungspraktische Vorgehen nach Kant keine befriedigende Antwort sein. Kant formuliert dies im Vorwort zu 2. Auflage ironisch:

---

[4] Die Schriften Kants (2013) werden nach der *Akademie-Ausgabe* der Preußischen Akademie der Wissenschaften, Berlin, zitiert (AA Band, Seite), die auch online zur Verfügung steht.

> Weit schwerer [als nur formalwissenschaftlich mit der Logik, M. R.] mußte es
> natürlicher Weise für die Vernunft sein, den sicheren Weg der Wissenschaft
> einzuschlagen, wenn sie nicht bloß mit sich selbst, sondern auch mit Objecten zu
> schaffen hat. (AA III, 8)

Seiner Meinung nach ist die philosophische Frage „Was kann ich wissen?" nicht eine Frage nach den Bedingungen der Erkenntnisobjekte möglicher Erkenntnis und
daraus abgeleitet die Frage nach den Methoden, die geeignet sind, diese Objekte zu
erfassen. Das wird deutlich in einer der bekanntesten Stellen aus dieser Vorrede,
die in der Folge auch als die „kopernikanische Wende" bei Kant bezeichnet wurde. Kant stellt fest, dass ein Wissenschaftsverständnis, dass allein auf die blanke
Sinnenerkenntnis vertraut, scheitern muss (darüber hat ihn David Hume belehrt).
Wirklichen Erfolg hat die Naturwissenschaft nur, wenn sie in der untersuchten
Realität das sucht, „was die Vernunft selbst in die Natur hineinlegt" (AA III, 10).
Dies ist keine Spekulation, sondern die Einsicht in die theoretischen Vorannahmen
der empirischen Erkenntnis. Genau diesen Gedanken, die der Erkenntnis generell
vorausliegenden Vorannahmen zu untersuchen, führt ihn zur Entwicklung seiner
Erkenntnistheorie (und damit zu einer Grundtheorie des Konstruktivismus, vgl.
Geier 2011). Diesen Umschwung formuliert er wenige Zeilen später, bezogen auf
die Metaphysik, der es darum gehen müsste, vor jeder Erfahrung unserer Sinne („a
priori" bei Kant) die allgemeinen Bedingungen dieser Erkenntnis zu benennen:

> Bisher nahm man an, alle unsere Erkenntniß müsse sich nach den Gegenständen rich-
> ten [. . .] Man versuche es daher einmal, ob wir nicht in den Aufgaben der Metaphysik
> damit besser fortkommen, daß wir annehmen, die Gegenstände müssen sich nach
> unserem Erkenntniß richten, welches so schon besser mit der verlangten Möglichkeit
> einer Erkenntniß derselben a priori zusammenstimmt, die über Gegenstände, ehe sie
> uns gegeben werden, etwas festsetzen soll. (AA III, 11–12)

Kant versteht hier „Erkenntniß" nicht als das Wissen über die Gegenstände,
sondern als unser „Vermögen", eine Objekt überhaupt als Gegenstand unserer Erfahrung zu erfassen: „daß wir nämlich von den Dingen nur das a priori erkennen,
was wir selbst in sie legen" (AA III, 13).

Es geht ihm also darum, was die Bedingungen aller möglichen Erkenntnis überhaupt sind. Da es Erkenntnisbedingungen sind, lassen sich diese nicht auf der Basis
einzelwissenschaftlicher, vor allem aber nicht aufgrund empirischer Forschung
benennen. Denn diese hätte beim Versuch, die Bedingungen als Objekte ihrer Forschung in den Blick nehmen, diese immer schon vorausgesetzt: Die Klärung dieser
Bedingungen von (einzelwissenschaftlicher) Erkenntnis muss ohne die Bedingungen empirischer Forschung erfolgen, d. h. ohne die Einschränkungen der Geltungs-
reichweite induktiver („aposteriorischer" in der Sprache Kants) Aussagen. Das

heißt, Aussagen zu den Bedingungen der Möglichkeit von Erkenntnis überhaupt sind *vor jeder Erfahrung* zu formulieren. Wollen apriorische Aussagen aber nicht einfach nur tautologisch sein, müssen sie dennoch unsere Erkenntnis erweitern. Das gelingt aber nur bei Aussagen zu den logisch, d. h. durch reines Denken, rekonstruierbaren und als denknotwendig vorauszusetzenden Prinzipien des Denkens. Genau diese zu benennen wäre die Antwort auf die Frage „Was kann ich wissen?".

Philosophie fragt also nach den im Akt des Anspruchs auf Erkenntnis jeweils schon – nolens volens – vorauszusetzenden Bedingungen von Erkenntnis überhaupt. Kants Antworten auf diese Frage sind andere als vorher und nachher in der Geschichte dieser Frage gegebene Antworten. Ich will hier aber gar nicht auf die kantische Antwort als allein mögliche und richtige hinaus. Es reicht, wenn deutlich wird, dass alle Forschung zu *bestimmten* Objekten des Erkennens Vorannahmen voraussetzt, die dieses Erkennen bestimmen und über die die Philosophie Aussagen machen kann, nicht jedoch die Einzelwissenschaften selbst.

Im Prinzip verhält es sich mit den drei anderen Fragen ähnlich. Der Unterschied zwischen Einzelwissenschaften und Philosophie ist nicht auf der Ebene der Erkenntnisformulierung über *spezifische* Objekte wissenschaftlicher Erkenntnisproduktion zu suchen (hier hat die Philosophie das Feld längst schon den Einzelwissenschaften überlassen), sondern auf der Ebene der Klärung der je schon *vorausgesetzten* impliziten und denknotwendigen Vorannahmen. Die zweite Frage Kants „Was soll ich tun?" stelle ich zurück und wende mich zunächst noch der dritten und vierten Frage zu.

5.2.1.2   Die Frage der Religionsphilosophie: „Was kann ich hoffen?"

Die dritte Kantische Frage „Was kann ich hoffen?" ist denn auch nicht auf formulierbare Hoffnungen des Menschen (also auf Sinnstiftung abhebende Gewissheiten, wie sie z. B. religiöse Systeme bieten) gemünzt, ebenso wenig zielt sie als philosophische Frage auf Antworten, die – verkürzt formuliert – das Feld religiöser Praxis im weitesten Sinne beschreiben und entweder kulturwissenschaftlich oder theologisch gegen kulturelle Praxen generell oder die Kohärenz mit Glaubensüberlieferung im Besonderen abgleichen. Vielmehr fragt die Philosophie mit dieser Frage nach den Bedingungen der Möglichkeit von existentieller menschlicher Hoffnung als kognitiv plausibilisierbarer Erwartung einer grundsätzlichen Zusage von im weitesten Sinne existentiellem „Heil". Die Antwort der Philosophie privilegiert also weder spezifische Antworten religiöser Systeme noch mischt sie sich in die innerwissenschaftlichen Begründungs- und Plausibilisierungsstrategien von Religionswissenschaft, Kulturwissenschaft oder Theologie. Vielmehr fragt sie nach den kognitiv legitimierbaren und plausibilisierbaren Vorannahmen einer Hoffnungszusage bzw. Hoffnungsablehnung – und kommt dabei, zumindest spätestens seit Kant, zu dem Schluss, dass diese Alternativen schlicht unentscheidbar sind, und zwar in einem grundsätzlichen, logischen Sinne. Denn Kant zeigt auf, dass existentiellen Sinn stiftende Instanzen (wie Gott) prinzipiell unserem Erkenntnisvermögen entzogen sind. Daher sind weder Begründungen für noch Begründungen gegen diese Instanzen logisch schlüssig. Dies allein, die Unentscheidbarkeit dieser Frage, lässt sich philosophisch begründen.

5.2.1.3 Die Frage der Anthropologie: „Was ist der Mensch?"

Die vierte Frage „Was ist der Mensch?" schließlich bindet, wie Kant selbst sagt, die drei vorhergehenden Fragen dahingehend zusammen, dass dies alles Fragen des Menschen sind (von wem sonst?) und daher bereits ein Licht auf das Selbst- und Weltverständnis des Menschen werfen. Sofern die drei Fragen also überhaupt sinnvoll sind, sind sie es als Fragen eines Wesens wie dem Menschen mit seinen spezifischen Bedingungen, die die philosophische Anthropologie in ihren verschiedenen Positionen beleuchtet. Sie bestimmt auch hier die denknotwendigen Vorannahmen einer Beschäftigung mit dem Menschen, ohne den Humanwissenschaften ihre eigene Fragestellung abnehmen zu können. Für die Medienethik als philosophische Thematik wäre hier darauf zu verweisen, dass Medialität dem Menschen grundsätzlich zukommt, als *homo medialis* (vgl. dazu ausführlich Rath 2001, 2002a, 2003c), und nicht nur als ein historisch kontingentes Phänomen betrachtet werden kann. Daraus folgt, dass normative Forderungen an die mediale Praxis des Menschen an einer grundsätzlichen Medialität des Menschen abzugleichen sind.

5.2.1.4 Die Frage der Ethik: „Was soll ich tun?"

Nun zur eigentlich hier interessierenden zweiten Frage „Was soll ich tun?" – auch diese Frage ließe sich einzelwissenschaftlich angehen, dann aber würde das Ergebnis lediglich die Geltungsbedingungen von Normen, Werten und normativen Prinzipien benennen. Solche Analysen der Geltung und der Geltungsbedingungen von Handlungsregeln bieten z. B. die so genannten empirischen Ethiken der Sozialwissenschaften, also Moralpsychologie, Wert- und Normsoziologie, aber auch die Jurisprudenz oder andere Regel-Analysen und -Systematiken. Anderes gilt für die Philosophie. Fragt Philosophie nach Handlungsorientierungen, so geht es ihr nicht um die *Geltung* einer Norm, einer Wertpräferenz oder eines normativen Prinzips. Denn Geltung meint die reale handlungsleitende Befolgung einer solchen Handlungsorientierung.

Philosophie geht es aber vielmehr um den einem solchen Befolgungsanspruch je schon voraus liegenden, impliziten Anspruch auf *Gültigkeit*. Es geht also um die z. T. unausgesprochen (und/oder unbewusst) denknotwendig voraus gesetzten Prinzipien, welche die Gültigkeit einer Handlungsregel im weitesten Sinne überhaupt erst begründen, d. h. rational und argumentativ plausibel machen (vgl. dazu genauer und exemplarisch in Bezug auf eine Normtheorie Rath 1988b). Auch hier können wir wieder mit Immanuel Kant die grundsätzlichen Unterschiede klar machen.

Zur Erinnerung: Oben (vgl. Kap. 4) haben wir, im Zusammenhang mit dem Begriff der Medienkompetenz, Kants Konzept der hypothetischen Imperative und des kategorischen Imperativs aus seiner Schrift *Grundlegung zur Metaphysik der Sitten* von 1785 referiert. Dies soll hier nicht noch einmal geschehen, nur an die zentralen Grundgedanken sei erinnert. Kant macht deutlich, dass die Ethik die Aufgabe hat, einen *Imperativ* zu formulieren, der unabhängig von den individuellen Neigungen und Strebungen (und seien sie noch so altruistisch) menschliches Handeln orientiert. Sie tut dies, indem sie die subjektiven Handlungspräferenzen – in den Worten Kants „Maximen" – in den Blick nimmt. Aufgabe der Philosophie ist es dann, diese Maximen darauf hin zu untersuchen, woher sie vor jeder Geltung ihren Anspruch auf *Gültigkeit* nehmen, inwieweit es also als vernünftig ausgewiesen werden kann, diesen Maximen gemäß zu handeln. Er unterscheidet zwei Arten von Imperativen, hypothetische, die nur unter der Bedingung einer vorausgesetzten Zielkategorie gelten, und einen kategorischen, der immer, unbedingt Gültigkeit beanspruchen kann,

> der, ohne irgend eine andere durch ein gewisses Verhalten zu erreichende Absicht als Bedingung zum Grunde zu legen, dieses Verhalten unmittelbar gebietet. Dieser Imperativ ist kategorisch. Er betrifft nicht die Materie der Handlung und das, was aus ihr erfolgen soll, sondern die Form und das Princip, woraus sie selbst folgt, und das Wesentlich = Gute derselben besteht in der Gesinnung, der Erfolg mag sein, welcher er wolle. Dieser Imperativ mag der der Sittlichkeit heißen. (AA IV, 416)

Dieser Imperativ stellt nach Kant dann das Gesetz dar, dem „gehorcht, d. i. auch wider Neigung Folge geleistet werden muss" (AA IV, 416). Es ist notwendig „gut" und verallgemeinerbar und gilt ohne Bedingung, eben „kategorisch": „handle nur nach derjenigen Maxime, durch die du zugleich wollen kannst, daß sie ein allgemeines Gesetz werde" (AA IV, 421).

Unabhängig von der jeweiligen ethischen Theoriepräferenz sollte jetzt deutlich geworden sein, welchen Unterschied eine philosophische *Ethik* im Gegensatz zu einzelwissenschaftlichen Antworten auf die Frage nach Handlungspräferenzen in ihrer wissenschaftlichen Vorgehensweise ausweist. Sie analysiert die Gültigkeitsansprüche normativer Handlungsregeln im Hinblick auf ihre rationale Plausibilisierung, bewertet sie als plausibel und verallgemeinerbar oder eben nicht und begründet Handlungsregeln mit dem Verweis auf Prinzipien, die als plausibel, verallgemeinerbar und zustimmungsfähig ausgewiesen sind – das macht die Normativität einer philosophischen Ethik aus.

Diese argumentative Begründungsleistung kann unterschiedlich sein, je nach dem, welche Prinzipien im Vordergrund stehen und als gültig angesehen werden. Mit Kant kann diese Begründung im Hinblick auf eine reine Pflichtethik geschehen, mit John Stuart Mill im Hinblick auf eine quantitative und qualitative Nutzenabwägung (Utilitarismus) oder mit Aristoteles im Hinblick auf eine normativ verstandene Verwirklichung der menschlichen Vernunftnatur durch Tugenden als rechte Mitte zwischen Handlungsextremen – in allen philosophischen *Ethiken* wird die Gültigkeit von normativen Handlungsorientierungen (z. B. Pflicht, Nutzen, Tugend) untersucht.

Als *philosophische* Ethik – und das wurde aus der bisherigen Behandlung der drei anderen Fragen Kants deutlich – ist eine Ethik der medialen Praxis im Hinblick auf den medial Handelnden anthropologisch begründet (Medialität ist also kein historisch zufälliges Phänomen) und im Hinblick auf den Umgang mit menschlicher Fehlbarkeit und Schuld konstatierend, nicht exkulpierend, mit anderen Worten, sie hat kein Heil und kein „Heil werden" zu bieten. Schließlich fragt sie nach den Voraussetzungen der deskriptiven Erkenntnisse und der normativen Vorstellungen und Urteile zur medialen Praxis, sowie nach den Bedingungen und Zielen einer „mediatisierten Welt". Diese philosophische Grundlegung der Medienethik stellt Medienethik in den Zusammenhang philosophischer Methodologie.

Allerdings bliebe bei einer ausschließlich *ethikinternen* Betrachtung unklar, wie für diese Ethik auch eine methodologische Reflexion im Hinblick auf das Handlungsfeld als *Medien*ethik anzustellen wäre. Denn ohne eine methodologische Klärung (und dann methodische Aneignung), wie eine angewandte Ethik an ihr Objekt kommt, bleibt unklar, inwieweit sie sich von der „alltagsempirischen Verwurzelung der allgemeinen Ethik" (Rath 2000a, S. 69) unterscheidet.[5] Geben wir darauf die Antwort, sie arbeite eben mit einer philosophischen Methodik und nur dieser, bliebe uns nicht anderes übrig, als die Medienethik (und andere angewandte Ethiken auch) auf die reine Beobachterposition gegenüber handlungsfeldspezifischen Einzelwissenschaften zu verweisen. Denn „Medienethik braucht Empirie" (vgl. Rath 2000a, S. 70 ff.), die Frage ist nur, *alltagsempirisch-zufällige* (nach der vermeintlich selbstverständlichen alltagstheoretischen Kenntnisvermutung, „wir

---

[5] Es ist interessant festzustellen, dass Methodenfragen in der Medienethik generell eher wenig diskutiert werden. Dies mag zum einen an der Rückbindung an die Ethik liegen, so dass für eine angewandte Ethik diese Methodik-Diskussion vorab geklärt erscheint. Zum anderen vielleicht auch an der m. E. verkürzten Auffassung, eine Wissenschaftsdomäne wäre *eindeutig* von jeder anderen abzugrenzen und daher methodisch entschieden. Mit anderen Worten, Medienethik wäre entweder normative Ethik, dann gälte für sie das Methodenrepertoire der philosophischen Ethik, oder sie wäre reine Medienwissenschaft, dann gälte für sie das methodische Rüstzeug einer im weitesten Sinne empirischen Wissenschaft.

alle nutzten doch Medien"), *rezipierte* (die medien- und kommunikationswissen-schaftliche Forschung) oder *kompetent* erhobene. An anderer Stelle habe ich darauf verwiesen, dass und wie Medienethik im Verhältnis zur allgemeinen Ethik und zu Medien- und Kommunikationswissenschaften gedacht werden muss (vgl. Rath 2013b, 2013c). Medienethik ist integrativ in dem Sinne, dass sie – will sie nicht allein auf die Rezeption medienaffiner empirischer Forschung angewiesen sein – zur empirischen Realitätserfassung *eigenständige* empirische Kompetenz ausbilden muss. Ich werde dies im Folgenden konkretisieren und in einem zweiten Schritt der Frage nachgehen, welche methodologischen Zusammenhang es zwischen Verfahren des wissenschaftlichen Forschens und dem Objekt der jeweiligen Forschung gibt und dies auf die Medienethik (und das kommunikations- und medienwissenschaftliche Forschungsfeld überhaupt) anwenden.

5.2.2 Wissenschaftssystematik des kommunikations- und medienwissenschaftlichen Forschungsfeldes

Hat im ersten Teil dieses Kapitels die Differenz zwischen Einzelwissenschaft und Philosophie im Vordergrund gestanden, so soll nun die grundsätzliche Wissen-schaftlichkeit (ob nun der Philosophie oder der Einzelwissenschaft) systematisch in den Blick kommen. Dafür muss ich jedoch eine kurze historische Reflexion vorschalten. Denn Wissenschaft fällt nicht vom Himmel. Sie hat sich in ihrem Selbstverständnis, auch unter dem Einfluss der Philosophie und auch im Bezug auf Philosophie und ihrem Verhältnis zur Einzelwissenschaft, verändert.[6]

5.2.2.1 Wissenschaft vom „Weltenspiegel" zur diskursiven Formation

In vormodernen Zeiten dominierte die Auffassung, Wissenschaft bilde die Reali-tät zumindest *idealiter* adäquat ab. Als „Weltenspiegel" doppelt sie quasi in der wissenschaftlichen Erkenntnis eine unhinterfragbare Realität (die zudem in eine metaphysisch begründete Ordnung der Schöpfung eingebunden gedacht wurde, der *scala naturae*). Aus dieser Schöpfungsordnung resultierte zugleich eine Rang-ordnung der Wissenschaft. Wissenschaft stieg in ihrer Bedeutung, je höher ihr Objekt in dieser „Ordnung der Dinge" zu stehen kam (vgl. Diekmann 1992).

Mit Immanuel Kants „Kopernikanischer Wende" der Erkenntnistheorie wird deutlich, dass die wissenschaftliche Kategorisierung keineswegs eine rein rezeptive Abbildung von Realität ist, sondern aktive Konstruktion des vernunftbegabten We-sens Mensch. Kant hielt aber zumindest an der grundsätzlichen Intersubjektivität

---

[6] Zum folgenden Abschnitt vgl. Karmasin et al. (2013c).

dieser Konstruktionsleistung fest, denn die uns allen gemeinsamen *reinen Formen der Anschauung* und die *Kategorien des Verstandes* erlauben uns zwar nicht, die Welt als *Ding an sich* zu beschreiben, aber sie erlauben uns, unsere sinnlichen Affektionen gemäß dieser Kategorien zu einer intersubjektiven „Welt für uns" zu formen.

Seit spätestens Michel Foucault haben wir zudem erkannt, dass diese Konstruktion nicht von einem Subjekt und ein für allemal geleistet werden kann, sondern dass Wissenschaft als „Formation" eines Diskurses verstanden werden muss, der den jeweiligen Diskursbedingungen seiner Zeit unterliegt und die vermeintlich eineindeutigen Kategorien der *Ordnung der Dinge* (so Foucault einschlägiger Titel aus dem Jahr 1966, vgl. Foucault 2003) immer neu erfindet. Und ein Blick in die Wissenschaftsgeschichte macht deutlich, dass diese Diskurse ganz partikularen Interessen folgen, so dass der wissenschaftliche Diskurs häufiger der Beibehaltung des *status quo* dient als dem wie auch immer zu fassenden Fortschritt, und dass ein „Paradigmenwechsel", wie Thomas S. Kuhn (vgl. 1996) ihn 1962 beschrieben hat, die Welt oft nur anders und nicht immer besser erklärt. Was also macht heute eine Wissenschaft aus und was gehört zu ihr und was nicht?

Bernhard Bolzano (1837, S. 6 ff.) z. B. weist schon in der ersten Hälfte des 19. Jahrhunderts darauf hin, dass sich Wissenschaft nicht so sehr in den einsamen Werken des Genies konstituiert, sondern in den fachliches Allgemeingut gewordenen Manifestationen akzeptierter Lehrbücher. Dies gilt auch für Studiengänge und Lehrstühle, vor allem wenn es darum geht, sich als junge Disziplin allererst zu konstituieren bzw. gegen die Konkurrenz anderer, etablierter Disziplinen durchzusetzen (vgl. z. B. für die Psychologie Rath 1994). Es ist also weniger ein Frage, was eine Wissenschaft „natürlicherweise" ausmacht, sondern wie im materialisierten Diskurs diese Wissenschaft sich selbst bestimmt.

5.2.2.2 Materialobjekt, Formalobjekt und Methode

In der Wissenschaftstheorie haben sich einige formale Kriterien herausgebildet, die es erlauben, diese sich je neu erfindenden Wissenschaften zu kategorisieren. Und auch in der Kommunikationswissenschaft (vgl. Beck 2003, S. 72), der Medienwissenschaft (vgl. Saxer 1999, S. 3) und in der Publizistik (vgl. Bonfadelli et al. 2005, S. 5) wird diese Systematik in Anschlag gebracht. Drei Faktoren wurden und werden dabei gemeinhin genannt: das *Materialobjekt,* das *Formalobjekt* und die *Methode.*

1. Das *Materialobjekt* ist ein Phänomen der Wirklichkeit, das von einer Wissenschaft untersucht werden soll. Hier sind die Bandbreite und der Abstraktionsgrad sehr variabel. Und hier kommt bereits und vor allem die diskursive Konstruktionsleistung der Wissenschaft selbst zum Tragen. Was als Objekt wissenschaftlicher Forschung erscheint, ist weitgehend offen. Häufig findet

sich dieses Objekt im Namen der Wissenschaft wieder, die Biologie oder die Kommunikations- und Medienwissenschaft sind dafür Beispiele.

2. Das *Formalobjekt* macht die Fragestellung aus, unter der eine Wissenschaft an ein Materialobjekt herangeht. Man kann sagen, dass das Materialobjekt ohne wissenschaftliches oder vor jedem wissenschaftlichen Interesse besteht. Das Formalobjekt hingegen entsteht erst unter dieser Perspektive, taucht quasi aus der Realität als Objekt erst auf. Das Formalobjekt differenziert die disziplinäre Perspektive, unter der das Objekt betrachtet wird, was also am Objekt der Forschung interessiert. So ist „Leben" als Objekt der Biologie nicht exklusiv, auch andere Disziplinen können das Leben unter einen bestimmten Blickpunkt betrachten, ob als Subdisziplinen der Biologie, z. B. die Sozialbiologie, als Teilbereich einer anderen Wissenschaft, z. B. die organische Chemie, oder als Grenzbereich mehrerer Disziplinen, z. B. die Biochemie.

3. *Methode* schließlich bezeichnet die Verfahren der Erhebung, Auswertung und Interpretation einer Wissenschaft. Als *methodos*, als Weg der Erkenntnisgewinnung, sind diese Verfahren sehr weit zu fassen, hier wären grundsätzliche Weltzugänge ebenso zu nennen wie differenzierte Erfassungs- und Auswertungsverfahren, statistische Berechnungen ebenso wie Regeln phänomenologischer Beschreibung oder logischer Ableitung, es stehen empirische und hermeneutische, qualitative und quantitative, Verfahren der Natur-, Geistes- und Sozialwissenschaften nebeneinander.

5.2.2.3 Kombinatorik des kommunikations- und medienwissenschaftlichen Forschungsfeldes

Wenden wir diese Systematik auf das medien- und kommunikationswissenschaftliche Forschungsfeld an, so stellen wir fest, dass der Wissenschaftsrat (2007) bei seinem Versuch, dieses Forschungsfeld zu systematisieren, zwischen den genannten Kriterien von Wissenschaft unausgesprochen „springt". Der Wissenschaftsrat (2007, S. 12) schlägt vor, das Forschungsfeld der Medien- und Kommunikationswissenschaft und der mit ihr in diesem Feld forschenden Disziplinen nach den Bereichen „sozialwissenschaftliche Kommunikationswissenschaft", „kulturwissenschaftliche Medialität" und „Medientechnologie" zu differenzieren. Legt man die oben genannten Kriterien von Wissenschaft an, so erkennt man, dass jeder dieser drei Bereiche einem anderen Kriterium folgt. Die sozialwissenschaftlich-empirische Kommunikationswissenschaft macht v. a. den Methodenaspekt zur Systematisierung stark. Medientechnologie beschreibt einen wissenschaftlichen Aspekt, der dem Kriterium Materialobjekt entspricht. Und Medialität bezeichnet eine Perspektive der Forschung, die oben als Formalobjekt eingeführt wurde.

Nun beschreiben diese drei Bereiche der Systematisierung des Wissenschafts-rats die genannten Kriterien nicht vollständig (zur Kritik an dieser Engführung vgl. Marci-Boencke und Rath 2009). Und genau diese systematischen Brüche machen den Vorschlag des Wissenschaftsrats so unbefriedigend. Aber die drei Bereiche können als Teilbereiche der drei Wissenschaftskriterien genutzt werden, um von da aus die Medien- und Kommunikationswissenschaften (inklusiver der Medienethik) und ihre Forschungsfelder zu systematisieren. Nimmt man diese kombinatorische Systematik der wissenschaftstheoretischen Aspekte einer Kommunikations- und Medienwissenschaft als Integrationsdisziplin auf (vgl. Tab. 5.1)[7], so werden schnell thematische, perspektivische und methodische Unterschiede im kommunikations- und medienwissenschaftlichen Forschungsfeld in den Beziehungen zwischen ein-zelnen Teildisziplinen und Forschungsthemen deutlich. Alle Felder dieser Matrix lassen sich miteinander kombinatorisch koppeln. Die Entscheidung über die richtige Forschungsmethode, das angemessene Objekt und die plausibilisierba-re Forschungsfrage misst sich an der Akzeptanz wissenschaftlicher Forschung und die Breite des dabei zu bedenkenden Forschungszugangs zeigt sich in dieser „Kombinatorik" (vgl. Benseler et al. 1994).

Ob die sozialen Folgen eines bestimmten Medieninhalts quantitativ oder qua-litativ oder hermeneutisch zu erforschen sind, wird sich daran entscheiden, ob sich eine mögliche Zugangsweise der Disziplinen des kommunikations- und me-dienwissenschaftlichen Forschungsfeldes als „phänomentreu" (Rath 1988d; vgl. auch Foucault 1990) erweist und geeignet ist, die Phänomene in ihren Man-nigfaltigkeiten oder, wie dies Husserl 1936 in seiner Spätschrift *Die Krisis der europäischen Wissenschaften und die transzendentale Phänomenologie* nennt, ihren „Füllen" (Husserl 1992, S. 33) zu erfassen. Dies hat auch Folgen für die normati-ve Argumentation einer Medienethik: Gerade in *angewandter* Ethik ist eine allein deduktive („lineare") oder „reflexive", auf performative Widerspruchslosigkeit auf-bauende Argumentation unzureichend. „Kohärentistische" Begründungsmodelle erlauben die Anerkennung eines normativen Urteils aus der ‚Passung' zu mo-ralischen Überzeugungssystemen, die in einer Praxis vorfindlich sind (vgl. z. B. Czaniera 2000).

---

[7] Die als „Alternative 1" und „Alternative 2" bezeichneten Spalten sollen die Kategorien des Wissenschaftsrates vor dem Hintergrund der systematischen Dreiteilung nach *Methode, Ma-terial- und Formalobjekt* kombinatorisch ergänzen. In der Tabelle bedeuten die folgenden Abkürzungen: ME = Kategorie „Methode", MO = Kategorie „Materialobjekt", FO = Katego-rie „Formalobjekt". Die erweiterten Abkürzungen meinen jeweils die Zellen der Spalte des Wissenschaftsrats (MEw, MOw, FOw), der Spalte der Alternative 1 (ME1, MO1, FO1) bzw. der Spalte der Alternative 2 (ME2, MO2, FO2).

Tab. 5.1 Kommunikations- und medienwissenschaftliche Forschungsmatrix

Kategorien	Wissenschaftsrat	Alternative 1	Alternative 2
ME Methode	MEw Empirisch:	ME1 Hermeneutisch:	ME2 Normativ:
	- quantitativ	- historisch	- linear
	- qualitativ	- verstehend	- reflexiv
			- kohärentistisch
MO Materialobjekt	MOw Technik/Technologie	MO1	MO2
		a) Institutionalisierung	a) Inhalte
		b) Medienpraxis:	b) Medienwerke
		- Rezipient	
		- Akteur	
		- Nutzer	
FO Formalobjekt	FOw Medialität (statisch)	FO1	FO2
		a) Ökonomisierung	a) Rezeption
		b) Medialisierung (prozessual)	b) Mediatisierung (soziale Folgen)

5.2.3 Medienethik zwischen Philosophie sowie Kommunikations- und Medienwissenschaft(en)

Was heißt dies nun für die Medienethik im Hinblick auf ihre Methodologie als Teil des kommunikations- und medienwissenschaftlichen Forschungsfeldes? Dazu ist eine kurze theoretische Vorüberlegung notwendig. Medienethik als angewandte Ethik ist, darauf wurde weiter oben bereits hingewiesen, immer auch auf die Deskription des jeweiligen Handlungsfeldes, hier der Medienrealität und der Medienpraxis, angewiesen. Dies zeichnet Medienethik als eine integrative Disziplin aus, die, rezeptiv oder aktiv, selbst empirische Kompetenz ausbilden muss. Das hat Folgen für eine Methodologie, die mit der logischen, argumentativen Plausibilisierung und Kritik normativer Ansprüche gesellschaftlich vermittelter Moral und individuellen Ethos der allgemeinen Ethik nicht mehr hinreicht an diese Aufgabe der Realitätsvergewisserung. Insofern muss Medienethik immer auch als im weitesten Sinne deskriptive Disziplin verstanden werden.

Doch die jeweilige Kopplung methodischer, material- und formalobjektiver Aspekte ist nicht trivial, kann nicht einfach parallelisiert werden. Ich werde im Folgenden diesen Zusammenhang zumindest für eine Hauptdisziplin des kommunikations- und medienwissenschaftlichen Forschungsfeldes exemplifizie-

ren, die explizit die Medien, die Medienpraxis und die Medialität im weitesten
Sinne thematisiert, nämlich die Kommunikations- und Medienwissenschaft, wie
sie sich im Selbstbestimmungspapier der DGPuK von 2008 definiert.

5.2.3.1 Kombinatorik des Kommunikations- und Medienwissenschaft

In diesem Selbstverständnispapier lesen wir zur Kommunikations- und Medienwissenschaft:

> Die Kommunikations- und Medienwissenschaft beschäftigt sich mit den sozialen Be-
> dingungen, Folgen und Bedeutungen von medialer, öffentlicher und interpersonaler
> Kommunikation. (DGPuK 2008, S. 2)

Daraus lassen sich Material- und Formalobjekt bestimmen. Das *Materialobjekt*
wird beschrieben mit der „medialen, öffentlichen und interpersonalen Kommunikation", als *Formalobjekt* lassen sich die „sozialen Bedingungen, Folgen und
Bedeutungen" beschreiben, und zwar differenziert

> hinsichtlich der Elemente des Kommunikationsprozesses (z. B. Kommunikator,
> Medium, Aussage, Rezeption, Aneignung, Wirkung); hinsichtlich der Typen von
> Kommunikation, die sich im Hinblick auf ihren Öffentlichkeitsgrad unterschei-
> den (z. B. interpersonale Kommunikation, organisationsbezogene Kommunikation,
> öffentliche Kommunikation); hinsichtlich der Analyseebenen (Mikro-, Meso- und
> Makroebene). (DGPuK 2008, S. 4)

Diese Elemente lassen sich den Zellen der kombinatorischen Matrix (vgl. die
Darstellung in Tab. 5.1) zuordnen[8]:

- Elemente des Kommunikationsprozesses: MOw, MO1, MO2, FO1, FO2
- Typen von Kommunikation (Öffentlichkeitsgrad): MOw, FOw, FO1, FO2
- Analyseebenen: MO1, MO2, FO1, FO2

Zum Moment der *Methode* schließlich lesen wir im Selbstverständnispapier:

> In der Kommunikations- und Medienwissenschaft finden Methoden der empirischen
> Sozialforschung und historisch-hermeneutische Methoden Verwendung; das Spek-
> trum umfasst standardisierte und nicht-standardisierte Verfahren, also zum Beispiel
> Befragung, Inhaltsanalyse, Experiment und Beobachtung, ethnografische und weitere

---

[8] Betrachtet über das ganze kommunikations- und medienwissenschaftliche Forschungsfeld,
ließen sich in anderen Domänen auch andere Themenfelder den Zellen dieser Matrix zuweisen, so z. B. Aspekte der Mediengeschichte, der Kommunikations- und Medienstile, der
Ästhetik medialer Produktion und ähnliches.

Vorgehensweisen. Hinzu kommen weitere Methoden benachbarter Disziplinen, etwa diskursanalytische, medienlinguistische, politik- und wirtschaftswissenschaftliche Analyseverfahren. (DGPuK 2008, S. 3)

Auch hier lassen sich für die Kommunikations- und Medienwissenschaft die Felder zuweisen:

- Methoden der empirischen Sozialforschung: ME1
- historisch-hermeneutische Methoden: ME2
- Methoden benachbarter Disziplinen (analytisch): ME1

5.2.3.2 Kombinatorik der allgemeinen und der Medienethik

Im Folgenden soll diese Trias *Material-*, *Formalobjekt* und *Methode* zunächst knapp für die allgemeine philosophische und dann für die „angewandte" Medienethik bzw. Ethik der mediatisierten Welt differenziert werden.

Im *Materialobjekt* geht es der allgemeinen Ethik um menschliches Handeln allgemein. Dabei werden sowohl individuelle als auch soziale Rahmeninstanzen berücksichtigt. Sie nimmt die normativen Prinzipien in den Blick, die menschliches Handeln orientieren. Wir nennen diese Orientierungen *Moral* und *Ethos*. Im *Formalobjekt,* also unter der speziellen Perspektive der Ethik, geht es um die Verallgemeinerbarkeit solcher Handlungsorientierungen und die Formulierung normativer allgemeiner Prinzipien. *Methodisch* arbeitet die Ethik mit Logik, d. h. der Argumentationslehre und der argumentativen Plausibilisierung normativer Bewertungskategorien für das menschliche Handeln und Strukturbedingungen menschlichen Handelns generell. Hier ließe sich eine Matrix – wie oben beispielhaft für die Kommunikations- und Medienwissenschaft geschehen – entwickeln. Im Folgenden will ich mich jedoch zunächst auf ein Verständnis der Medienethik konzentrieren, das sich auf ein spezifisches „mediales" Handlungsfeld bezieht, um den Konnex mit der Kommunikations- und Medienwissenschaft aufweisen zu können, und greife die breitere Perspektive im Ausblick (Kap. 5.3) wieder auf.

Weiter oben habe ich darauf hingewiesen, dass schon die *allgemeine* Ethik eine alltagsempirische Verwurzelung hat, die ihre Angemessenheit an die menschlichen Handlungsbedingungen sichert. An anderer Stelle (2000a, 2012) habe ich dargestellt, dass eine medialitätsbezogene *angewandte* Ethik darüber hinaus auch methodologisch gesehen einen expliziten *Empiriebedarf* hat. In Bezug auf die Akteure als auch in Bezug auf mediale Funktionen muss eine Ethik der mediatisierten Welt die Erkenntnisse der nicht-philosophischen Kommunikations- und Medienwissenschaften zumindest zur Kenntnis nehmen, um realitätsrelevante Normaussagen treffen zu können. Dabei hat sie in ihren Praxisannahmen auf die

„Realitätsadäquatheit" und „Phänomentreue" in Bezug auf die kommunikations-
und medienwissenschaftliche Forschung zu achten (vgl. Rath 2013c, S. 296 f.):

1. Im ersten Fall der *Realitätsadäquatheit* geht es um die Kenntnisse der Rahmenbedingungen des medialen Handelns – das betrifft, in der Terminologie der
   oben eingeführten Wissenschaftssystematik, das *Materialobjekt*.
2. Im zweiten Fall der *Phänomentreue* ist die aktive Auseinandersetzung mit den
   Disziplinen im Hinblick auf die Realitätserfassung der maßgebliche Punkt –
   also die Aspekte *Formalobjekt* und *Methode* in der Wissenschaftssystematik.
   Denn nur wenn die Wissenschaften und die Medienethik methodisch und in
   der Perspektive *das Selbe* (und nicht nur ein Gleiches) meinen, können die
   Argumente zur Beurteilung medialer Realität Anspruch auf Bindung erheben.

Daraus resultiert eine komplexe Verschränkung zwischen Material- und Formalobjekt und Methode der Wissenschaften des Handlungsfeldes und der Medienethik. Allgemein gesprochen, „angewandte Ethik" muss auf die dem jeweiligen
Handlungsfeld zugehörigen Wissenschaften zugreifen, um das Handlungsfeld
sachgerecht abbilden zu können:

- Im *Materialobjekt* muss sich die angewandte Ethik fachwissenschaftliche Erkenntnisse aneignen, die dort, in der Fachwissenschaft, dem Formalobjekt
  angehören.
- Im *Formalobjekt* eignet sich die angewandte Ethik die Methodik der Fachwissenschaften an, um den Zugriff auf das Handlungsfeld in der ethischen Perspektive
  leisten zu können.

Was heißt das konkret für Medienethik?[9] Es geht ihr um die Erfassung des *medialen*
Handelns und seiner Bedingungen sowie der Folgen und Wirkungen *medialer* Realität[10]. Allein unter dem Aspekt des Philosophischen steht Medienethik methodisch
und in der Tradition der allgemeinen, normativen Ethik. Im *Formalobjekt* zielt
Medienethik zunächst auf die Formulierung medialer Maximen und Zielbestim-
mungen, auch im Hinblick auf Folgenabwägung. Darüber hinaus aber braucht sie
den Realitätsbezug. Dies macht ihren Charakter als integrative Disziplin (vgl. Rath

---

[9] Ich beschränke mich in der Darstellung dieser komplexen Verschränkung im Folgenden
auf die unter 5.2.3.1 ausgeführte Kombinatorik der Kommunikations- und Medienwissenschaft im engeren Sinne.

[10] Diese Formulierung „mediale Realität" dient hier lediglich zur Objektbeschreibung in
Abgrenzung von anderen angewandten Ethiken.

Tab. 5.2 Verhältnis MO Medienethik und FO Kommunikations- und Medienwissenschaft

Materialobjekt der Medienethik	→	Formalobjekt der Kommunikations- und Medienwissenschaft
Mediales Handeln, seine Rahmung und seine Folgen und Wirkungen sowie die normativen Orientierungsinstanzen und deren Normen und Werte		Mediale, öffentliche und interpersonale Kommunikation

Tab. 5.3 Verhältnis FO Medienethik und ME Kommunikations- und Medienwissenschaft

Formalobjekt der Medienethik	→	Methodik der Kommunikations- und Medienwissenschaft
Verallgemeinerbarkeit medialer „Maximen" und Zielbestimmungen sowie eine normative und präskriptive Folgenbewertung		Methoden der empirischen Sozialforschung", „historisch-hermeneutische Methoden"; „Methoden benachbarter Disziplinen"

2013b) aus, die sowohl die philosophische Ethik als auch die Kommunikations- und Medienwissenschaft zur Basis hat. Medienethik greift *material* das *Formalobjekt* der Kommunikations- und Medienwissenschaft auf (vgl. Tab. 5.2).

Formal zielt sie auf die *Methodik* der Kommunikations- und Medienwissenschaft, um sich durch den Nachvollzug der methodischen Realitätserfassung der Handlungsfeldwissenschaften die fachwissenschaftlichen Erkenntnisse der Kommunikations- und Medienwissenschaft aneignen und die Normativität der Medienethik auf die Bedingungen des Handlungsfeldes *Medien* anwenden zu können (vgl. Tab. 5.3).

Die *Methodik* ist also für die Medienethik (wie für alle angewandten Ethiken) eine doppelte: Es ist die Methodik der Medienethik als Teil der philosophischen Ethik und es ist das Methodenrepertoire der handlungsfeldspezifischen Wissenschaften, sofern die Medienethik aus den Verfahren der Realitätserfassung den Bezug zum konkreten Handlungsfeld herstellt.

Zusätzlich methodologisch interessante Überlegungen wären jetzt anzustellen, soweit die Medienethik (als selbst „wissenschaftskonvergente Disziplin", vgl. Marci-Boehncke und Rath 2009) ihrerseits empirische Forschung betreiben soll, insofern sie also als interdisziplinär arbeitende Wissenschaft auch das Methodenarsenal des empirischen Forschungsfeldes mitbenutzt, um realitätsadäquate Aussagen über die konkrete Medienpraxis des Menschen machen zu können. Damit steht die Medienethik *idealiter* vor der Aufgabe, alle Felder der oben dargestellten kommunikations- und medienwissenschaftlichen Forschungsmatrix zu füllen.

5.3 Ausblick

Systematisch ist die Medienethik eine wissenschaftskonvergente Disziplin, die sowohl auf der philosophischen Ethik als auch auf den Kommunikations- und Medienwissenschaften fußt. Methodologisch ist sie mit den normwissenschaftlichen Verfahren der logischen Analyse, Argumentation und Kritik bzw. Plausibilisierung normativer Prinzipienansprüche nicht hinreichend ausgestattet, sie bedarf auch (zumindest rezeptiv, *idealiter* auch aktiv als empirisch forschende Ethik) der Methodik der Fachwissenschaften des kommunikations- und medienwissenschaftlichen Forschungsfeldes.[11]

Nun ist diese Vorgehensweise, methodisch normative Kohärenz in einem Handlungsfeld anzustreben, zentrale Herausforderung an eine jede angewandte Ethik. *Angewandte Ethik* oder *Bereichsethik* nimmt generell spezifische Handlungsfelder mit spezifischen Kompetenzanforderungen an die Akteure wie auch an die Forschenden in den Blick, zum einen aufgrund der Tatsache, dass die gesellschaftliche Differenzierung Professionalisierungen hervor gebracht hat, die nicht allen potentiell Handelnden in gleicher Weise zugänglich sind (Beispiele dafür sind die Professionen Medizin, Technik und Wissenschaft), zum anderen weil sich Querschnittsfelder wie Wirtschaft, Politik und Medien herausbilden, in denen zwar alle Menschen *nolens volens* agiert, die aber dennoch ganz spezifische Strukturen ausgebildet haben. Die Integration normativer Prinzipiendiskurse und empirischer Realitätsrekonstruktion heißt konkret, normative Überzeugungen (Moralen), konkrete Praxen und ihre Realisierungsbedingungen sowie verallgemeinerbare Geltungsansprüche (ethische Prinzipien) aufeinander so zu beziehen, dass daraus ein ethisch vertretbares *und* praktisch realisierbares Handlungsziel formulierbar wird.

Für eine *Ethik der mediatisierten Welt* ergibt sich darüber hinaus aber eine besondere Komplexität. Den einerseits gilt auch für sie als „Bereichsethik" (vgl. Nida-Rümelin 1996) ein praxeologisches Handlungsfeldkonzept, das Handlungs-

---

[11] Nur der Vollständigkeit halber sei nochmals darauf hingewiesen, dass dies natürlich nicht heißt, dass die Medienethik dem naturalistischen Fehlschluss verfällt, und versuchen würde, aus Seinsaussagen Sollensaussagen abzuleiten (vgl. Karmasin 2000; Rath 2000a, 2006a). Vielmehr bedarf sie der Empirie (und damit der konvergenten Verschränkung mit den bzw. der Integration der Kommunikations- und Medienwissenschaften), um realitätsrelevante Aussagen zum Sollen medialer Praxis machen zu können. Ihre Erhebungsverfahren sind so breit aufgestellt wie die empirische, hermeneutische und normative Methodenvielfalt der oben entfalteten Forschungsfeldmatrix. Ihre Ergebnisse hingegen sind normativ, *idealiter* (und quasi als Qualitätsmerkmal gelungener Medienethik) realitätsadäquat und phänomentreu zur nichtphilosophischen Forschung des kommunikations- und medienwissenschaftlichen Forschungsfeldes.

felder hierarchisch (vgl. Kap. 2.1.2; Derbolav 1975) bzw. egalitär (vgl. Kap. 2.1.2; Benner 1987) voneinander abgrenzt. Andererseits begründet *Mediatisierung* als historische Dynamik der Medialität des Menschen eine *Sonderstellung des Handlungsfeldes Medien*, da dieses nicht nur historisch-kontingent auftritt, sondern anthropologisch notwendig vorausgesetzt werden muss. Ethik der mediatisierten Welt, verstanden als eine Ethik unter den Bedingungen einer „gewussten" Medialität, ist daher nicht nur „angewandte Ethik", als sie nach der gegenwärtigen, handlungsfeldspezifischen Bedeutung allgemein-ethischer Prinzipien fragt, sondern zugleich Ethik der Gegenwart, denn sie tut dies im (epochalen) Bewusstsein, dass *alle* Handlung des Menschen je schon medial vermittelt und symbolisch ist. Unter den Bedingungen dieses epochalen Verständnisses der Medienethik als Ethik der mediatisierten Welt kann die Spezifizierung auf das Handlungsfeld Medien nur eine exemplarische sein. Daher wird eine Ethik der mediatisierten Welt auch Verschränkungen mit anderen Handlungsfeldern (oder mit Cassirer gesprochen „symbolischen Fomen") sowie ihren spezifischen Wissenschaften herstellen können und müssen, z. B. insofern,

- als sich auch wirtschaftliches Handeln als Realisierung symbolischen Handelns zu verstehen hätte (Mediatisierung und Ökonomie),
- als auch literarisches bzw. künstlerisches Handeln allgemein als Realisierung symbolischen Handelns zu verstehen wäre (Mediatisierung und Ästhetik),
- als auch politisches Handeln als Realisierung symbolischen Handelns zu verstehen ist (Mediatisierung und Politik),
- als sich auch pädagogisches Handeln als Realisierung symbolischen Handelns zu verstehen hätte (Mediatisierung und Erziehung bzw. Bildung), usw.

Diese Liste ließe sich noch verlängern, nicht nur in vor allem geistes- und sozialwissenschaftliche Kontexte, sondern auch und gerade in natur- und technikwissenschaftliche Zusammenhänge. *Technisches* Handeln ist ebenfalls symbolisch, da wir Zweckfragen, implizite Bewertungen wie z. B. Funktionalität und Effizienz sowie Abwägungsprozesse und Problemlösungsverfahren, als Welterklärungs- und Weltbewältigungsmodelle verstehen müssen. Auch hier werden Sinnkonstrukte medial vermittelt, kodiert und interpretiert. Selbst vermeintliche *bruta facta* wie Maschinen, Geräte, Werkzeuge und Gebäude sind das, was sie sind, *für uns*, nicht an sich. Ja genauer noch, Technik ist Medialität schlechthin, sie ist das Mittlere, das als sinnhaftes Konstrukt zwischen erfahrener Realität und imaginierter Virtualität vermittelt (vgl. Hubig 2006).

Vor diesem Hintergrund und angesichts der medientechnischen Wirkungsmacht ist es fatal, dass medienethische Diskurse häufig nur als post hoc Phänomene auftreten: Eine als problematisch erlebte mediale Praxis tritt auf und wird dann im Nachhinein normativ reflektiert. Das hat zumindest zwei Gründe: Einerseits sind normative Diskurse, v. a. bei medientechnischen Innovationen, die nicht eine Variation bisher schon bestehender medialer Praxis darstellen, in die Phase der konzeptionellen – nicht nur technischen – Entwicklung nicht eingebunden. Andererseits zeigen sich moralische Problemlagen häufig erst in der konkreten Praxis, werden daher auch erst dann zum Objekt ethischer Reflexion. Hier scheint mir daher noch immer (vgl. Rath 2002b, 2003e) eine „konzertierte Aktion" in Sachen „Medienfolgenabschätzung" geboten. Ein Modell könnte das Konzept der „konzertierten Techniksteuerung" des Karlsruher Technologen und Philosophen Günter Ropohl (1996, S. 259 ff.) abgeben. Ziel eines solchen *media assessment* wäre, wie auch im technikbezogenen und ingenieurwissenschaftlich verankerten Konzept von Ropohl, die Benennung von Alternativen. Auch hierzu gäbe es institutionelle Modelle, Krotz (1996, 1997) benennt ein solches – im Nachgang zu einem allein rundfunkorientierten Vorschlag (vgl. Groebel et al. 1995) – schon 1996 und 1997 als „Stiftung Medientest", wenn auch noch nicht so umfassend aufgestellt wie unter dem hier aufgegriffenen Konzept der Mediatisierung.

Gleichzeitig dürfte Medienfolgenabschätzung dem Forschungs-, Entwicklungs- und Anwendungsprozess heutiger Medientechnologie und Medienpraxis jedoch nicht äußerlich bleiben. Um dem „Dilemma der Techniksteuerung", wie es Ropohl (1996, S. 231) nennt, zu entgehen, nämlich als post hoc Phänomen systematisch zu spät zu kommen, muss *Medienforschung*, und das heißt auch *Medienethik*, selbst *Teil der medialen Entwicklung* werden. Ein Konzept „konzertierter Mediensteuerung" geht daher weit über den klassischen Gedanken ordnungspolitischer Schadensbegrenzung hinaus. So verstandene Mediensteuerung hat die Form einer Regelkreis-ähnlichen Selbststeuerung, in die Wertsetzung, Medienbewertung, Steuerung, Handeln und Analyse bzw. Prognose medialer Folgen eingebunden sind. Innovative Mediensteuerung ist kontinuierlich, sozial verankert, interaktiv zum Entwicklungsprozess und damit letztlich der Brückenschlag zwischen individueller „Produtzer"-Ethik und normativ-ethischer Beratung sozialer Steuerung – nicht zuletzt, sondern in besonderem Maße durch und in medialer Bildung. Eine *Ethik der mediatisierten Welt* hätte dazu die konzeptionelle Kraft.

Literatur

Adorno, Theodor W., Ralf Dahrendorf, Harald Pilot, Hans Albert, Jürgen Habermas, und Karl R. Popper, Hrsg. 1989. *Der Positivismusstreit in der deutschen Soziologie.* 13. Aufl. Neuwied: Luchterhand.
Albert, Hans, und Ernst Topitsch, Hrsg. 1971. *Werturteilsstreit.* Darmstadt: wbg.

Beck, Ulrich. 1974. *Objektivität und Normativität: Die Theorie-Praxis-Debatte in der modernen deutschen und amerikanischen Soziologie.* Reinbek: Rowohlt.

Beck, Klaus. 2003. Neue Medien – neue Theorien? Klassische kommunikations- und Medienkonzepte im Umbruch. In *Die neue Kommunikationstheorie. Theorien, Themen und Berufsfelder im Internet-Zeitalter,* Hrsg. von Martin Löffelholz und Thorsten Quandt, 71–88. Wiesbaden: VS.

Benner, Dietrich. 1987. *Allgemeine Pädagogik: Eine systematisch-problemgeschichtliche Einführung in die Grundstruktur pädagogischen Denkens und Handelns.* Weinheim: Beltz.

Benseler, Frank, Bettina Blanck, Rainer Greshoff, und Werner Loh. 1994. *Alternativer Umgang mit Alternativen: Aufsätze zu Philosophie und Sozialwissenschaften.* Opladen: Westdeutscher Verlag.

Bolzano, Bernhard. 1837. *Wissenschaftslehre: Versuch einer ausführlichen und größtentheils neuen Darstellung der Logik mit steter Rücksicht auf deren bisherige Bearbeiter.* Bd. 4. Sulzbach: v. Seidelsche Buchhandlung.

Bonfadelli, Heinz, Otfried Jarren, und Gabriele Siegert. 2005. Publizistik- und Kommunikationswissenschaft – ein transdisziplinäres Fach. In *Einführung in die Publizistikwissenschaft,* Hrsg. von Heinz Bonfadelli, Otfried Jarren, und Gabriele Siegert, 5–16. Bern: Haupt.

Boventer, Hermann. 1983. Journalistenmoral als „Media Ethics". Kodifizierte Pressemoral und Medienethik in den Vereinigten Staaten von Amerika. *Publizistik* 28 (1): 19–39.

Boventer, Hermann. 1984. *Ethik des Journalismus: Zur Philosophie der Medienkultur.* Konstanz: Universitätsverlag.

Capurro, Rafael, und Petra Grimm, Hrsg. 2003–2012. *Reihe Medienethik.* Stuttgart: Steinkopf.

Cassirer, Ernst. 1996. *Versuch über den Menschen. Einführung in eine Philosophie der Kultur.* Hamburg: Meiner.

Czaniera, Uwe. 2000. Kohärentistische Begründung der Moral. Eine neue Parallele zur Wissenschaft und ihre Probleme. *Zeitschrift für philosophische Forschung* 54 (1): 68–85.

Debatin, Bernhard. 2002. Zwischen theoretischer Begründung und praktischer Anwendung: Medienethik auf dem Weg zur kommunikationswissenschaftlichen Teildisziplin. *Publizistik* 47 (3): 259–264.

Debatin, Bernhard, und Rüdiger Funiok, Hrsg. 2003. *Kommunikations- und Medienethik.* Konstanz: UVK.

Derbolav, Josef. 1975. *Pädagogik und Politik. Eine systematisch-kritische Analyse ihrer Bezieuhngen. Mit einem Anhang zur „Praxeologie".* Stuttgart: Kohlhammer.

Derenthal, Birgitta. 2006. *Medienverantwortung in christlicher Perspektive: Ein Beitrag zu einer praktisch-theologischen Medienethik.* Münster: Lit.

DGPuK. 2008. *Kommunikation und Medien in der Gesellschaft: Leistungen und Perspektiven der Kommunikations- und Medienwissenschaft Eckpunkte für das Selbstverständnis der Kommunikations- und Medienwissenschaft.* http://www.dgpuk.de/uber-die-dgpuk/selbstverstandnis. Zugegriffen: 27. Feb. 2014.

Diekmann, Annette. 1992. *Klassifikation – System – „scala naturae': Das Ordnen der Objekte in Naturwissenschaft und Pharmazie zwischen 1700 und 1850.* Stuttgart: Wissenschaftliche Verlagsgesellschaft.

Filipović, Alexander, Michael Jäckel, und Christian Schicha, Hrsg. 2012. *Medien- und Zivilgesellschaft.* München: Beltz Juventa.

Fortner, Robert S., und P. Mark Fackler, Hrsg. 2011. *The handbook of global communication and media ethics*. 2. Bd. Malden: Blackwell.

Foucault, Michel. 1990. *Archäologie des Wissens*. Frankfurt a. M.: Suhrkamp.

Foucault, Michel. 2003. *Die Ordnung der Dinge: Eine Archäologie der Humanwissenschaften*. Frankfurt a. M.: Suhrkamp.

Funiok, Rüdiger. 1996. Grundfragen einer Publikumsethik. In *Grundfragen der Kommunikationsethik*, Hrsg. von Rüdiger Funiok, 107–122. Konstanz: UVK.

Funiok, Rüdiger. 2007. *Medienethik: Verantwortung in der Mediengesellschaft*. Stuttgart: Kohlhammer.

Funiok, Rüdiger, Udo F. Schmälzle, und Christoph H. Werth, Hrsg. 1999. *Medienethik – die Frage der Verantwortung*. Bonn: bpb.

Geier, Manfred. 2011. Eine Revolution der Denkungsart – über Immanuel Kants Kritik der reinen Vernunft. In *Schlüsselwerke des Konstruktivismus*, Hrsg. von Bernhard Pörksen, 31–45. Wiesbaden: VS Verlag für Sozialwissenschaften.

Greis, Andreas, Gerfried W. Hunold, und Klaus Koziol, Hrsg. 2003. *Medienethik: Ein Arbeitsbuch*. Tübingen: Francke UTB.

Groebel, Jo., et al. 1995. *Bericht zur Lage des Fernsehens für den Präsidenten der Bundesrepublik Deutschland*. Gütersloh: Verl. Bertelsmann-Stiftung.

Haller, Michael, und Helmut Holzhey, Hrsg. 1992. *Medien-Ethik: Beschreibungen, Analysen, Konzepte für den deutschprachigen Journalismus*. Opladen: Westdeutscher Verlag.

Hausmanninger, Thomas. 2002. Grundlegungsfragen der Medienethik: Für die Rückgewinnung der Ethik durch die Kommunikationswissenschaft. *Publizistik* 47 (3): 280–294.

Hausmanninger, Thomas, und Rafael Capurro, Hrsg. 2002. *Netzethik – Konzepte und Konkretionen einer Informationsethik für das Internet*. München: Fink.

Heesen, Jessica. 2008. *Medienethik und Netzkommunikation: Öffentlichkeit in der individualisierten Mediengesellschaft*. Frankfurt a. M.: Humanities Online.

Heinrich, Axel. 2013. *Politische Medienethik: Zur friedensethischen Relevanz von Medienhandeln*. Paderborn: Schöningh.

Holderegger, Adrian, Hrsg. 2000. *Kommunikationsethik und Medienethik: Interdisziplinäre Perspektiven*. Freiburg i.Br.: Herder/Universitätsverlag.

Hubig, Christoph. 2006. *Die Kunst des Möglichen I: Technikphilosophie als Reflexion der Medialität*. Bielefeld: transcript.

Husserl, Edmund. 1992. Die Krisis der europäischen Wissenschaften und die transzendentale Phänomenologie. In *Cartesianische Meditationen, Krisis*, Hrsg. Edmund Husserl und Gesammelte Schriften. Bd. 8. Hamburg: Meiner.

Kant, Immanuel. 2013. *Akademie-Ausgabe der Schriften Immanuel Kants, Online-Version*. http://korpora.zim.uni-duisburg-essen.de/kant/. Zugegriffen: 20. März 2013.

Karmasin, Matthias. 2000. Ein Naturalismus ohne Fehlschluß? Anmerkungen zum Verhältnis von Medienwirkungsforschung und Medienethik. In *Medienethik und Medienwirkungsforschung*, Hrsg. von Matthias Rath, 127–148. Wiesbaden: Westdeutscher Verlag.

Karmasin, Matthias, Hrsg. 2002. *Medien und Ethik*. Stuttgart: Reclam.

Karmasin, Matthias, Matthias Rath, und Barbara Thomaß. 2013c. Integration zwischen Heuristik und Epistemologie: Konturen eines neuen Fachverständnisses. In *Kommu-*

nikationswissenschaft als Integrationsdisziplin, Hrsg. von Matthias Karmasin, Matthias Rath, und Barbara Thomaß, 367–375. Wiesbaden: VS Verlag für Sozialwissenschaften.

Keuth, Herbert. 1989. *Wissenschaft und Werturteil: Zu Werturteilsdiskussion und Positivismusstreit.* Tübingen: Mohr Siebeck.

Kimmerle, Heinz. 2002. *Interkulturelle Philosophie zur Einführung.* Hamburg: Junius.

Kos, Elmar. 1997. *Verständigung oder Vermittlung? Die kommunikative Ambivalenz als Zugangsweg einer theologischen Medienethik.* Frankfurt a. M.: Lang.

Krotz, Friedrich. 1996. Zur Konzeption einer Stiftung Medientest. *Rundfunk und Fernsehen* 44 (2): 214–229.

Krotz, Friedrich. 1997. Verbraucherkompetenz und Medienkompetenz. Die „Stiftung Medientest" als Antwort auf strukturelle Probleme der Medienentwicklung. In *Perspektiven der Medienkritik,* Hrsg. von Hartmut Wessler, Christiane Matzen, Otfried Jarren, und Uwe Hasebrink, 251–263. Opladen: Westdeutscher Verlag.

Krotz, Friedrich. 2001. *Die Mediatisierung kommunikativen Handelns. Der Wandel von Alltag und sozialen Beziehungen, Kultur und Gesellschaft durch die Medien.* Opladen: Westdeutscher Verlag.

Krotz, Friedrich. 2007. *Mediatisierung. Fallstudien zum Wandel von Kommunikation.* Wiesbaden: VS Verlag für Sozialwissenschaften.

Kuhn, Thomas. 1996. *Die Struktur wissenschaftlicher Revolutionen.* Frankfurt a. M.: Suhrkamp.

Leschke, Rainer. 2001. *Einführung in die Medienethik.* München: Fink.

Marci-Boehncke, Gudrun, und Matthias Rath. 2009. Wissenschaftskonvergenz Medienpädagogik. Medienkompetenz als Schnittfeld von Medienpädagogik, KMW und anderer Wissenschaften. *Medienjournal* 33 (3): 11–23.

Moore, George Edward. 1970. *Principia Ethica.* Stuttgart: Reclam.

Nestle, Wilhelm. 1998. *Vom Mythos zum Logos: die Selbstentfaltung des griechischen Denkens von Homer bis auf die Sophistik und Sokrates.* Stuttgart: Kröner.

Nida-Rümelin, Julian. 1996. Theoretische und angewandte Ethik: Paradigmen, Begründungen, Bereiche. In *Angewandte Ethik. Die Bereichsethiken und ihre theoretische Fundierung: Ein Handbuch,* Hrsg. von Julian Nida-Rümelin, 2–85. Stuttgart: Kröner.

Pirner, Manfred, und Matthias Rath, Hrsg. 2003. *Homo Medialis: Perspektiven und Probleme einer Anthropologie der Medien.* München: Kopäd.

Pross, Harry. 1972. *Medienforschung: Film, Funk, Presse, Fernsehen.* Darmstadt: Carl Habel Verlagsbuchhandlung.

Rath, Matthias. 1988b. Fiktion und Heteronomie: Hans Kelsens Normtheorie zwischen Sein und Sollen. *Archiv für Rechts- und Sozialphilosophie* 74 (2): 207–217.

Rath, Matthias. 1988d. Systempurismus contra strukturale Eklektik? Zu den psychologischen Folgen eines ontologischen Entwurfs. In *Eklektizismus in der Psychologie: Aktuelle Diskussionsbeiträge,* Hrsg. von Ernst Plaum, 95–113. Heidelberg: Asanger.

Rath, Matthias. 1994. *Der Psychologismusstreit in der deutschen Philosophie.* Freiburg i. Br.: Alber.

Rath, Matthias. 2000a. Kann denn empirische Forschung Sünde sein? Zum Empiriebedarf der normativen Ethik. In *Medienethik und Medienwirkungsforschung,* Hrsg. von Matthias Rath, 63–87. Wiesbaden: Westdeutscher Verlag.

Rath, Matthias, Hrsg. 2000d. *Medienethik und Medienwirkungsforschung.* Wiesbaden: Westdeutscher Verlag.

Rath, Matthias. 2001. Das Symbol als anthropologisches Datum: Philosophische und medienkulturelle Überlegungen zum animal symbolicum. In *Symbol: Verstehen und Produktion
in pädagogischen Kontexten*, Hrsg. von Jürgen Belgrad und Horst Niesyto, 34–45.
Baltmannsweiler: Schneider Hohengehren.

Rath, Matthias. 2002a. Die Anthropologie des Medialen: Zur anthropologischen Selbst-
aufrüstung des animal symbolicum. In *Netzethik – Konzepte und Konkretionen einer
Informationsethik für das Internet*, Hrsg. von Thomas Hausmanninger und Rafael
Capurro, 79–88. München: Fink.

Rath, Matthias. 2002b. Medienqualität zwischen Empirie und Ethik: Zur Notwendigkeit des
normativen und empirischen Projekts „Media Assessement". In *Medien und Ethik*, Hrsg.
von Matthias Karmasin, 59–76. Stuttgart: Reclam.

Rath, Matthias. 2003c. Homo Medialis und seine Brüder – zu den Grenzen eines an-
thropologischen Wesensbegriffs. In *Homo Medialis: Perspektiven und Probleme einer
Anthropologie der Medien*, Hrsg. von Manfred Pirner und Matthias Rath, 15–28.
München: Kopäd.

Rath, Matthias. 2003e. Media assessment: The future of media ethics. In *Communication
research and media science in Europe: Perspectives for research and academic training
in Europe's changing media reality*, Hrsg. von Angela Schorr, William Campbell, und
Michael Schenk, 187–198. Berlin: deGruyter.

Rath, Matthias. 2006a. Medienforschung zwischen Sein und Sollen: Wissenschaftstheoreti-
sche Überlegungen zu einem komplexen Verhältnis. In *Jugend – Werte – Medien: Der
Diskurs*, Hrsg. von Gudrun Marci-Boehncke und Matthias Rath, 191–215. Weinheim:
Beltz.

Rath, Matthias. 2010c. Vom Flaschenhals zum Aufmerksamkeitsmanagement: Überlegungen zum Online-Journalismus und einer Ethik der öffentlichen Kommunikation 2.0.
Zeitschrift für Kommunikationsökologie und Medienethik 12 (1): 17–24.

Rath, Matthias. 2012c. Wider einen normativen Taylorismus – Medienethik als Teildisziplin
einer normativen Kommunikations- und Medienwissenschaft. In *Theoretisch praktisch!?
Anwendungsoptionen und gesellschaftliche Relevanz der Kommunikations- und Medienforschung*, Hrsg. von Susanne Fengler, Tobias Eberwein, und Julia Jorch, 317–333. Konstanz:
UVK.

Rath, Matthias. 2013b. Medienethik und Kommunikationswissenschaft – Aspekte einer gegenseitigen Integration. In *Kommunikationswissenschaft als Integrationsdisziplin*, Hrsg.
von Matthias Karmasin, Matthias Rath, und Barbara Thomaß, 95–115. Wiesbaden: VS
Verlag für Sozialwissenschaften.

Rath, Matthias. 2013c. Medienethik – zur Normativität in der Kommunikationswissen-
schaft In *Die Normativität in der Kommunikationswissenschaft*, Hrsg. von Matthias
Karmasin, Matthias Rath, und Barbara Thomaß, 289–299. Wiesbaden: VS Verlag für
Sozialwissenschaften.

Rath, Matthias, und Gudrun Marci-Boehncke. 2004. „Geblickt?" – MedienBildung als
Coping-Strategie. In *Bildung und Erziehung: Perspektiven auf die Lebenswelten von
Kindern und Jugendlichen*, Hrsg. von Annette Schavan, 200–229. Frankfurt a. M.:
Suhrkamp.

Ropohl, Günter. 1996. *Ethik und Technikbewertung*. Frankfurt a. M.: Suhrkamp.

Saxer, Ulrich. 1999. Der Forschungsgegenstand der Medienwissenschaft. In *Medienwissenschaft. Ein Handbuch zur Entwicklung der Medien und Kommunikationsformen. Teilbd 1,*

Hrsg. von Joachim-Felix Leonhard, Hans-Werner Ludwig, Dietrich Schwarze, und Erich Straßner, 1–14. New York: deGruyter.

Schicha, Christian, und Carsten Brosda, Hrsg. 2010. *Handbuch Medienethik*. Wiesbaden: VS.

Schönberger, Elke, und Reinhold Schrappeneder. 1997. *Homo communicans* in Wissenschaft und Öffentlichkeit: „Science Faction" als transdisziplinärer Ansatz der Risikoantizipation. *Trans. Internet-Zeitschrift für Kulturwissenschaften*. Nr. 2. http://www.inst.at/trans/2Nr/schrappen.htm. Zugegriffen: 27. Feb. 2014.

Ward, Stephen J. A, Hrsg. 2013. *Global media ethics: Problems and perspectives*. Malden: Blackwell.

Ward, Stephen J. A., und Herman Wasserman, Hrsg. 2010. *Media ethics beyond borders: A global perspective*. New York: Routledge.

Weber, Max. 1985a. Die „Objektivität" sozialwissenschaftlicher und sozialpolitischer Erkenntnis. In *Max Weber. Gesammelte Aufsätze zur Wissenschaftslehre*, Hrsg. von Johannes Winckelmann, 146–214. Tübingen: Mohr.

Weber, Max. 1985b. Wissenschaft als Beruf. In *Max Weber. Gesammelte Aufsätze zur Wissenschaftslehre*, Hrsg. von Johannes Winckelmann, 582–613. Tübingen: Mohr.

Wiegerling, Klaus. 1998. *Medienethik*. Stuttgart: Metzler.

Wilkins, Lee, und Clifford G. Christians, Hrsg. 2009. *The handbook of mass media ethics*. New York: Routledge.

Wissenschaftsrat. 2007. *Empfehlungen zur Weiterentwicklung der Kommunikations- und Medienwissenschaften in Deutschland*. Drucksache 7901–07. Oldenburg. http://www.wissenschaftsrat.de/download/archiv/7901-07.pdf. Zugegriffen: 27. Feb. 2014.

Wunden, Wolfgang, Hrsg. 1989. *Medien zwischen Markt und Moral: Beiträge zur Medienethik*. Stuttgart: Steinkopf, Frankfurt a. M.: GEP.

Wunden, Wolfgang, Hrsg. 1994. *Öffentlichkeit und Kommunikationskultur*. Stuttgart: Steinkopf, Frankfurt a. M.: GEP.

Wunden, Wolfgang, Hrsg. 1996. *Wahrheit als Medienqualität*. Stuttgart: Steinkopf, Frankfurt a. M.: GEP.

Wunden, Wolfgang, Hrsg. 1998. *Freiheit und Medien*. Stuttgart: Steinkopf, Frankfurt a. M.: GEP.

Wunden, Wolfgang. 2006. Kommunikationsethik. In *Lexikon Kommunikations- und Medienwissenschaft*, Hrsg. von Günter Bentele, Hans-Bernd Brosius, und Otfried Jarren, 128–129. Wiesbaden: VS Verlag für Sozialwissenschaften.

Zecha, Gerhard, Hrsg. 2006. *Werte in den Wissenschaften: 100 Jahre nach Max Weber*. Tübingen: Mohr Siebeck.

The manufacturer's authorised representative in the EU is Springer
Nature Customer Service Centre GmbH, Europaplatz 3, 69115 Heidelberg,
Germany. If you have any concerns regarding our products, please
contact ProductSafety@springernature.com

Printed and bound by CPI Group (UK) Ltd, Croydon, CR0 4YY
23/04/2026
02095640-0002